U0129292

魏大銘自傳

魏大銘　黃惟峰　著

傳　記　叢　刊

文史哲出版社印行

國家圖書館出版品預行編目資料

魏大銘自傳 / 魏大銘　黃惟峰著.-- 初版.--
臺北市：文史哲, 民 104.10
　頁；　公分（傳記叢刊；17）
ISBN 978-986-314-275-1（平裝）

1. 魏大銘　2.臺灣傳記

783.3886　　　　　　　　　　104012345

傳 記 叢 刊　17

魏 大 銘 自 傳

著　　者：魏　大　銘　　黃　惟　峰
出 版 者：文 史 哲 出 版 社
　　　　　http://www.lapen.com.tw
　　　　　e-mail：lapen@ms74.hinet.net
登記證字號：行政院新聞局版臺業字五三三七號
發 行 人：彭　　　正　　　雄
發 行 所：文 史 哲 出 版 社
印 刷 者：文 史 哲 出 版 社
　　　　　臺北市羅斯福路一段七十二巷四號
　　　　　郵政劃撥帳號：一六一八〇一七五
　　　　　電話886-2-23511028・傳真886-2-23965656

實價新臺幣四〇〇元

二〇一五年（民一〇四）十月初版

著財權所有・侵權者必究
ISBN 978-986-314-275-1　　　78817

左圖：魏大銘與夏芬迦早年在杭州煙霞洞。
右圖：1938 年魏大銘任職軍令部第二廳。

1952 年魏大銘，夏芬迦結婚照，中立者為證婚人
蔣經國先生，左二為鄭介民先生。

1951 年，魏大銘與夏芬迦在臺北陽明山中山公園內。

1950 年，魏大銘主持之無線電訊情報機構甫自大陸遷至臺灣淡水白沙灣海邊一木板建築，蔣介石即親臨視察，突顯其對該工作之重視，並囑速離海灘邊，遷往內陸，以防突襲。

魏大銘 90 歲生日，黃惟峰，洪建英夫婦專程返台祝賀。

魏大銘與夏芬迦合葬于淡水北海墓園之墓地。

臺北淡水埤島里[半畝園]外景。

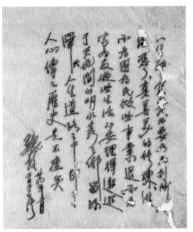

1950 魏大銘手寫之書條
以明志。

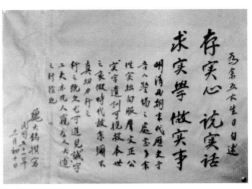

1962 魏大銘 56 歲生日自述。

魏大銘、夏芬迦在台合影。

魏大銘 57 歲在烏來。

1961 蔣介石視察電訊研究中心
之電腦落成。

1957魏大銘主持電訊工作。

美方情報合作人員〔主要者：
Mr. Belknap 和 Mr. Hall〕。

蔣介石與魏大銘合影，
約 1961 年。

1960 魏大銘應邀訪美，
在美西岸參觀一電訊儀
器製造廠。

1950 初抵臺灣時，家居之日式
木板平房後景。

1960 魏大銘應邀訪美，
拜訪美國中央情報局主
任杜勒斯。

1955 美方 CIA 合作代表 Mr. Belknap
（中名貝乃樸）期滿返國前合影。

1957 歡送美方代表 Mr. James
Mullen 夫婦。

1908 魏大銘一歲在母懷中

退休後安居在家。

美方工作人員，左一為〔技術
研究室〕副主任林國仁先生。

魏大銘，夏芬迦早年遊杭卅

1950 年蔣介石巡視技術研究室。

工作時攝

1983 年在淡水「半畝園」書房

維黃帝四十六百四十三日月日生的魏大銘致祭於化的魏人銘曰天道循環永恒不息萬物變化與能變化無窮其日命源命源是猶水也水經日月陰陽自然無窮其之日露增益和慶埃而為水汽又為雲為雪為霜冰為雨雪地益雪之浮雲增益變化上升而降為水汽又為為細流之通而下降為小溪小河又通河海再散為汽萬物所緣蓄氣為水其循環變化之跡吾與六十歲之吾歷經變化這相同或吾各一勺之水

人生生活公私二者而已公生活有時限私生活無涯矣私而有道公乃有方此所謂君子之道造端夫婦及其至也祭乎天地余等相識已二十年於為人處世亂浮沈於其間而力莫能挽來台三年於此互思想精神體察相通故結為夫婦自此宜吾室家樂夫天命以自得於人生求真之道誌此以期永守

魏大銘
夏芬迦 同謹識 於台灣
四十一年八月十日

1952 魏大銘親撰，夏芬迦手書結婚紀念文

昔晉陶淵明作自挽歌辭三首及自祭文一篇固已脫俗塵世洞察人生然猶不免愴感自稱哀哉一千伍百年後人智更進余乃作此文以誌時會之里程而徹人生之命源人而不惑可進德知天地之玄同矣

註：齊萬物同彼我一生死無今古等不易懂均乃莊子之精義也

1966魏大銘讀〔莊子〕有感作自祭文一篇，由夏芬迦手書

1972 黃惟峰夫婦返台省親，在淡水
埔島里「半畝園」室內全家合影

1946 憑吊吳淞炮臺遺址

1945 抗戰勝利後，魏大銘由
重慶回上海

1951 坐「台車」遊烏來

1946 於滬郊

平湖魏公大銘先生八秩榮慶壽序

中國無線電協進會
第廿六屆全體理監事 恭賀
民國七十五年十二月十一日

1986年中國無線電協進會祝賀魏大銘八十壽慶

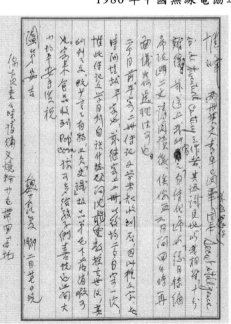

魏大銘致黃惟峰家信手跡

作者黃惟峰 1968 年照

Gen Wei's visit to Hqs. Strategic Air Command USAF, Omaha, Nebraska -- April 1961

Ted Belknap　　Gen. Wei　　USAF Col.

1961 年魏大銘應邀參觀美國戰略空軍指揮中心

1955 年魏大銘與夏芬迦遊臺北草山公園。

1952 年黃惟峰與母親夏芬迦女士攝于臺北居所

1953 年黃惟峰從海機校返臺北度假，與母親攝于大門外。

1953 年黃惟峰與海軍機械學校全班合影

魏 大 銘 自 傳

目　　次

魏大銘自傳序

黃惟峰撰述

　　魏大銘夫人夏芬迦女士是筆者母親，1952 年他倆在臺北結婚，由蔣經國親自證婚，當時魏大銘與蔣氏在公務私誼上過從甚密，後來因與蔣氏在工作上意見有所不合，提前退休，築居於淡水埠島里鄉間，名為【半畝園】，窗明几淨，花木扶疏，筆者在台期間常與他憑窗遠眺，長談闊論，國事世局，無所不及，但他格守情報人員誓約，對未曾公開發表的個別案件則不提一字一語，二十多年來魏氏在此居所刻苦自勵，勤讀史書，於儒，道，佛各家俱頗有心得，日日埋首寫作，主要文稿為〔無形戰爭〕（按：尚未出版），旨在闡述情報作戰之重要，在歷史上往往一個有決定性的戰役在戰場上固槍炮隆隆，生死搏鬥，而其勝負成敗常早已定於情報之蒐集、解密、保密與運用。能掌握這方面知識和技能的常能以少勝多，以弱制強，二戰時同盟國諾曼第登陸戰，美日太平洋爭霸戰等便是前例，再說四十年代，國共對抗，國民黨以百萬精兵良帥輔以海空軍之優勢兵力竟至一敗塗地，盡失大陸，退守臺灣，反之，五十年代初，臺灣勢孤力單，危在旦夕，卻以敗兵之陣，保持了台海安定數十年以迄於今，論者固多，而識內情者，深知其中關鍵實在於情報作戰之充分運用成功，使臺灣兵不血刃而轉危為安，魏氏在所著〔無形戰爭〕中〔大陸為何不應失而失，臺灣為何應失而不失〕一章中曾有詳論。主題為"必先贏得無形戰爭，才能贏得有形戰爭"。他生前將他自傳及著作原稿一併交筆者處理，蓋在當時臺灣政治環境中有關這類論述每易引起誤解，甚至攻訐和誣衊，這不是他要有所涉及的。

魏氏一生可說就是一部有關中國電訊密碼作業上建制，研究，發展，和運用的歷史，在清末民初之時，中國正處於外侵，內爭，貧窮，愚昧，鴉片，不平等條約等的深淵中，面臨自我崩潰邊緣，迨至蔣介石總司令的北伐軍底定京滬地區，揪起一番新景像，新希望，人心大振。大批熱血青年不計名利，不顧生死，矢志抗日救國，分途投身國共雙方之革命行列，都只是期望為國為民做點貢獻，嚮往一個國強民富的新中國，在這股洪流中魏大銘便是其中之一而投效戴笠陣容。

魏氏以一介平民，毫無人事，家族，或鄉誼等關係，全憑技術實學和工作熱誠，受戴笠重用，戴氏識人善任，將魏氏直接進介於蔣委員長，戴氏組織龐大，人員眾多，紀律嚴明，但在特務電訊情報方面則由魏氏一手包辦，抗戰期間魏氏曾培訓大批電訊人員，在對日抗戰，國共內爭，及民用電訊事業方面都有重大貢獻，成效卓著，故有被稱作"戴笠之靈魂"者（註一），而竟進升至軍統局內圈高層，受任國家機密資訊，在當時國府人事內幾乎為絕無僅有者，因而被看作一個傳奇人物。在四十年代初，國共鬥爭中，國民黨頻頻失利，危機已顯，蔣委員長深知自己的機要情報機構遲鈍無效，不知求進，屢屢洩密，乃毅然改組，親命魏氏負責軍事電訊情報任務，即主持〔技術研究室〕，魏氏臨危受命，大力改進，增加效力，力圖起衰振弱，迨至撤守臺灣，他努力的效果竟使海峽轉危為安，穩定以迄於今。

魏大銘年輕時在上海曾在一艘英國在吳淞口的領航船上服務，在那時期一般中國人對英國帝國主義者極為憎恨，但多不知自已反省自強，他從自已切身體驗中對洋人辦事有制度，講求效益，直言直說，不重虛假，盡忠職守，及待人接物無分職位上下均能彬彬有禮，尊重對方個人人格，印象至為深刻，而最令他警惕的是他體會到列強先進國家能以電訊密碼技術控制了落後國家的命脈，無論在軍事，政治，和經濟上早已為人一目了然而不自知，中國在這方面的知識和技術起步已遲，加上傳統的道德觀念看這種解密探秘工作有點像偷雞摸狗不為士大夫們所重視，直至近世很多國內外檔案資料已逾保密期限而才能公開於世，人們才逐漸瞭解這項事業須要高度科技水準的人才和器材，雖在困難的環境下，魏氏在他主持的領域內對工作要求極為嚴格，時時刻刻力求提高效率，改進技術，吸收新知，他以能達到世界水準與先進國家一較長短為職志，因此日後能得到美國相關當局的充分信任和合作，並且二度被評判為國軍中最高效率，最有成就之單位，這些榮譽固不是偶然之事。

1980 年母親夏芬迦無疾而終（註二），魏氏悲痛逾恆，久久不充入土安葬，親撰紀念文並編印成冊（註三），1998 年魏氏病卒，與夫人夏芬迦合葬于淡水北海墓園，墓地為他自已設計，清雅脫俗，北望大陸故土，近眺觀音山和淡水河，當年（1950）他來台後即曾寫一書條以明志自勉：

> "人生數十寒暑，不要為名利所纏，憑了真善美的
> 修煉，進而為國為民做些事業，退而為家為友過些
> 生活，心安理得，遨遊於天地間山明水秀之鄉，留
> 蹤澤於人生道路中，印于人心，傳之歷史，是不虛
> 矣。"

　　傳奇人物在人生道路上留下足印，在國家歷史上做出功
績，當年壯志如願以償，是確可說人生不虛了。

註一：見〔細說中統軍統〕，徐恩曾等著，傳記文學社印行。

註二：憶母親，黃惟峰著。

註三：見〔魏夫人夏芬迦女士紀念集〕魏大銘撰輯。

國共電訊情報作戰鬥爭

前　言

　　今人錢穆學者所講《中國歷代政治得失》一書第四講《明代》有云：〝歷史上的事，有些擺在桌子面上，有些則隱藏在桌子底下。一般談歷史的，只注意桌子面上的事，譬如宰相怎樣，六部怎樣，而沒有注意到桌子底下的一樣有力量，一樣有影響⋯⋯〞。我尚未見古之學者曾有此說，孫子兵法用間篇，是十分高明，但所見局限於軍事。而今之學者，有此認知，此是進步，實在可貴。不過我則更進一步，認為必先勝無形之戰，然後方可勝有形之戰。

　　清代曾國藩先賢有言〝天下事知得十分，不如行得七分，非閱歷何由大明哉〞（曾公日記），我深知閱歷經驗之境，有非〝無此閱歷者〞所能知能達到者，況且根本無書籍可循。這是說從閱歷經驗中獲得的認知，有非僅憑書籍見聞中得來的知識所能及者。百年來世上列強累積鬥爭和侵略之經驗，是不為中國人所有所知的，列強雖有秘密檔案紀錄，但一向保密甚嚴，凡此項無形鬥爭，我國人則遠遠不及，（日美等軍事學校，規定上情報課時，外國學生一律退堂〉，只有今年四月間國際大事，為美國轟炸北非國家利比亞〔Libya〕一事，美國總統雷根竟公開宣佈美國是截獲得利比亞的無線密電，破譯後得知恐怖分子在西柏林施放炸彈是利比亞指使的，所以決定以轟炸為懲罰云云。這是少有的特別例子，表明美國強勁，不怕洩密，亦可知現時代的世界，雖無大規模熱戰，然若能主宰此項無形戰爭，便得以支配世局，此中內情及所須技術常不是一般書本子所披載。

我以為人之所知而形成正確的認識者，其所知來源，不外知識（耳目，以書籍為主流），經驗（閱歷）及思維（推理）三者，總稱為智慧，而以經驗為其樞機。故我從閱歷經驗中所獲之認識，當不與藉耳目所得之認識相同。我曾怪以蔣委員長之才智，品德，學養之傑出，兼以抗戰勝利後之人望，竟敗退臺灣，真是意外得不可理解，諒很多人都有此困惑，有說用人不當者，有說金融崩潰者，有說參謀次長劉斐為共諜者，亦有說如戴笠局長不死，也許不致如此失敗者，蔣總統後來在陽明山紀念周時，曾稱軍事失敗之因，為將領使用不保密之無線電話呼救兵所致云云，眾說紛紜，莫衷一是，此種當代歷史大事，當代人尚弄不明白，則將來更難明白了。我因從事電訊情報事業垂卅年，此中與中共作情報鬥爭者亦有廿年，故從動亂中實地歷練，深體此中竅奧，又經廿年來世事與諸多情報之複雜作用（包括電訊雷達之保密解密與電子操縱，電子指揮，太空偵察等）之觀察，使見解思維更趨成熟，乃確認自古以來，都知力強為勝，而不知先知者（孫子用間篇所稱的先知）之為勝也。按毛澤東曾誇言"不打沒有把握的仗"，我以為他並非瞎說狂吹，蓋他確已掌握著完好之情報網，亦正與我所發現的一個原則相符，那是必也先勝無形戰爭，而後可操有形戰爭之勝利，故我進而縷述所知所識以告國人。

同時亦要闡明情報和保密之於國家，不但必須重視，並須不斷研究發展，蓋科技進展日新月異，不進則退，方可於此列國競爭中，能掌握制勝之道。

不過這些話，我雖引古證今，均有所據，然究為前人之所未發現亦為今人之所鮮經歷者，幸有識之士，勿責以誇大其詞為禱。

自傳代序

魏大銘　自撰 1988 年 10 月於淡水

　　凡寫自傳，不免以自我為中心，是一種個人紀錄，惟吾寫此自傳，只是以個人實事材料，要反映出時代背景，擷取人生變易的跡象，以顯示時代變易與人生變易的種種，真實的理性與智慧。個人是暫時的，實不足道，唯理性與智慧，乃永恆存在者也。

　　時代前進，永遠在變，人生際遇雖然難測，要是唯變所適（此是易經要義），乃永吉，先知先覺者故乃人中之龍也。

壹、

　　余生於遜清光緒卅三年（1907 年），童年讀書，不知用功，雖守規矩而不免頑皮，年十二，投考上海陸家濱中華職業學校第一期琺瑯科落選，次年民國八年夏考入松江府中（省立第三中學，松江人士慣稱府中），因受去年落選刺激，始知用功讀書，英文數學二科成績，總在第一二名之間，故祇讀一年半時，以同等學歷，竟能考入交通部上海電報學堂無線電班，當時讀一本 Radiotelegraphy，老師照書唸讀，講來實多含糊，一年畢業，亦未講及一半。余在第二學期，不免心生怠忽，夜晚就寢時竟嗜閱武俠小說，幸畢業時，二十名同學尚名列第三。次年分發崇明無線電報局工作，有同學嘉定葛傳椝者，自修讀英文有特殊興趣，專心讀上海商務印書館名編輯人周越然先生所主持的英文函授學校，他經常發表作品於周所辦之英文雜誌，後來學成英文名家，我亦有興趣自修重讀 Radiotelegraphy 及一本 Trigonometry 在一年內這兩門學術竟均讀通，這是以太電磁波的老學說也（quantum theory 新學說尚未完成），這樣總算挽救了嗜閱小說的怠忽心態，而恢復自強前進的精神，亦奠定了以後，自修外文科技書籍，能跟上時代也。民國十二年從崇明調到烟台海岸電台，官場習氣甚重、腐敗、無效率的不合理情況，使我們年輕人有離心力。

民國十三年經朋友介紹上千噸輪 SS Ling Kong 當 Radio Officer，它是屬於上海領港公會 Shanghai Pilot Association，所有，停泊在長江口為各國商輪出進上海港時派員去領航者，為一國際組織（係根據不平等條約所產生的），全部領港員約五十人左右，以英國人為主，美法日挪荷等國人次之，而中國人不得參預，以民主制度推舉英國人為主席，在上海外灘廿六號賃租一大間，組織公司，只雇中國籍管事一人，並無雜役人等，善於組織，講求效率，由於民主與自由風度，對國人雖是傭工，亦一樣有禮貌，而待遇合理，故人員勤慎從事，績效甚著，我國公私機構組織所望塵莫及，余三年服務磨練，深識其組織與服務精神之優異，怪不得他們國家強盛，自有其強盛的道理也。

譯註：

　　這是吾人生第一階段廿年，適當國家淪為三等國，民初時更稱為次殖民地，社會鄙塞，民生凋疲，而鴉片流行。日常生活中，洗臉用的是高麗布手巾（吾於民國 40 年代曾去南韓在戰亂後尚無現代工業，確見其高麗布粗厚結實，是適合洗臉用。刷牙用牙粉是日本金剛石牌子，當時尚未發明牙膏，約在民國十年後才有蝴蝶牌〔亦稱無敵牌〕牙粉，肥皂是用英國貨祥茂牌老牌子，香烟是英國貨 Pirates 強盜牌香烟（約在民國十年後，才有南洋烟草公司的 My Dear 美麗牌香烟），至於衣服用洋紗洋布，照明用洋燈洋油，青年們都夢想投考進入海關稅務與郵政，那是英國人主持的，惟洋是尚，使國家落後民生凋疲，已失民族自信心矣。我的父親在金山縣的近海小鎮開一片洋貨布疋店，照傳統慣例，我高小畢業後，就應在店裡承繼父業，但父親因每年春秋二季，必須去上海進貨，所以見識廣闊，得風氣之先，有遠見，要送我去上中學，接下來還要我去投考無線電這項新事物，（這是我父親的朋友看見報紙上招生廣告，說學膳費都不收，一年畢業後，即分派工作，條件優厚、難得，說動父親叫我去投考。實在說，我程度不夠，是很勉強的），乃得衝破樊籠，趕上前進不停的時代，乃人生一大變動也。

當我民國八年夏進松江府中讀書時，第一次繳半年學膳宿雜等費計銀元廿六元多，另尚須繳冬季呢制服費十元之貴，因呢料為英國貨，當民國拾年，進入上海電報學堂時，公家供給每月膳費為六元，那是天天大魚大肉，十分豐富，當民國十三年進領港輪工作月薪一百八十元起，鄉間家庭生活月費卅元就很豐裕了，所以個人的經濟不成為問題，脫離窮困，才得進入高層次，使我一生來只有濟助人家的份，亦一大變動也。

我個人是建立英文自修閱讀能力，和講求事功效率的工作精神的二項要件，才抓住了前進的時代大趨勢。不然，當遭到被時代拋落之無情命運了，故乃能唯變所適矣。

貳、

民國十三年初，我閱讀過民族主義六講，覺得有道理，民國十六年三月，國民革命軍克復上海南京後，留美學者李範一先生，由張靜江、陳果夫兩先生支持，承蔣總司令之命於四月間即在上海南洋大學內創設短波無線電製造廠，並辦無線電人員訓練班，以應軍事需要，聘得全國無線電英俊，創辦通訊事業，其中有留法的顧鑄金先生者，原在上海法租界為報告徐家滙天文台之氣象報告給各國輪舶之法國電台上工作，知余在領港輪上通訊技術優異，故介紹給李範一處長

（總司令部後方交通處）主辦通訊實務，一方面教課，一方面於五月間在上海西門蓬萊路芹圃園內建立我國第一座 400 瓦短波無線電台，直通廣州大本營，完成小電力能通達遠距離之創舉，當時夏天，夜晚天電強盛，值機通訊員往往難於工作時，我就上機，一個晚上二三千字來往電報統統清理完畢，所以我當台長，是技術領導，甚著權威的，七月去南京建立總司令部西花園短波電台，八月總司令下野，再赴寧波建立蔣總司令之隨節電台於警東警備司令部內，其時北洋軍孫傳芳自江北渡江突襲龍潭，切斷京滬鐵路，南京震動，賴此南京上海兩座短波電台之唯一通訊，得構通南京何應欽之第一軍與滬方白崇禧之第七軍兩相呼應，才收夾擊孫軍之效而獲勝，得確保革命軍已成之基礎，從此短波無綫電通訊為我軍政長官所確認矣。

按無線電通訊本自 1899 年意大利人馬可尼氏承德國 Hertzian Wave 之技術，在英國建立長波電台與英兵艦通訊達 75 英里，並裝架美國商船電台，此後發展大電力電台完成越大西洋之遠距離通信。此種長波機，電力大，機器笨重，價格昂貴，國民黨於民國十五年建造廣州長波台即費二十餘萬銀元之鉅，而李範一先生說造短波台只要花五千元代價即可，故十六年李氏在上海開拓創建短波通訊事業，而余亦幸得附驥焉。並且我的三年西方工作方式的閱歷，正可配合李氏的革新精神。

民國十七年秋，由保定軍校交通科出身的軍政部交通司邱煒與華振麟氏奉命接管此項新創事業，他們有先天性的排斥以科技前進受西方教育的英俊份子，細究起來，實在是開倒車，刻劃出國勢的嚴重保守性（把蔣委員長經之營之的抗戰勝利果實都腐蝕了，這是後話），可是仍有前進潛力的國民黨先進如張靜江先生者，以國府建設委員會的特殊地位，戮力於國家建設事業如礦業電業等，另再以李範一氏所遺留下來的英俊人才來創辦無線電商用通訊事業，設廠製造短波無線電機，建立國內通都大邑的商業通訊服務，使原來交通部有綫電通訊獨佔性服務，大為失色，證明合理的競爭，才是進步的大動力，隨後更創辦國際大電台經營國際通訊大為成功，為國府建設事業中的一項主要成就。我的通訊專長，促成了無線電報的迅速佳譽，不過當了國際電台報務長，事業辦完成之後，未免有安居樂業而優遊歲月之感，我個人竟學會了抽香烟、打麻將，不過同仁們大眾所喜玩的跳舞、打回力球、賭跑狗等我仍沒有參与過。於民國廿年時曾托友人做金子交易所，不到十天工夫，回報說 500 銀元統統蝕光了。這就是處安逸環境，在上海大染缸中，我年輕欠學養，無定力，必然要犯的大毛病。幸虧民國廿一年日軍侵滬，爆發一二八戰事時，李範一廳長（安微省建設廳長）應第一師胡宗南師長之邀，介紹我去常州第一師師部充任無線電教官，指導軍用通訊，五月停戰，第一師調往西北，余則留滬，自動向中央研究院借書，研讀航空無線電導向的盲目降落的電機（blind landing），為當時新創技術，余深有心得，豈知我國空軍飛機連無線電通訊機尚未裝置，遑論盲降技術了，曾與航空署技術處長錢日祚洽談，雖志不得伸，但擺脫腐化困境，後我自強不息之精神，則所得實不可限量矣。

　　民國廿二年三月經第一師介入戴笠雨農先生之杭州特務

訓練機構，主持新開辦的無線電訓練班，自此，乘時勢之趨變，參預抗日第一線行列矣。

釋註：

這是吾人生第二階段六年，又一大變遷，迎接著中國新興的革命者蔣總司令領導的事業，並參加了國家建設的行列。

民國十六年三月，革命軍克復上海南京後，余適自長江口領港輪回滬輪休，一進黃浦江，江中大小船隻，都掛上青天白日滿地紅的旗幟，氣象興旺，十分鼓舞人心，因為革命軍接近民眾，不像北洋軍，老百姓都怕惡的，所以大家都寄望於新政府，我一到上海，就有顧鑄金先生來招我介紹給李範一氏委任我與顧先生在南洋大學的無線電實驗室裡調整顧氏所造的一架 400 瓦短波無線電機並訓練幾位通訊人員上機工作，隨即建立上海西門電台，我當台長，不靠關係，樹立技術領導新風氣，上下都一點沒有官僚氣味，此乃高效率之西方型態也。後來建設委員會無線電管理處處長王崇植先生，他原為美國麻省理工學校 MIT 出身之名教授，籌建國內商用通訊及國際商用通訊時，改局長名稱為管理工程司，亦是改革官僚習氣之西方型態，惜大勢未能形成，終於官僚政治的保守腐敗仍盛行於世。我所見之禍害，莫過於保定軍校前輩主持之軍政部交通司接收了李範一氏的無線電事業，以很重的保守性來主持不斷前進的無線電通訊，以致於抗戰勝利後以美軍餘剩軍品 SCR 284 之報話兩用短波無線電機，分發國軍使用，定為制式裝備，而不知通話應加用保密器，使中共截獲我軍師長通訊通話之情報，招致軍師司令部被圍，軍師長被擄之軍事敗績（這是蔣委員長在台北陽明山週會上所講的），導成國軍退出大陸之大禍，可見其影響之深遠矣。

同時間顧鑄金先生家裡（在法租界）的一座業餘電台則賣給中共與武漢共產國際的電台通訊，由共黨沈聯璧（松江人）主持，由同學韋君操作（非共黨，乃是前進青年耳），五月份實施清黨，該台乃遷離顧宅，另覓地秘密工作。按俄國人對于無線電乃是先進，故中共之能運用此項短波無線電，實已比國民黨著先鞭矣。

當民國十七、八年建設委員會開辦無線電商業通訊時，上海由徐恩曾可均先生（留美）負責主持，余任其助理，徐招考書記一人，由錢壯飛入選，十八、九年徐初任中央黨部調查科，錢總挾一皮包，內置密電本亦隨徐來往京滬間，我後來聽說錢壯飛跑了不知去向，只覺得奇怪為止，而不知乃是共產黨的傑作也。這就是民國 20 年中共特務頭子顧順章（松江人）在武漢被蔡孟堅先生所誘捕而投順，且要預備去掩捕上海共黨要員，其電報給中央調查科徐恩曾先生主持辦理時，經錢某手譯此電，通知上海周恩來，故顧家大小十三口遭殺害，而周則逃往

江西赤區,這是錢救了周的一件大事。激烈的暗
鬥,即在電訊圈子內凸顯出來,而國民黨對于錢的
失蹤,竟若無其事,是則已落後多多了。

民國廿年九月十八日日軍侵佔瀋陽,東北廣大國土
從此陷落,廿一年一月廿八日日軍侵滬,隨起應
戰,國勢危殆,禍變趨劇,余順其勢變,竟投入軍
事委員會的祕密組織,從事祕密通訊任務,參預抗日
第一線行列,從此開啟更多之新獻,符合世界進步
潮流,以一個純技術工作者而言,誠出人意外者也。

在滬數年,安逸喪志,環境之移入,實在可怕,雖
為人情所不免,亦是器小易盈,識短易滿,學養不
足,不能戒慎恐懼,持盈保泰之故,相反的,挫折
能激勵奮發,余已經歷驗之矣,好在唯變所適,危
去而終吉也。

參、

　　民國廿二年三月中旬某日傍晚我到達杭州上倉橋警官學
校特派員辦公室時,正當戴笠先生主持會議,有警校教務主
任趙龍文,訓育主任史銘,女生指導員章粹吾女士,特訓班
簡指導員樸,羅指導員杏芳等十多人,濟濟一堂,戴先生說
來得正好,就叫我入座參加。次早戴先生就離杭他去,其特
訓班訓練事宜交由趙先生代理主持,我就住入附近雄鎮樓直
街無線電班址內主持訓練,另外已有甲、乙、丙各班,分別
訓練站長、行動、交通、警衛及女生等,有留蘇俄的特務專

家主持，已有規模，我們無線電訓線班才是後進而已。學生來源由警校畢業生中挑選十多人來受訓，惟一條件，就是祕密、個人自由亦縮小了，我當時曾考慮過要做抗日工作，所以犧牲些個人自由，亦在所不惜了。

　　訓練無線電通訊操作技術，是簡單容易的事，但是要祕密，當時已有的頂小電機為 15 瓦汽油發電機和 5 瓦手搖發電機，但都不合祕密要求，於是同康教官寶煌先生商議，他建議用乾電池來激勵收訊真空管，亦可發生振盪輸出發射，電力雖微弱，但直流電所發出來的訊號，音尖而結實，足可通訊，就試製此項二瓦特工機三部在訓練班野外實習試通，相隔一、二十里，證明其能用，學生亦有信心，這是一項突破性的收穫，從此建立起全國性的秘密通訊網矣。

　　是年夏，隨戴先生攜特工機赴牯嶺建台，與南京通訊，豈知牯嶺天候特別，時常雲霧蔽山，直進房內，以致天線減效，通訊倍感困難，亦為余平生所僅見，余勉力通達，戴先生認為迅速而錯碼甚少，竟十分滿意，蓋牯嶺有綫電報局綫路時生阻礙，常用快郵代電，十分遲緩，軍用電台通訊亦常受天候阻礙，遲而錯碼多。戴先生既親證其效用，即囑我於某日攜此小特工機去晉見蔣委員長，就在 94 號行館大草坪上察看電機，頻頻頷首慰勉，並稱將來給你重要任務云云。回校後戴先生囑編造設立製造所預算，呈請委員長撥款，我還懷疑說會不會准呢？戴先生回說委員長嘛，少量的款子，他會給的，果然不久即獲批准，即於是年初冬於訓練班餘屋內建立，不但製 2 瓦特工機，且製總台用的 200 瓦發射機矣。

　　第一期訓練五個月結業，第二期學生來源成問題，余乃在上海開辦三極無線電傳習所，自此杭州電訓班每年訓練兩期，每期三，四十人，直到廿六年抗戰時已有十期，足供全國祕密通訊網數十台之需。第二期學員干鶴年君以技術成績優良，故於戴先生令派員去廣西建台時，即選任干君前往，豈知通訊聯絡尚未完成，即遭桂系捕殺，為犧牲之第一人，按干君為吾鄉浙江平湖縣三汊河鎮團練之負責人干凱君先生之侄兒，承其豪俠忠義家風，青年未展所長而遭犧牲，痛哉！惜哉！此項訓練有三項特質，保密好，紀律好，技術好，所以特工通訊有甚好之聲譽。

　　民國廿四年，趙校長（警校）龍文先生與杭州筧橋中央航空學校教育長蔣堅忍將軍，他們都是復興社的高級幹部，洽商後，要我承辦浙江沿海的防空監視哨及其通訊網，要求於五分鐘內通達的條件，余仔細研究後，技術上有辦法可以達成，乃承諾建立北自長江口花島山島，南迄溫州的七個祕密電台，嗣於廿六年八月十四日日本木更津航空隊來偷襲筧橋空軍基地時，蔣副校長堅忍兼筧橋特區防空指揮官適時接到我們的情報，才令我戰機預先昇空待敵而獲得輝煌勝利，舉國騰歡，更定八一四為空軍節。此項情報成就，以保密關係，素不為人知，即空軍總部亦無此紀錄，余乃於民國七十年八月才撰寫「八一四空戰大捷與情報作業」一文刊載於傳記文學什誌上，以資徵信此一要事而不使埋沒也。總算多年來埋頭工作，使無線電技術發揮出抗戰第一次勝仗的功能運作，一切犧牲與辛勞，均值得矣。而當時我們復興社特務處的人，不計名利、效忠國家之精神正顯示當時青年一股復興氣象也。

　　同年初夏，我在杭州，某日突然接到南京交通部溫司長毓慶的電話，邀我去京有事相商，原來他要委托我辦偵收台，要抄收日本外務省的電台與東亞地區各使領館的電訊，須電報不漏，電碼不錯二要求，原來他藉職務的方便，已經偵獲得此項電訊，併參考了美國密碼專家雅德賽所著的「黑室」（Black Chamber by Yardley）所述的破譯日本外交密電 Kana 子母音的基本組織的線索，乃破譯得 LA 密一種，它是譯用一般事務性電報，現在要進一步破第二種密碼，預要電報不錯不漏，材料湊手，可以快速突破，果然于次年破譯成功了，從此我亦開始踏入電訊情報這一門道矣。

　　民國廿五年又承辦建立軍事委員會政訓處分派到各部隊政工用的二十個電台。同年我自杭州移住南京雞鵝巷 53 號戴公館內兼通訊科名義，指揮全國通都大邑數十個祕密電台的通訊，因為效率好，祕密性高，紀律嚴，配合得上特務處全盛時代執行蔣委員長抗日準備任務，終於廿六年七七抗戰，全國動員了。

　　既稱自傳，我個人大事，亦應記上一筆，可識時代遷變之情。余民國十八年結婚，廿年余妻在上海法國人主持之婦孺醫院生育順利，次年又有孕，進嘉興福音醫院，竟以手術不潔，致罹產褥熱而不治。余當時以為由岳母陪去該醫院，乃是素有盛譽的，豈知事出意外，誠人算不如天算，其時德國消炎片 sufadizine 尚未發明。我們婚姻結合十全十美，于是知人生美滿，實不易永久也。余於廿五年冬，因食血蚶（即瓦楞子），致患傷寒重症，腸出血，幾不治，幸南京美國人辦的鼓樓醫院經輸血二次與看護長美國老太太的悉心照護而獲癒，其時德國消炎片已問世而尚無克制細菌之特效藥盤尼西林（Penicillin）。按余于十八年時亦以食魚生火鍋而患副傷寒症，病從口入，信然！蔣委員長西安蒙難時，余尚在醫院中也。以今日民國七十七年之醫藥進步而言，則昔年枉死者不計其數，今日之高壽者則拜其賜。余讀曾文正公全集時，其身患頑癬之痛苦，草藥鮮效，以致夜不成眠之困擾，尤深有所感矣。

譯註：

這是我人生第三階段五年，是抗日準備工作也。我基本上，只是從電訊技術上二項突破，即收音真空管當發電用及室內天線，才得建立起祕密通訊網。同時間，先進列強各國都從無線電訊中截獲得豐碩情報，破密與保密，鬥爭激烈，其技術亦十分敏感，但落後國家均不知道。我有幸得風氣之先而能識得其中奧秘。可惜我們軍政部保守性重的交通司之軍用電台，只懂得派衛兵守衛「機房重地，閒人免入」之層次，根本不懂其重要性在情報之資敵。此所以不脫落後國家之形態。到後來抗戰雖勝利了，國家仍不免落後也。

八一四空戰大捷，起緣在趙龍文先生的明智認識，蔣堅忍先生的信心與王惠民先生的技術能力與工作紀律，才把理想實現完成，尤其蔣堅忍將軍的組織才能與作戰智慧不可多得，我祇憑技術來執行其情報計劃以配合其作戰構想，亦即是唯變所適之道理。當時青年的一般復興氣象，絕不爭名利，實有多足，我當年是受蔣教育長的委託承辦此項國防第一線工作，及以後抗戰時的日本空軍情報都成效顯著，但均無任何官方名位，以今日 1988 年代官方或民間之行為觀念衡之，不啻是神話了，而德風之淳厚與澆薄亦判若天壤之別。又蔣堅忍將軍之卓越才華，已有顯見，豈知次年即離开了空軍崗位，顯然是人事派系傾軋而不重才能功績，革命政府又現示了其不革命之一面，終為國民政府之害，悲夫！

我自通訊而踏進電訊情報一領域，是一大變易，其運作範圍，廣大無邊際，惟智慧與技術是賴，盡畢生精力，亦難以自滿自足，其鞭策我進入智慧型之情报作業之意義，更為可貴，來日抗戰，能有若干貢獻者即在此也。

朔自民國十五年廣州政府以廿多萬銀元購一長波電機，于民國十六年李範一氏以五千銀元製一短波電機，到民國廿二年，我以二佰銀元製一祕密電機，故特務處能大量使用，由此戴先生便如虎添翼，實受技術突破之賜也。

肆、

民國廿六年六月我奉戴先生命赴盧山海會寺訓練團內警政班講警察通訊課程二小時，我以上海英租界四馬路巡捕總局之通訊運作實況作教材，七月七日日軍發動盧溝橋事變，蔣委員長即召開牯嶺會議，起而應戰，全國動員，余亦即下山從事一切準備。八月十四日余在上海採購柴油引擎發電機（此機後來為息烽總台息烽製造所所用）時親見我機受傷後在大世界門前低飛落彈，以致造成慘禍，但民眾並不怨憤責怪，可見敵愾同仇之民氣，實在可敬，民心可用，戰爭可打也。

　　滬戰支持三個月。戰爭的藝術，實不易評估，惟滬戰時，我軍未能利用上早已準備好的國防線工事，又金山衛乍浦海濱一線未作防備，與南京防禦戰之太不得力，實是缺憾。至於數年前吳湘相教授解釋蔣委員長引發滬戰之目的，乃在避免日軍自華北平漢線南下，將中國大陸東西隔斷，不如引起滬戰使日軍沿長江西進之大戰略，有助於江南財富與工業轉移內地，得有效支持抗戰云云，按事實果可如此析解，惟以余觀察，似可解說為（一）因上海為國際都市，有關列強各國利益，使牽涉進去，對我為有利。（二）已建有國防工事。（三）江南水陸交通發達，運兵和後勤支援上海前線，遠較北方為便捷。

　　南京撤退時，特務處最後一批人員係搭輪船西上，我們通訊科一員，乃是劉醒吾先生。余於早一天由浦口火車轉徐州鄭州而達武漢，雖兵荒馬亂而氣不衰也。我一到武昌，就覓到平閱路 33 號大庭院，招流亡學生辦第十二期電訓班一百名，為後來軍統局之通訊幹部矣。

　　民國廿七年一月軍事委員會改組，成立軍令部，其第二廳第四處主管電訊技術工作者，由戴先生向委員長保舉我去充任，經批准並召見，在坐談十幾分鐘時，我曾報明特務處的祕密通訊使用自定特種符號，使他人抄不下來等情（當時尚無錄音機），委員長聽取時，手還筆（大紅藍鉛筆）記。

俟我到任第四處（轄兩科）時，即奉到委座手令辦軍用譯電人員訓練事宜，我就在武昌辦起來了。這個處的工作，一無成規，上級亦無要求與指示，只能自己去摸索，和開發電訊情報以配合軍事需求。同時間我向軍政部交通司借用他們庫存中的二架無線電 Loop 環形天綫測向機（德國製），在漢口地區找尋日本間諜電台，雖未獲諜台，但增益我測向實際技術經驗與知識，跨出了一大步，十分珍貴。這個環形測向機是測近距離的商用品，並非 Adcock 式軍用品，交通司實買錯了。

同時間特務處改組成軍委會調查統計局，通訊科亦格昇為第四處，在大遷移中，要維持全國特工通訊的暢通。

廿七年軍統局在長沙辦公，十一月武漢失守，某日下午戴先生召我，要把長沙總台即刻遷阮陵，當時傳聞敵軍已到新牆河，長沙告危（按長沙之北有㵲力河，泊羅江及新牆河）。我當晚率領卡車運電機趨長沙南，猴子石渡口等渡船渡江，車輛已大擺長龍。半夜時回頭望見長沙一片大火，莫名所以。次晨戴先生亦率領一班衛兵卡車待渡，不意敵機來臨，飛甚低，我親見機上二人眼戴風鏡，面貌清楚，機槍掃射，擲手榴彈着地爆炸，幸我們均潛伏于路邊山溝內，未受傷，而我車內皮包為彈片所洞穿，戴先生則驅車往南，轉道湘潭渡江去沅陵，余于是日下午才得渡，當晚宿常德，次日到辰州沅陵城內架機通訊，時張學良先生經戴先生安排亦寓于沅陵一宅最好的莊院中。按新牆泊羅兩個鐵路站，敵尚未到，長沙竟自亂，當時張治中、酆悌、戴笠等有名人物之才智竟不能挽救，可見戰亂時，敵情偵察有多麼重要。

　　沅陵總台完成後，又趕赴貴陽與息烽建總台與製造所，步步為營，計劃週到，戴先生能把握現實情況也。這些山地區域一向鄙塞，辰州符及湘西趕屍，均有盛名，惜余未暇訪證，一路上，重山疊嶺而抵地無三尺平的貴陽省會，地瘠民貧，知識落後，警察局長為戴先生所介派掌握，再赴息烽縣，更差了，人民鴉片毒害更深，我沒有看見一個健康正常的人，都是鳩形鵠面、骨瘦如柴，不啻人間鬼域，吸食鴉片後才能做工，其縣長亦為戴先生所介派，因軍統局在此設訓練班，監獄及張學良先生所住之陽明洞等重要機構在焉。無線電製造所及總台在鄉下，旁有小瀑布，亦可發電，故晚上有電燈，所長陳景涵先生浙江人，交大畢業，著有無線電學一書，由商務印書館出版，書記吳紹玠先生，江蘇人，有國學根柢，兼通歧黃，故允稱此區域之最高文化區矣。抗戰勝利後吳先生仍留在荒蠻、行醫教讀。

　　同時軍令部譯電人員訓練班由武昌遷長沙岳麓山，再遷遵義湘山寺，遵義為貴州省富庶文化地區，陸軍大學及浙江大學亦均在此可見其盛。再北上，經婁山關，天然險要，到松坎宿夜，親嘗雞鳴早看天的原始式旅店，其落後貧窮，不下息烽，惟煙毒較輕，民間略有壯漢矣。再北上綦江，又富庶，盛產廣柑名產，到重慶已是廿八年年初了。

　　是年五月三日余與劉醒吾君在重慶市區海關巷軍統局辦事處，適遭大隊敵機大轟炸，耳聞炸彈下降之尖哨聲，著地轟然劇震，隨即起火，市區著彈多處，徹夜未熄，死傷累累，此即著名之五三大轟炸，自此余決心要偵聽日本飛機的電訊。重慶山城石質堅硬，于是遍地大鑿防空洞，容市民避

難，余不久亦解讀日本飛機與基地之電訊，可得悉其來襲之
路線、架數、何時飛經何地之情報，防空當局用以發佈警
報，得於敵機到達前一小時前發佈，故民眾可有充裕時間躲
避，既有秩序亦感安全。而我空軍亦藉以作戰制勝。民國廿
九年且派遣偵空工作隊去香港助戰，繼再派去緬甸之仰光及
印度之加爾各答以助英軍，而有聲於世。民國卅年十二月日
本發動太平洋戰爭時，英國兩艘新式主力艦，由大西洋調駐
新加坡，不數日竟被駐西貢之日本空軍所炸沉，我重慶成都
兩個偵空工作隊均獲此事前後情報，經轉達英大使寇爾，他
還不信，後經證實，又表謝意而驚於我國情報之特出矣。

　　廿六年七月抗戰一開始，十月中蘇即簽訂互不侵犯條
約，並援助空軍，派遣顧問團及情報合作，故於廿七，八年
間成立中蘇情報合作所，其下成立中蘇合作之偵譯電台於重
慶南岸放牛坪，對日本陸軍蒐集電訊情報，我們是後進。廿
九年蘇俄人員撤退，合作亦停止，留下測向機一架遺贈，此
為我國第一架短波測向機，我們亦即仿製，其效率與日本製
者相若，甚粗糙，其作業方式，將電訊分析資料（未破密
碼）與前方軍情參研，未達單獨產生電訊情報之境地，可見
蘇俄人員之保密與紀律之特別嚴格。

　　廿六年抗戰時，溫司長毓慶之密電檢譯所由南京撤移重
慶時，於廿八年由戴先生出面呈報委員長成立技術研究室，
（即是美國國務院的黑室 Black Chamber，我們稱為
Technical Research Office）于重慶南岸黃角埡，溫任主
任，毛慶祥先生（軍委會機要室主任）與我任副主任，可惜
合作不久，戴溫間發生齟齬，溫離去，囑我暫代，余代理期

間，幸破日本外交用第三種密碼，較前破二種更重要，內有
AM 等三個間諜代號的重慶內部情報（余懷疑乃是軍委會日
本問題研究所王芃生主任所有意供應）。此外尚有第四種密
碼，明知其為密碼機者尚未破譯（研究主力為溫主任所培育
的楊肆、楊貽清二先生）美國專家 Friedman 破此密碼，稱
為 Purple Machine 者即此也。

　　民國廿八年軍統局戴先生聘請美國專家雅德賚顧問來渝
教授 Cipher 密碼學並研究日本陸軍密電，雖未曾破譯得日
本電信情報，但其統計方法與 Cipher 的替代與易位兩大
類，促進了我們破譯的科學方法。我是自己讀了一本
Urgent and Secret 一書專敘述黑道和祕密幫會間所用的切
語暗號等通訊聯絡方法，又讀了雅顧問帶來的幾本 cipher
小冊子，而懂破 code 和 cipher 的技術，後來破解日本空軍
複雜的替代加易位又加空白字（null 或稱無效字）的密電，
就是受此技術知識之賜，凡事決無倖得，一定要有學術基礎
才有進步。按雅顧問的手工統計術已落伍，美國第二代專家
Friedman 已進一步使用統計機來計算他所發明的三種 test
而破日本 Purple Machine 也。雅顧問在渝工作月薪一千美
元供應汽車一輛及適當之宿食，這都是蕭勃武官之祕密活動
與戴先生之魄力所促成也。

　　民國廿九年美國海軍派梅樂斯上校（Miles）來重慶要
蒐集氣象資料為太平洋海軍活動之用，由蕭勃武官策劃與軍
統局戴先生合作發展成立中美合作所，所內設六個組，其中
三個組為氣象通訊與偵測都由我第四處派員工作，梅上校是
電機出身，懂得技術，所以與我私誼甚篤，他在中美合作所

倉庫裡，竟留下有十二架世界最精良的測向機，于抗戰勝利後助我完成電訊偵測情報，受益不淺。梅上校後來升為中將，十分熱愛中國，殊足敬佩也。

　　民國卅年十二月八號日本偷襲珍珠港，事前，我國于日本外交密電中略現端倪，蔣委員長曾電告美國羅斯福總統，按美國自己亦已解讀此項情報，惜美國情報作業疏失，致遭大禍。余於七十年十二月寫「珍珠港事變之研究」一長文刊於傳記文學上。民國卅四年八月日本無條件投降，抗戰勝利，我國列為四強之一（中美英蘇），後來又稱五強之一，〔加入一個法國，〕我國百年枷鎖（1840 年鴉片戰爭後，所訂之一切不平等條約），一旦解除，真是艱苦萬分，而我幸得參預，以無線電技術之專長，竟有獨特貢獻，不虛此生矣。

　　民國廿六年八月滬戰爆發時，上海兩江女子體育專校訓導主任四川趙藹蘭女士因其學校在江灣，已成戰地而停辦，故由戴雨農先生介紹來上海之三極電校任總務主任，聰慧能幹，冷麗大方，誠女中俊傑，退到重慶後又復相逢而結成連理，直到勝利後，育三男一女，家於重慶，沒入中共統治，遭文化大革命之害，於 1978 年平反，復於 1982 年在金山錢圩鎮覓得父親遺骸建立墳墓，復于 1984 年覓得已平毀之平湖新倉鎮之祖墳，豎立墓碑，以盡人倫之誼。

　　譯註：

　　　　這是我人生第四階段，在抗日戰爭中，一貫以技術專長，在軍事的殷切需要下，自然地展開電訊情報的新領域，有聲於時，有名於國際間。勝利後，我閱讀歐洲與太平洋兩戰場史蹟，才知道電訊情報不但是情報之主流，且大放光輝異績，進入電子作戰技術來贏得戰爭，（如英國邱吉爾的 wizard war）而我竟並不落伍，已緊追先進國之後。按此種無線電科技乃是先進國所獨有，亦即是列強吃定落後國家利器之一種，我國原是落後，我在形勢逼迫下，衝破此障礙，佔得此電訊情報之一角地位，抗戰期中我國事事不如先進國，惟此電訊情報竟有輸出成績，亦異數也。

當美國海軍梅樂斯上校來華與戴將軍視察浙閩地區時，見隨行之特工通訊機，竟能隨時隨地與重慶暢通，因電機簡陋不及美國標準甚遠，故覺得不可思議，因知我人通訊技能之優良，又知我們在已淪陷之馬尼拉和新加坡尚有祕密通訊電台，尤感興奮，因而擴大工作範圍與軍統局情報合作，並供應大批新出品卡賓槍充實忠義救國軍各地方部隊，成為抗戰時最先之美援軍品，有重大意義也。梅樂斯對於我沒有保密戒忌，他曾讓我看到他用 m-209 密碼機及 DAB-3 測向機，這二種新創製的高度機密精品與他的電訊情報作業，給我許多啟示，亦認識了美國俄國日本三個強國這方面技術的優劣，而影響其戰力的強弱也。若不與科技先進國家接觸，那必然會落伍的！不過這还須靠戰爭時的同盟關係才能有所獲益。

如溫毓慶博士的有高度科技頭腦的專家人才，終不能容于政府之內，迫得在抗戰初期，即遠颺國外，惜哉！此乃戴雨農、毛慶祥兩先生為委員長之親信關係，超過溫博士之政治結構所致，可見其所以不同於英美矣。其實蔣公不懂其保密之在於技術，而不在於親信，不然蔣公之成就豈有限量哉！

戰爭一開始，必然暗中產生急烈的電訊保密與破密之鬥爭，蔣委員長雖懂得此原則，但其主管者毛慶祥先生則懵懂不明其技術，毛先生為軍委會機要室主任兼技術研究室主任兼轄軍委會軍電管理處與外交部機要室，這個體制是對的，但我們的外交密電仍被英美日蘇德等國所破譯。當民國卅四年初雅爾達英美蘇三國會議時羅斯福總統以為蘇軍進入中國東北攻擊日本關東軍，似應通知蔣委員長，而史太林不贊成，羅乃說不通知蔣委員長也好，免得今日通知，明日全世界都知道了。意謂中國電訊不保密也。又駐南京的日本派遣軍岡村寧次總部之暗號班于勝利後，告知我們，日軍可破譯國軍密電百分之九十以上，此不得不歸咎於毛主任矣。又稱軍統局除金華站一種密電可破外，其他均未能破。究竟美國是先進，它於 1952 年成立一個比中央情報局更機密的國家安全局 National Security Agency 主管此項電訊情報之產生與其保密工作，原來此中有大學問，惜我國未能明白。

人生是很奇妙的，我自民國十年學新興的無線電通訊起，經過廿年，無意中竟闖入國家安全工作的重點上，正是唯變所適，時刻在學識與技術上，趕上形勢必然演變的主流，我並非先知，因于事前，亦無此認識，只能說跟得上，不過在我國，除我外，尚無第二人也。

伍、

民國卅四年八月日本無條件投降，全國騰歡，可是復員問題重重，再加蘇俄進軍東北的大問題，更加上政府與人民的奮鬥目標一失，精神未免都鬆懈下來，抗戰是经多年籌思準備，復員就根本不夠研究，實在說來蔣委員長有考慮不週籌算不成熟之處，處處失著，以致復員成為災禍，而中共趁機得利焉。表面看來似蔣公手氣不順，連輸幾場，其實均有其內因，而歸結於執著儒家思想，未能唯變所適也。（即是後來在台灣的「以不變應萬變」亦是僵執儒術也）。

我於卅四年秋冬，回京滬平津從事於接收日本軍中的電訊偵譯人員，在北平成立工作隊，蘇俄通之日本囑托（日本軍中一項職務名稱，似比通譯高一層）馬越溪先生與富永機關領導的日籍人員，加上中國籍人員共同工作，每日編出情報數十條，屬於蘇俄政經社會情報，但甚少軍事情報，可惜未受重視，雖東北蘇軍處處妨礙國軍行動，亦從未有人想到從電訊裡探訪些情報來幫助了解對方，實在認識不足，亦可稱落伍也。我後於徐州成立工作隊，接收原在徐州之日籍人員，對共軍作電訊偵譯，亦可惜軍統局戴先生奉命盡力於捉捕漢奸，而國防部亦一再隨美制改組，動盪不已，都無心於此，我只有暫維現狀而已。

卅四年冬余因觸怒戴先生，在重慶把我送到磁器口大營盤內看管三個月，蓋飛鳥盡，而良弓藏之義也。戴先生於卅五年三月逝世後，我獲釋放。事後在南京，老長官徐永昌部長對我閒談說，新年裡遇到雨農，他告訴戴說，魏某人不聽話，你已經辦過了，亦關過了，可是不要去毀了一個人才云云。卅五年我在第二廳隨改組而混過了。

卅六年年初，我在上海打算去香港看看如何謀生，忽然蔣委員長召見，我乃於農曆年初二去晉見，話不多說，要我去接長技術研究室（當時已兼管密碼本的編印發，等於後來美國的 National Security Agency ,NSA），我亦理解到他已決定用軍事去解決中共問題了。我們軍統局人員，自民國廿八年，毛主任慶祥向委員長報告說軍統人員不聽他指揮，乃奉命全部退出技術研究室，這是技術工作，只有工作好不好，不是部隊，沒有指揮不指揮的問題，真是門戶之見，實太無聊。要知軍統人員有二項特性，一是防諜保密性能強，二是工作攻擊精神好，實非他人所及，現毛主任領導技術研究室八年後，要我來接辦時，竟沒有一份電訊破密情報，只以新聞電來充數，另外竟移交共諜給我（我判斷至少有二人）蔣公曾面斥毛主任，密本被共產黨竊取去了。同時該室同仁有一句口頭禪「技術室要關門了」，在委員長的心意上，召回軍統魏某的經過如何，我還不清楚，急來抱佛腳把我召回去，竟讓我在以後十六年中做出更好的成就與貢獻，無法解釋，只能歸之命運了。

我接任及調整人事後，先後破譯中共山東粟裕（陳毅的副手），豫南軍分區及伏牛山軍區與其孔從周部隊的密電，但均於二三個星期後，即失去電台，我們於第一次失去電台後即知有共諜在室內，大家嚴戒，但偵查力不夠，查不着，密電亦從此未能再破矣。假使我們仍有情報的話，後來決不會發生整編 74 師在該山區遭圍，以致張靈甫師長自戕的敗仗（張將軍善戰甚勇，我陸大將官班同學），这戰役初露共軍之威力，亦顯示了共諜之功效也。

我既失破密情報，乃急急架設各地測向機，從事產生電訊偵測情報，又豈知當國軍胡宗南將軍部隊收復延安之時，他苦於找不到共軍主力來打，我在西安延安建立偵測工作隊，在陝北清澗中型測向台，即遭共軍破城擄去，蓋西安綏清公暑電訓班主任戴中溶君乃共諜，他正是奉派接待我在延安之聯絡人也。自此共軍通訊之呼號和波長不斷改變，儘量困我偵收與分析，學得乖巧，以對抗我之電訊偵測，雙方各顯神通。

同年秋我北平電訊監察科破獲中共諜台，並連帶破獲瀋陽熱河西安蘭州四個間諜電台，乃驚悉我黨政軍內潛伏不少高級間諜。共諜如此猖獗，甚至主持國軍作戰的參謀次長劉斐亦通敵，故戰事日形不利，乃必然之勢，怪不得毛澤東可大言他「不打沒有把握的仗」也。

在此時期，我用日軍士官們在北平徐州兩個工作隊工作外，尚用了一位德國工程師十分得力，又從日本本土聘請一位日本人譽稱國寶的破譯蘇俄密電專家大久保先生及其助手三人來南京工作，開啟了我國對俄電訊情報之鑰矣。大久保先生於民國十三年開創日本的密電情報，他是日本政府派赴波蘭去學習此技術者，可見日本當政者具有相當的遠見。

　　卅七年我替華北剿總，徐州剿總及華中剿總供應偵測情報，惟有華北傅作義將軍懂得使用。徐蚌會戰時黃百韜兵團之被消滅，說實話，在我電訊情報看來，我邱兵團派機械化重兵器部隊去救援，相隔只有一，二十華里，中間有二個星期時間，絕對可會師救出，可是援兵停滯不進，終被中共吃掉，黃將軍自戕，從此節節失利，終於無救，說者有謂邱黃不洽云云，惜哉！華中白崇禧將軍根本不懂電訊情報，亦沒有打過一場硬仗，結果大家完蛋，實力仍不能保存也。

　　卅八年初，余即赴台灣部署工作，年底赴渝接出最後一批人機來台，尚有七百人左右，測向機全部十二架保全，乃集中力量為復興之計矣。

譯註：

　　這個四年復員之大失敗，十分意外，故我人生第五階段亦隨之沉浮。當年蔣公以全國領袖，眾望所歸，軍力要比共軍多出十多倍，竟連劃江（長江）而治的小局面，如東晉南宋，都保不住而退到台灣來，因為蔣公的一句話，在陽明山週會上親口宣稱大陸失敗的責任由他負之後，就沒有人再去研究檢討了，大家也就莫明所以了。直到 1987 年，我才不得不寫出一篇「大陸不應失而失」的回憶，而歸因於中共贏得了電訊的無形戰爭！然後才贏得此有形戰爭也。

　　在這四年否運之中，我仍不懈於開展對蘇俄與中共的電訊情報，都有進展與收穫，只感到我軍政大員都無此認識與運用知識而莫可如何。

我在西安與延安，接觸到中共的軍事作戰，情報與通訊等實務作業，我認為它必受到蘇俄先進的效益影響，那要比國軍高明多了。國軍亦有美國軍事顧問，可是只重物質軍援，而接受不到先進的學術思想的軍援也。

當共軍南侵，國軍已露敗像時，老長官徐永昌部長在南京語余曰「要救中國，還只有委員長而已」，余亦認為放眼國中，實無人能出其右，故決定來台繼續努力。又當時中共公然宣佈蔣公為第一號戰犯，竟把抗日之豐功偉績、民族之救星，都一概抹煞，那有此理！此是我反共的起因也。四十年後，才証知蔣公治績下之台灣人民富庶康樂，與毛澤東遺留下之大陸人民落後貧苦，為功為罪，為德為患，盡人皆知矣。

陸、

民國卅八年退來台灣，時余年四十有三，尚在壯年，雖在政府中，位卑職小，可是當大家垂頭喪氣之時，我卻奮發前進，雖經費不繼，亦不氣餒，曾向保安司令部副參謀長鈕先銘將軍借錢來維持大家伙食，並仍全力鼓起同仁精神來工作，繼續開創此項技術情報業務。所有人員分別在淡水海濱、士林倉庫、新店衛生所三處工作，蔣公於七月先赴菲列濱唔季里諾總統，次再赴南韓訪李承晚大統領，在去南韓前一天傍晚突來淡水海濱，巡視本室，九，十月間又召集幹部同志十人在陽明山總裁辦公室內訓話，並宣稱本室仍由他直接領導，又發工作獎金及巨額基金，人員待遇亦提高百分之六十與文官相等，如此多方鼓勵培植，十分突出，確具遠見，目光如炬也。

同時，我的第一個電訊綜合情報，指出大陸上大鐵橋，京滬電廠、淮南華東煤礦，及長江大橋等目標，供我空軍去轟炸，造成敵方恐慌，並阻滯其攻台準備，確收實效，我們的情報作業，自此開拓進展了，按抗日期間我只搜集情報，到台灣後，才進入情報運作。

民國卅九年三月一日蔣總統復職，該日清晨，我們破獲一座蘇俄間諜電台，經測向知是海參威與赤塔兩台與其通訊，乃說服原諜台人員繼續維持正常通訊，余供以假情報，以阻延中共于海峽風浪平靜時機中，（自三月至九月）前來進攻，果然至六月廿五日北韓發動韓戰而解除了台海危機。電訊技術之運用，竟能獲致如此功效，是歷史紀錄，堪稱奇蹟矣，但此項微妙運用，知者甚少，余乃於 1987 年又寫一篇「台灣應失而不失」一文焉。

蔣公早於民國卅八年元月暫行引退總統之職時，即策定台灣為退一步之基地，其遠見可佩。來台後，其對黨政軍各種作為，似乎手氣又順起來了，着着有效，重振人心，如改造黨務，如肅奸防諜，如倡導陽明實踐學術，以改進過去缺失，又如撤退海南與定海軍力集中鞏固台海防禦，如實施土地改革，增益產業經濟等。六月韓戰一爆發，台海驟然輕鬆，我們致力於開拓電訊情報，一方面對於同仁們作有秩序之學術進修，另一方面中共初據大陸，雖其本質上保密性很強，但大陸究是地廣人眾，雖垂竹幕而難於週密，在傳統的地面情報難獲成效下，我電訊情報乃一枝獨秀矣。又以美軍參入韓戰，需求中共之情報甚殷，加速了我們中美電訊情報之合作而取得足量之物資外援，正是時來運轉，一路順風了。有關事例諸如：

四十年我浙閩沿海游擊部隊有九次與共軍接戰，我們事先偵知者六次，出動時偵知者三次。

四十一年胡宗南將軍進駐大陳島，我派一偵測小組協助情報，胡將軍四次出巡，共軍都事前知悉，可見中共情報靈通，而我游擊部隊之雜亂也。

四十二年六月，共軍佔領大陳附近之積谷山，余私忖中共實佔優勢也。七月我游擊隊受美國西方公司（掩護名稱）支助，使用我海軍船艦攻擊東山島，但以海軍通訊洩密而大遭損害，我們電訊情報偵知實情，乃由總統蔣公下令提前撤退。

四十三年大陳外圍之戰，我海軍太平號被擊沉。金門九三砲戰，中共並無陸軍行動。

四十四年一月一江山失陷，繼之大陳軍民全部由美軍擔任撤退。同年熱戰情報亦轉變為冷戰情報，如四十三年秋長江大水災，民四十五年秋大陸水旱風災頻仍，大荒年。

四十四年三月技術研究室改為直隸國防部，內轄八處，按美國於民國四十年代成立國家安全局，當知其為先進與落後之分別，即在此也。

四十五年大陸康藏抗暴，同年一月中共周恩來公開和平解放台灣之口號，此乃其政策之轉變。

　　四十六年順利發展國際電訊情報，先自近而遠，東北亞、東南亞與中東等國，至今年大體都已穫適當情報矣。

　　四十七年八月金門炮戰的情報，供應美方合作者中央情報局駐台機構轉知美軍台灣協防司令部，依照本室之情報研判，而作適當之海空軍增強部署，以實力阻嚇之。又本年已產生五十二個國家之情報，有利我國際地位之運用。

　　四十八年偵明大陸水旱風雹等災害，造成物資缺乏物價上漲，又偵明亞非各國對中共關係惡化，其外交陷於低潮。

　　四十九年一月余訪西德情報局洽定合作事項。四月訪美國中央情報局討論合作業務。四十七年十二月及四十九年十一月兩訪南韓洽建偵測據點。四十九年七月建立西貢偵測工作隊，五十一年二月余訪南越總統府政研室並供應北越敵軍情報，惜其政研室主任陳金岢博士未能與美國中情局駐越官員處好，又不知監聽其國內電話情報，以致空軍駕機攻擊總統府而事前不明，余告其速速籌建，已不及救吳廷琰總統之被害矣。

　　四十九年三月廿九日下午五時五十分中共電訊透露「氫子試驗合格」之情報，當晚總統蔣公即召彭參謀總長，賴副總長，酈堃厚署長（原子物理專家）及我在士林官邸會議，但無結論。次日蔣副祕書長（國家安全會議）經國囑我與美方研究研究。數月後美方回答判為中共人造雨試驗云云，殊不知中共終于民國五十三年十月十六日完成核子試爆，後於五十五年十月廿七日下午三時發射一枚核子飛彈矣。這是美國國務院的情報研究處的中國通專家們的偏見，根本看不起中國人也。

四十九年、五十年及五十一年，大陸連續三年天災人禍，我們情報甚為正確，終於引起五十一年五月大陸人民逃往香港的逃亡潮。因為蔣經國氏當權，無能執行七分敵後的政策，故大陸工作毫無基礎，反攻事業無由發動。

民國五十年西德電腦架設完成，又初期電子作戰計劃完成，奉蔣經國氏之命須加速實施，乃于次年完成訓練與電機裝備之半數（當為反攻之用）惜反攻登陸計劃（國光計劃）無形取消，故未獲實用機會，惟此項電子作戰技術在先進國家各自暗中精進不已。

民國五十二年技術研究室，在蔣經國氏悉心規劃下，予以改組，余即藉病不覆新職，遷居烏來鄉養病讀書，結束公職。因深體情報是立國的一個要素，且更是列強藉此優勢情報來技配各落伍國家者，兩項認識要領，似尚未為人所揭發，故不顧素無文辭修養之陋，要寫出我的經歷事實之所見，以資明證，乃于十二月份寫成「無形戰爭」第一、二、三、四篇，記自民國卅六年重長技術研究室為起始，以後才陸續成第五、第六兩篇，迨五十四年八月余遭有計劃之冤獄時暫止，均記技術研究室之實績也。

余於國民四十一年八月與江蘇嘉定縣南翔鎮夏芬迦女士結褵，天生麗質，富於才藝，既擅烹飪，又善書畫，自性近佛，人生真善美之表現也。民國六十九年七月廿四夜，無病而逝，余輯「魏夫人夏芬迦女士紀念集一冊」，表達無窮之情意焉。

釋註：

這是我人生第六階段十六年，初政局大變後，來台灣激起奮鬥意志，追隨蔣公從事復興大業，逐年均有工作實錄。

在抗戰八年中，我是年輕人，祇知做情報蒐集者，而不懂情報之運用，來台後已是中年人，學識閱歷，均有增進，懂得情報配合時局的運用和需求而去偵集了，最值得一提的，乃是卅九年破獲蘇俄諜台，加以利用，發送假情報，適是多種機緣湊合，才能達成欺敵目標，殊屬難能可貴，而且成就非凡。我們在大陸時，雖曾破獲中共諜台有七座之多，而都無進一步之收穫，可見機緣之難於湊合。現竟把一場七月下旬台海戰禍，輕輕地移轉到情報與保密差次的南韓去了，不亦快哉！無法解釋，歸之天意可矣！

我們同美國中央情報局駐台機構合作得十分成功，兩國蒙其利，在當時政府處境十分困窘，一切仰求於人，只有我們的情報，是美方有求于我們，顯得突出，美方確實給我們足量的支助，這是我們自己政府能力所辦不到的，除了時勢所趨外，實在得力于兩位美國朋友，貝乃樸〔Belknap〕與霍爾〔Hall〕先生，他們都在上海美童公學讀過書，所以懂得中國人情，大家真誠相待，再好都沒有了！其後我們在南韓與越南開拓偵測基地，亦都是美方大力支助，情報是呈顯國力之一部份，此可為明證。

我已深受間諜滲透之教訓，當卅八年初，在淡水海濱時中共仍不肯放過，有女間諜勾引統計室管理員入彀，曾供給一次資料即被破獲，故本室集中新店清風園時，呈請總統劃定附近地區視為軍事要塞的禁建區，除原住民外，應可免外人之滲入，次為內部隔離，提高防諜保密措置，故得保安全無虞，即美方合作人員亦讚我們人事控制有效，人員紀律嚴謹，凡是情報愈有效，愈要突出嚴格保密措置，因之自成一個格局，連國家安全局黃德美副局長於民國五十年左右時竟稱我為「魏派」「一霸」，那真是外行而別有用心者矣。

44 年大陳撤退是一件大事，我們的情報為美海軍所依賴，而美海軍亦一手擔起撤退軍民任務，雖是符合美國的政策，但對於我們反攻復國的使命，則是退後一步了，不過說實在，國軍的武力是不及中共也。此後三，四十年歲月，台海型態就此定型了。

47 年金門砲戰，中共用萬鈞之力，當然不是為了表現（應當是侵奪），它要看美國的反應如何，而定次一步行動，當時美海空軍以實力回應，中共乃適可而止，此中我們的情報，深得其竅妙之用，自後即未再發生有規模之戰事。

中共 48、49、50 年三年大災荒，我們情報均適時揭露其災況，又實行人民公社及土高爐煉鋼等荒唐措施，導致 51 年的香港逃亡潮，同時間中共又與蘇俄不睦，應是軍事反攻良機，總統蔣公原已訂定「國光計劃」預計於 51 年秋登陸廈門，諒受制於美國之政策而無形取消，余則以為多年來雖有七分敵後之政策而實無成效，況中共事先亦已知悉，早已有備矣。

民國 49 年春，我應邀訪問西德情報局，局長加倫將軍是歐陸傳奇神秘人物，兼管北大西洋公約總部情報主管（NATO），我們洽商合作事項，第一步已進行到在西德 Badgodesburg 附近租屋為中德雙方研究密碼人員共同工作處所，台北本室與 Badgodesburg 科學院（此乃掩護名稱）間雙方各有 10kw 二路亦可四路的傳真和電動打字機的保密通訊，使兩研究機構聯成一氣，是很現代化的密切合作，因美國有保密法案的限制，中美電訊情報合作，不及於技術層次，我們究屬落後國家，必須附先進國家之驥尾，才足躋此項技術情報于世界一流也。可惜蔣經國氏聽信小報告，以為不可信任而另派戴安國先生為駐德代表，另闢商務門徑，以致技術情報之合作逐漸解體，連我們已有成議的中德合作對蘇俄東西兩端進行電訊偵測之戰略情報一事，亦不能實現，致我國家的籌碼無形縮少許多，誠不幸也。台灣引進西德電腦 computer 是開始第一架，政府籌付六十多萬外匯美金，還十二萬分吃力。可知當時政府尚在窮困之狀。

民國 52 年本室改組，乃在 51 年秋季「國光計劃」停止之後，亦是「鳥盡弓藏，兔走狗烹」之義，另一方面將此最有力的「魏派」「一霸」的情報單位

業務分割給四方面，以符合其政治治術之平頭主
義。我認為這樣改組是開倒車，分產分權，是非顛
倒，導致傾軋，前途決不會有成就，且蔣氏採用蘇
俄方式的傾覆整肅我，故決心退出，不就他所安排
的新職，因此亦觸犯了他的大忌，有戳穿他對老總
統弄權蒙蔽之嫌，而銜恨，二年後遭五年冤獄矣
（有冤獄記編為無形戰爭第十篇下冊）。

這十六個年頭，我進入情報與反情報戰爭之中心，
又加上二次大戰時之英美資訊，故亦已進入電子作
戰領域（見無形戰爭第十一篇及十二篇）對後來
1967 年以埃六日戰爭及 1986 年美國襲擊利比亞
Libya 戰役特別欣賞聆會，以迄今 1988 年代美蘇已
進入 C^3I 領域（Command, Control, Communications
Intelligence）之大學術的戰爭靈魂，固已望塵莫
及，但正證知我卅年前「前期電子戰」之作為有其
遠見，不過整個國家如落後，我個人即使跑在前面
太遠，亦無用處也。

柒、

公家事業結束，棄人爵
個人事業繁榮，修天爵
　　民國五十四年八月入獄，五十九年八月出獄，有冤獄記
一篇列入無形戰爭集第十篇，其事不予重述。五十五年五月
我在獄中寫完「現代電子戰」一篇，於次年元月送給陳大慶

將軍（原任國家安全局長，現轉任警備總司令，他比較懂得些情報實務）參辦，因中共試爆飛彈等進步甚速，而吾方遲鈍，一無對策，因心之所危也。茲該篇列為無形戰爭集第十二篇。惟此獄予我甚大之變易機會，則不可不述。

第一，我原來服務公職有卅多年，其所見所聞，培養成我的認識是如此這般，現在獄中所見所聞可就大不同了，那是國家的黑暗面，于是知反攻復國是無望的，大夢初醒，我乃決然要覓淡水鄉間土地購來為居處之計，而買下現址，實為得計也。

第二讀書專心，甚有所得，先讀諸子集成，對老莊興趣尤濃，次及佛經金剛經，配合靜坐，通治心養性之理念而實踐之，將儒道禪三者貫通而學有所主矣。次以四部叢刊初編（商務印書館出版）之經史子集，隨意選讀，於民國 55 年 7 月開始讀資治通鑑今註，於 57 年 1 月閱畢後，再翻閱廿四史，此乃冗長之史料，我祇略閱而已。繼又讀續資治通鑑，則不如司馬溫公通鑑之有味。至於學術問題，程朱與王陸之爭，以余之淺見，似很容易解釋，中庸一書，已有解釋，何古人偏執之固而起爭也？按中庸說「誠者天之道，誠之者，人之道也。誠者不勉而中，不思而得，從容中道，聖人也。誠之者，擇善而固執之者也」，其「天命之謂性，率性之謂道」，乃天之道也；其「不勉而中，不思而得，從容中道」，是率性，正是王陽明致良知，由內發出之天之道也；「修道之謂教」，乃人之道也，須教學窮理，擇善而固執之，亦即得道中道了，是朱文公由外打入之人之道也，中庸又謂「自誠明謂之性，自明誠謂之教」亦正是此意，誠者由內發出，誠之者由外打入，都能得道中道，豈可分割而各執一端，尊德性，道問題亦豈可偏執耶，此乃我治儒學之心得也。

第三，老年入獄，用世結束，乃轉而求人生之大道，研究學問與靜坐修心，同時並進，靜坐工夫大有深淺，以「因是子靜坐法」一書講得最好，余每日晨昏靜坐兩次，各一小時以上，雖未能打通氣脈，後修密宗之觀想，雖未能清淅發白光，但心腦空空，治心實已得其效。同時看到老子說「…不見可欲，使心不亂」「…吾所以有大患者，惟吾有身。苟吾無身，吾有何患！…」再看到莊子說「吾喪我」「心齋」「坐忘」等方法名稱，甚體「無為」「無我」之旨，又於57 年閱金剛經講議亦竟無師自通其「應無所住而生其心」之精義，與靜坐配合起來治心，確可實證「無我」境地，定而生慧，入清淨境，得虛靈慧照之功。至於有人稱顯呈本體而得道近仙，那是形容過甚，可衝破名利一關則確然也。

第四，治心已得「不生其心」之功而達「無我」之境，此乃靜態之智慧運作，但余獄中現實之環境，訓練得我在房間內，對一切外物外事之騷動干擾，可以聽而不聞、視而不見、絕不動心，我稱為煉心，所以可造成吾獄中之天堂也。按治心是金剛經所說的不着相，要不着相，吾是從「無我」的基礎上在人世間日常生活中，用「物來順應，物去不留」的工夫，（不留於心腦中）如鳥飛空中不留痕跡也。至於煉心，則更進一步，如莊子齊物論中所說「吾喪我」的「形如槁木，心如死灰」的不去順應了。但非真的槁木死灰，只是「如」而已。各家書中，都沒有分析指出這兩種境界的差別，我則稱之一為治心，一為煉心，乃從實際體驗出來的，不過根本都產自「無我」也。

如此在人為之監獄中，修得我天爵，豈不大幸，亦唯變所適，君子無入而不自得也。

民國 59 年 8 月出獄回家，即著手續寫我的無形戰爭實錄，完成了十二篇。六十年即於淡水鄉地，建築庭院，冬季即住入過陰曆新年，十分愜意，自造景色，投身於大自然中，而免於身心之染污，尤具意義，配合讀書靜坐，吸新鮮空氣，培清淨之心，無心為德而德業自成，無我坐忘，得人生之大道矣。四部叢刊初編，閱其大半，按初編全部為精裝壹佰壹拾冊也。

民國 64 年 10 月寫無形戰爭集第十三篇，因有感東西方學者均未見及此，所以我舉事實，闡明此項學術之理論，66 年 8 月才完稿。

民國 65 年因余妻夏芬迦女士久居鄉野，未免寂寞，乃遷居新店附近之花園新城，比較熱鬧，只住一年，仍回淡水自宅，妻則習繪不輟。同年六月，因鑒於記者作家撰述廿六年八月十四日杭州筧橋空戰勝利一役，不知其勝利之關鍵在情報靈通之事實，故寫「抗戰時期，中國空軍情報事蹟」一篇於民國 67 年完稿，以存其真，並誌我國情報之進入科技化而與世界列強一較長短，證我們中國人不落伍之一面。此篇列為無形戰爭集第十五篇。

民國 68 年元月中美斷交，余有感於當局無能於情報之研求，不為無咎，因寫無形戰爭集第十四篇。

民國 69 年七月廿日夜，妻無病猝逝，年七十有一，余於次年十二月輯印「魏夫人夏芬迦女士紀念集」一冊行世，尤悟生死一關之義，至此，人生兩大關 —— 名利與生死，均已驗悟，此治心去相之工夫已非泛泛，人則在無重量超世界中，十分解脫，豈非已得莊子之逍遙遊乎。

民國 70 年，因鑒於歷年來坊間刊出多種戴兩農先生傳奇式書刊，諸多傳聞不實之言，乃寫「評述戴兩農先生的事功」一文，以彰特務事業中英雄豪傑之真相，亦可比擬美國戰略局之鄧諾萬 William J. Donovan 與中央情報局之杜勒斯 Allen W. Dulles。此文刊戴於傳記文學雜誌。同年八月，余將無形戰爭集之第十五篇之史績以「八一四空戰大捷與情報作業」為題刊載於傳記文學月刊，俾不使情報之奇功長期埋沒。又同年十二月，因為中國社會上盛傳日本發動珍珠港事變，戴兩農先生早已獲得情報云云，連夏威夷中國人辦的遊覽車上的領遊小姐亦為此介紹此項不實傳言，這個情報大問題，連美國人都沒有弄清楚，還是一團謎霧，所以我乃以無形戰爭集的附錄「珍珠港事變的研究」一篇，另加前言刊載在傳記文學月刊上，以解世人之惑，以明真相。凡此，均有所感而不得不然以正史實也。該篇乃列為無形戰爭集之第十六篇。

留在大陸之趙藹蘭夫人同三子一女，經歷中共文化大革命之迫害，後得平反，於民國 71 年訪覓得金山故鄉先父遺骸，造墳禮葬，又於 73 年訪覓得平湖縣新倉之祖墳，於原地址上豎立石碑，以盡人倫之常。

民國 72 年夏，鑑於 39 年供假情報欺騙蘇俄，其效果甚為神奇，為歷史上所少有之實事，因就無形戰爭第二篇第三章「技術情報工作發揮奇效，共匪攻台最大的危機是為何渡過的」一章資料提出來單獨寫成一篇「對蘇俄情報鬥爭之一奇蹟 —— 我們台灣是為何渡過民國卅九年的危機的」，並將 69 年六月傳記文學雜誌所載梁敬錞，沈雲龍兩位專攻近代史的教授所發表兩篇大文作證，證明此項假情報之確定成功，而完成此一歷史研究。惟恐有涉機密限度，故尚未單獨發表也。同年年底，余以長期服阿斯匹靈成藥 Aspirin 過量，有傷腸胃，以致胃潰瘍、出血、休克，入榮民總醫院治療，73 年年底又突發心臟病 —— 心絞痛，再進榮總醫治，自此體力大損，進入老境，時年七十有八也。

　　民國 73 年起注意研讀近代人物王陽明、曾國藩兩先賢書籍，較有心得，75 年注意研讀明清兩朝歷史，擬一探我國清末之三等國及民初之次殖民地之致弱之由，曾寫三篇短文，計「讀曾文正公全集後感言」「曾公論兵氣」及「媚外之禍」等文，按蔣公介石亦曾精讀王曾兩家學術，而余獨怪何以不及於曾公之論兵氣與用兵之有關人和地理利弊之理論於抗戰勝利之後，蔣公因之兵敗，惜哉。

　　余既進老境，乃於 74 年設計規劃北海花園墓園之墓地，於 75 年 5 月安葬芬迦夫人，而余之壽穴亦在焉。此墓佔地卅多坪，上蓋亭宇，內置几椅，旁植花樹，猶如家居園庭，亦余得意之佳作，因看破生死一關，乃寫「死毋惡記」一文，以解世間樂生惡死之習俗也。

　　按我們的中美電訊情報合作一事，乃是我國國家安全之重要部份，並感於美國好友貝乃樸先生（E S, BelKnap）之直誠坦白之合作情誼，雖於無形戰爭集第四篇中已敘其事，但尚感不足，乃於 74 年 9 月寫畢「1950 年代中美電訊情報合作紀實」專報一篇，加以深論，茲列為無形戰爭集第十七篇。註：物來順應，物去不留，雖稱得意，但未着相且示生死一綫之意。

民國 75 年 2 月寫「治國掌舵感言 —— 評估台灣政局安危」一文於民國 77 年元月完畢，評述蔣公父子二代之治國得失也。蔣經國氏亦適於本月逝世，乃結束六十年來家屬統治之政局。民國 75 年 7 月余復美國董漢槎老友一信，答覆無我不着相之內涵與修養，解說我修「戒定慧」的「解行證」的實踐方法，此乃我修心養性所達到之境界，貫在日常生活中，這才是功夫踏實也。

民國 75 年 5 月開始寫「大陸不應失而失與台灣應失而不失，中共贏了無形戰爭，所以蔣總統失了大陸。蔣公贏了無形戰爭，所以台灣得以不失」長篇，於 76 年 12 月寫畢，均以實事為證而得此論斷也。茲列為無形戰爭第十八篇。

民國 76 年 3 月寫「釋三不朽之歷程」一文，以示我人生自然歷程之符合古訓也。同年 11 月寫「讀『政治是為所能為的藝術』一語後感言 —— 儒術已不夠用了」一文來剖析蔣公所執著之儒術已不足應世，屢敗於俄，終致失去大陸也。

民國 77 年元旦，余寫「中華民國元年說」一文，蓋我中華大帝國歷二千餘年，中華官國歷七十六年，今 1988 年乃是中華民國元年也。一月十三日蔣經國總統逝世。同年五月寫「讀錢著國學概論書後」一文，伸述我國近百年來落後西方之由及蔣公用儒術得失之處。五月廿九日又寫「讀尹文子後有感於國事」一文，乃感於蔣經國氏統治多年後之脫序民主，失法自由，是非混淆，人欲橫流之社會，應如何治埋之道也。今年余已八十有二，八月份開始，右手腕有神經老化痠痛，執筆欠力，幸蔣氏二代六十年治國之得失，與無形戰爭全集，均已寫畢，不擬再有著作矣。余尚幸眼光未退化，閱讀仍為常事，近年來四部叢刊初編內自漢唐以迄晚清各家文集均已陸續閱畢，與古人遊，亦樂在其中也。自今年起將再讀易經與四部叢刊續編六百冊，（平裝六百冊約合精裝一百冊）今後偷生歲月，亦可優遊自得，一生來都是唯變所適耳。

　　註：「唯變所適」乃是易經精義，按余一生經歷遭遇，循序漸進，而唯變所適，故不落伍而跟上時代，亦儒家所謂「君子無入而不自得」也。再按儒學，是我人之基本，故由中庸之「中」（喜怒哀樂之未發謂之中），進入老子之「道」，復進入釋氏之「空」，殊途同歸一個「本體」（哲學名詞），不論入世出世，隨年齡閱歷而不同，亦唯變所適之至理也。

釋註：

　　這是我人生第七階段二十三年，其坐牢五年，乃修我天爵者所不可免者，此乃從莊子學術與我歷史知識中所識得之必然因果。如此，其引導吾進入人生大道，尤多善因善果，修心（亦即治心）養性，得能破名利生死二大關，已盡覺者（佛是覺者）之能事，人世間已無餘事矣。

　　自民國 54 年 8 月入獄，余即習靜坐，每日一二次，配合呼吸，迄今廿三年，從未間斷其有益生理部份，有助血液循環，腸胃運動與筋骨柔軟之功效，並因是子靜坐法書上所說橫隔膜運動，可卻百病之效，另「定」「慧」之精神部份，余雖「定」工純精，慧亦甚抽像難言，但靜能生明，則確定無疑（按宋儒已有此說），神秀之將塵心勤拭拂，使之清淨亦可確定無疑（神秀北宗，慧能六祖是南宗），靜坐工夫日深，拭拂得心如明鏡，空靈明亮，可以燭照萬物，再加上年老，閱歷既多，思慮亦較成熟，故看人世事亦比較明澈，因之自 71 年作文解惑開始，直到今年 77 年間，寫作更多，正是表此種智慧發抒之情況，即使一二十年前，余尚無此慧眼識力，遑論更早年矣。鑑往知來之能，實非年輕人可及，故現世人往往視年老者為贅疣老朽，實屬過份，須知老年才顯更多智慧也。

「吉凶悔吝生乎動」與「唯變所適」都是易經哲理，我遵循之矣。「無我」「坐忘」是莊子的至人真人之修為，我亦遵行之矣。「忘我無相」「境由心造」是佛經精義，我亦體驗之矣。鄉居免於身心之染污，生活無非是修心養性，故總是「無事掛心頭」之「人間好時節」矣。（南泉禪師詩句）余不作玄妙之論，落實到實地人生，才是真學問真功夫也。至於天爵二字非孟子所謂之天爵，乃指莊子所謂天機充沛之天爵，如南泉禪師詩句云「春有百花秋有月，夏有涼風冬有雪，若無閒事掛心頭，便是

人間好時節」，豈非天機充沛，明心見性，識得真
如本體而仍落實在人間乎！

至於今後，乃是餘生，不論五年十年，將過九十是
盡天命耳。

第一章　先回顧我們歷史上的
情報活動事項及其意義

　　我現所謂的情報，乃是廣義言之的一個總名稱，包括間諜反間諜，情報反情報，行動反行動，（行動亦包括很廣，諸如遊擊、武力、放火，謀殺等）保密防諜（保防範圍很廣泛，有關人民生活者為文書報章，通訊語言，身份證、出入境證等）知識學問，（用以分析情報者），詐術，謀略等多項繁複的活動。

　　有人類，就本能地求生存，自然地與天然環境爭，與禽獸爭，更人與人，族與族，國與國爭，一有爭（包含競爭、鬥爭）就有情報行為。我國歷史悠久，鬥爭頻頻，情報行為處處都有，惟傳述不多，也許因為多半是陰謀詭計，不擇手段，不合固有道德標準，所以士大夫，君子不屑言之，官方諱言之，只有小說家憑構想而言之。茲略舉歷史上著名的幾件情報活動，以見其概要。

（一）東周春秋時齊國孟嘗君田文的雞鳴狗盜

　　孟嘗君田文相齊，招賢納士，食客數千，有賢名、秦昭襄王，欲見之而以為相，齊湣王乃使孟嘗君行聘于秦。

　　孟嘗君同賓客千餘人，車騎百餘乘，西入咸陽，謁見秦王，並獻白狐裘，秦王服此裘入宮，誇於所幸，燕姬曰"此裘亦常有，何以足貴"，秦王曰"狐非千歲，色不白，今之白裘，皆取狐腋下一片，補綴而成，此乃純白之皮，所以貴重，真無價之寶也，齊乃山東大國故有此珍服耳。"時天氣尚暖，秦王珍藏之，擇日將立孟嘗君為丞相。樗裏疾忌孟嘗君見用，恐奪其相權，乃使其客公孫奭進讒，秦王惑其言，命幽孟嘗君於館舍。秦之涇陽君質齊時，孟嘗君待之甚厚，甚德之，乃私見孟嘗君言其事而獻計曰："王計尚未決也。宮中有燕姬者，最得主心，所言必從，君有重器，吾為君進于燕姬，求其一言，放君還國，則禍可免矣。"孟嘗君以白璧二雙，託涇陽君獻于燕姬求解。燕姬曰："妾甚愛白狐裘，聞山東大國有之，若有此裘，妾不惜一言，不願得璧也。"涇陽君回報孟嘗君，孟嘗君曰"只有一裘，已獻秦王，何可復得？"遍問賓客："有能復得白狐裘者否？"眾皆束手莫對。最下坐有一客自言"臣能得之"，孟嘗君曰"子有何計得裘？"客曰"臣能為狗盜"，孟嘗君笑而遣之。客是夜裝束如狗，從竇中潛入秦宮庫藏，為狗吠聲，主藏吏以為守狗，不疑，客伺吏睡熟，取身邊所藏鑰匙，逗開藏櫃，果得白狐裘，遂盜歸孟嘗君，君使涇陽君轉獻燕姬，燕姬大悅，值與王夜飲方懽，遂進言曰"妾聞齊有孟嘗君，天下之大賢也，孟嘗君方為齊相，不欲來秦，秦請而致之，不用則已矣，乃欲加誅，夫請人國之相，而無故誅之，又有戮賢之名，妾恐天下賢士，將裹足而避秦也"秦王曰"善"，明日禦殿，即命具車馬，給驛券，放孟嘗君還齊，孟嘗君曰"吾僥倖燕姬之一言，得脫虎口，萬一秦王中悔，

吾命休矣，"客有善為偽券者，為孟嘗君易卷中名姓，星馳
而去。至幽谷關，夜方半，關門下鑰已久，孟嘗君慮追者或
至，急欲出關。關門開閉，俱有常期，人定即閉，雞鳴始
開。君與賓客多擁聚關內，心甚惶迫，忽聞雞鳴聲自客隊中
出，君怪而視之，乃下客一人，能效雞聲者，於是群雞盡
鳴，關吏以為天且曉，即起驗券開關，孟嘗君之眾，星馳而
去。君謂二客曰"吾之得脫虎口，乃狗盜雞鳴之力也。"俟
秦王悔而追之，已不及。王嘆曰"孟嘗君有鬼神不測之機，
果天下賢士也"，後秦王見燕姬服白狐裘，知其為孟嘗君之
客所盜，復嘆曰"孟嘗君門下，如通都之市，無物不有，吾
秦國未有其比"竟以裘賜姬，亦不罪主藏吏。此乃雞鳴狗盜
之史實，今人常稱情報特務工作者為雞鳴狗盜者有類此例，
蓋以謀略詭計以竟事功。

（二）東周春秋時呂不韋巧計送歸王孫異人回秦

秦王孫異人，為質於趙，異人乃秦安國君之次子，安國
君是秦昭襄王之太子，有子二十餘人，皆諸姬所出，非嫡
子。所寵楚妃，號華陽夫人，未有子。異人之母，曰夏姬，
無寵，又早死，故異人質趙，久不通信。當秦將王翦伐趙，
趙王遷怒於質子，欲殺異人，平原君諫曰"異人無寵，殺之
無用，徒令秦人藉口，絕他日通知之路"。趙王怒猶未息，
乃安置異人於叢台，命大夫公孫乾為館伴，使出入監守，異
人出無兼車，用無餘財，終日鬱鬱而已。

時有秦陽翟人呂不韋，父子為賈，平日往來各國，家累
千金，其時適在趙都邯鄲，偶於途中望見異人，雖在落寞之
中，不失貴介之氣，指問旁人，乃知為秦王太子安國君之

子，質於趙國，拘留叢台，資用不給，無異窮人，不韋私嘆
曰「此奇貨可居也。」乃歸問其父曰「耕田之利幾倍？」父
曰「十倍」。又問「販賣珠玉之利幾倍？」父曰「百倍」，
又問「若扶立一人為王，掌握山河，其利幾倍？」父笑曰
「如得王扶而立之，其利千萬倍，不可計矣」。不韋乃以百
金結交公孫乾。往來漸熟，因得見異人，佯為不知，問其來
歷，公孫乾以實告。一日，公孫乾置酒請呂不韋，不韋曰：
「座間別無他客，既是秦國王孫在此，何不請來同坐？」公
孫乾從其命，即請異人與不韋相見，同席飲酒。至半酣，公
孫乾起身如廁，不韋低聲問異人曰「秦王今老矣。太子所愛
者華陽夫人，而夫人無子。殿下兄弟廿余人，未有專寵，殿
下何不以此時求歸秦國，事華陽夫人，求為之子，他日有立
儲之望。」異人含淚對曰：「某豈望及此，但言故國，心如
刀刺，恨未得脫身之計耳。」不韋曰：「某家雖貧，請以千
金為殿下西游，往說太子及夫人，救殿下還朝，如何？」異
人曰：「若如君言，倘得富貴，與君共之。」自此不韋與異
人時常相會，遂以五百金密付異人，使之買囑左右，結交賓
客。公孫乾上下俱受異人金帛，串做一家，不復疑忌。不韋
復以五百金市買奇珍玩好，別了公孫乾，竟至咸陽。探得華
陽夫人有姊，亦嫁于秦，先買囑其家左右，通話於其姊，
言：「王孫異人在趙，思念太子夫人，有孝順之禮，托某轉
送。這些小儀，亦是王孫奉候姨娘者。」遂將金珠一串獻
上。姊大喜，自出堂，於簾內見客，謂不韋曰：「此雖王孫
美意，有勞尊客遠涉。今王孫在趙，未審還想故土否？」不
韋答曰：「某與王孫公館對居，有事盡與某說，某盡知其心

事。日夜思念太子夫人，言自幼失母，夫人便是他嫡母，欲得回國奉養以盡孝道。"姊曰："王孫向來安否？"不韋曰："因秦兵屢次伐趙，趙王每每欲將王孫來斬，喜得臣民盡皆保奏，倖存一命，所以思歸愈切。"姊曰："臣民何故保他？"不韋曰："王孫賢孝無比。每遇秦王太子及夫人壽誕，及元旦朔望之辰，必齋戒沐浴，焚香西望拜祝，趙人無不知之，又且好學重賢，交結諸侯賓客，遍於天下，天下皆稱其賢者。以此，臣民盡行保奏。"不韋言畢，又將金玉寶玩，約值五百金，獻上曰："王孫不得歸侍太子夫人，有薄禮權表孝順，相求王親轉達！"姊命門下客款待不韋酒食，遂自入告于華陽夫人。夫人見珍玩，以為"王孫真念我！"心中甚喜。夫人姊回復呂不韋，不韋因問姊曰："夫人有子幾人？"姊曰："無有。"不韋曰："吾聞以色事人者，色衰而愛弛"。今夫人事太子甚愛而無子，及此時宜擇諸子中賢孝者為子，百歲之後，所立為王，終不失勢。不然他日一旦色衰愛弛，悔無及矣！今異人賢孝，又自附于夫人，自知中男不得立，夫人誠拔以為適子，夫人不世世有寵于秦乎？"姊復述其言于華陽夫人。夫人曰："客言是也。"一夜，與安國君飲正歡，忽然涕泣，太子怪而問之。夫人曰："妾幸得充後宮，不幸無子。君諸子中惟異人最賢，諸侯賓客來俱稱譽之不容口。若得此子為嗣，妾身有托。"太子許之。夫人曰："君今日許妾，明日聽他姬之言，又忘之矣。"太子曰："夫人倘不相信，願刻符為誓！"乃取玉符刻"適嗣異人"四字，而中剖之，以此為信。夫人曰："異人在趙，何以歸之？"太子曰："當乘間請于王也。"

　　時秦昭襄王方怒趙，太子言于王，王不聽。不韋知王后之弟楊泉君方貴幸，復賄其門下，求見楊泉君，說曰："君之罪至死，君知之乎？"楊泉君大驚曰"吾何罪？"不韋曰"君之門下，無不居高官，享厚祿，駿馬盈於外廐，美女充于後庭，而太子門下，無富貴得勢者，王之春秋高矣，一旦山陵崩，太子嗣位，其門下怨君必甚，君之危亡可待也！"楊泉君曰："為今之計當如何？"不韋曰："鄙人有計，可以使君壽百歲，安于泰山，君欲聞否？"楊泉君跪請其說。不韋曰："王年高矣，而子傒（按即太子名號）又無適男，今王孫異人賢孝聞于諸侯，而棄於趙，日夜引領思歸，君誠請王后言于秦王，而歸異人，使太子立為適人，是異人無國而有國，太子之夫人無子而有子，太子與王孫之德王後者，世世無窮，君之爵位可長保也。"楊泉君下拜曰："謹謝教！"即日以不韋之言告于王后，王后因為秦王言之。秦曰："俟趙人請和，吾當迎此子歸國耳。"太子召呂不韋曰："吾欲迎異人歸秦為嗣，父王未准，先生有何妙策？"不韋叩首曰："太子果立王孫為嗣，小人不惜千金家業，賂趙當權，必能救回。"太子與夫人俱大喜。將賞金三百鎰付呂不韋，轉付王孫異人為結客之費。王后亦出黃金一百鎰，付不韋。夫人又為異人制衣服一箱，亦贈不韋賞金共百鎰，預拜不韋為異人太傅，使傳語異人："只在旦曉，可望相見，不必憂慮。"不韋辭歸，回至邯鄲，先見父親，說了一遍。父親大喜。次日，即備禮謁見公孫乾。然後見王孫異人，將王后及太子夫人一段談話細細詳述。又將賞金五百鎰及衣服獻上。異人大喜，謂不韋曰："衣服我留下，黃金煩先生收去，倘有用處但憑先生使費，只要救得我歸國，感恩不淺！"

又呂不韋有邯鄲美女趙姬，知己懷孕兩月，心生一計，想道"王孫異人回國，必有繼立之分，若以此姬獻上，倘然生得一男，是我嫡血，此男承嗣為王，嬴氏的天下，便是呂氏接代，也不枉了我破家做下這番生意"，因計設獻於異人，此計的生意更大了，異人得趙姬，愛眷非常，竟歷十二個月，才產下一男，生得豐準長目方額重瞳，口中含有數齒，背項有龍鱗一搭，啼聲洪大，街市皆聞，其日乃秦昭襄王四十八年正月朔日（即初一元旦也），諸項瑞象，異人大喜，取名曰"政"，亦竟合呂不韋之計謀，惟不無缺德之感。

三年之後，為秦昭襄王五十年，時秦王圍邯鄲甚急，不韋設計賄賂南門守將，將異人及趙姬母子，隨不韋父子一家一併混出趙都，秦王見了異人不勝之喜曰："太子日夜想汝，今天遣我孫脫於虎口，便可先回咸陽以慰父母之念。""政"即是後來併吞六國之秦始皇，統一中國者也。

此項高層之特務工作，正是智謀傑出之表現。呂不韋後為秦相，但其德終不能自保，惟呂氏春秋一書，則是智者之作也。

（三）孫子兵法用間篇

春秋時齊人孫武以兵法見吳王闔廬，有一個著名的故事：他用宮女來操練，宮女嬉笑不聽約束，三申軍令仍不改，乃斬其隊長寵姬二人後，才操練肅靜，指揮如意，報明吳王，稱可應戰云云，嗣後用為將，西破強楚，北威齊晉，遂霸諸侯，其兵法第十三篇為"用間篇"是我國唯一的有理論，有體系的諜報學經典，即以現代眼光來看，凡組織紀律保密方法及反間等均有正確的指導原則與要領，只有現代化的情報研究與情報之和平用途二項沒有（當時尚未發明紙張，只是竹簡時代）。可見春秋時代用間已很發達，所以其學術能如此高明！蓋必先有諸多事實發現，而後歸納出此諸多原理原則也。迄今二千多年，似反闇而未彰，豈國家統一之後，其乃自然之趨向乎？（國家統一之後，只有奪權之爭而無國際戰爭）

（四）暗殺行刺，春秋時已盛行

　　古人尚遊俠，有義氣，急人難，故史記有遊俠列傳，所載多藏匿亡命，結客復仇等事，且自古迄今，俠義為民間所崇敬，擴而充之，政治性的暗殺行刺，乃流行焉。歷史上相傳最著名的行刺案，亦在春秋時代如專諸以魚腹劍刺吳王僚，荊軻以圖窮匕首刺秦王，張良使勇士於博浪，錐擊秦王等，演變至今，全世界大小有壹佰五十個國家，紛爭不已，而毒藥炸彈刼機等更窮出不已了！

（五）《三國演義》最多計謀，《水滸傳》全是情報與　　行動之活動

　　在中國社會上最普及的讀物是明代羅貫中所著的三國演義及水滸傳。三國相爭，其間人才輩出，寫小說加油添醬，遠比正史來得生動深刻，特別是赤壁之戰，自第四十三回諸葛亮舌戰群儒，去說服吳王孫權去主戰，抵抗曹兵，直到第五十回，諸葛亮，智算華容，那是曹操敗退，途經華容，亮遣關羽去截擊為止，都是描寫諸葛亮周瑜曹操三個各具才智謀略的主要角色，輔以其他許多各色人物，互相較量，外加

許多三國志戲劇，演得神采表情，格外生動，真是歎為觀止。若把小說家之言，去掉其虛構不實處如借東風，空城計之類，則曹操以數十萬大軍下江南，而東吳主將周瑜以數萬之卒，能以寡勝眾者，全靠謀略情報之運作，則是事實不誣也。其情報用間鬥智之本質，亦甚明顯，曹操不及周瑜之先知。周瑜又不及諸葛亮之先知，其優勝劣敗固亦已甚為明顯可蠋。又後來諸葛亮出師北伐（有前後出師表二文足證），對上了司馬懿，又是智者相鬥，計謀迭出，諸葛似較司馬先知。以我觀之，作者表達了用間智謀之道，工夫不淺，而總括其運用之主旨，全在於先知與後覺之間，以定其勝負之數，亦合理且明顯。

　　不過此類奇謀異策，後來在政權大一統之局面下，就再沒有如何輝煌了。

　　水滸傳的特務行動。獨創一格，惟於情報範疇內的等第上，是不如春秋和三國的情報謀略的高明，但影響大了。它是在宋徽宗小人當權時代，政治上不清明的環境中所產生的強梁者挺而走險的亡命之徒，聚義於山東梁山泊之山寨內，由宋江領導，以三十六人橫行河朔，轉掠十郡，官軍莫敢摘其鋒、而此水滸傳則虛構增衍至壹佰零捌人，以應星象之說，因其標榜忠義，故事感人，所以深印人心，盛傳民間。其間所敍述者，無非為情報與行動，凡所侵掠，未有不先弄清對象而後入侵者，因之擴張橫行，事無不克，實深符情報之為用於侵略性之有效運作。且其聚義成幫，似即為後世幫會之濫觴先驅乎，（按民國廿一年春戴笠受命為特務處處長時，請求蔣委員長訓示，當囑可參閱水滸一書，蓋特務工

作，一無藍本可資依據，此項指示，言淺旨深，實契合機
趣，深得其訣竅）。

（六）明代王守仁平宸濠能用間，清代曾國藩平洪楊，
未得用間之利。

　　中華民族自春秋戰國之後，即形成大一統國家之局面，
就自然不會出現多國混戰式的情報用間盛事。自秦始皇逝世
即有宦者趙高等矯旨殺長子扶蘇，而立秦二世起，歷朝都不
免因弄權奪權而盛行特務之謀害行為，於是國事日非，以至
覆亡，明代有名的東廠西廠，就是最好的例子。所以此種刺
探查緝行為，被視如蛇蠍邪惡，不肖言之了。獨明代王守仁
陽明先生平寧王朱宸濠於南昌一役，以一代文臣，未嘗領軍
而竟能於旬日間平定之，其運用情報作業之事功概略如下：
武宗正德十四年都禦史王守仁時年 48 歲，六月奉敕勘處福
建叛軍，十五日至豐城，聞寧王宸濠在正德十四年六月起兵
造反，亂兵號稱十萬之眾，聲勢浩大，佔九江南康，攻安
慶，有順流而下奪取南京之勢，遂速返吉安，督率知府伍文
定等調集軍兵民團，約會各地地方官民，倉促調度，號召討
賊。七月二日宸濠留兵萬餘守江西省城，而自引兵東下攻安
慶。守仁則盡夜促兵。七月十三日義兵發吉安，十八日大會
於樟樹（大會者，只是附近各府縣之地方官，各領兵四五佰
人而已）已酉誓師，庚次市議，辛亥（廿二日）拔南昌省
城，先生撫定居民，分釋肋從，封府庫，收印信，人心始
寧。初會兵樟樹時，眾以宸濠圍攻安慶，急宜引兵救之，先
生曰今南康九江皆為賊據，我若越二城直趨安慶，賊必回軍
拼鬥，是我腹背受敵也。若先破南昌，賊失內據（南昌是寧

王根據地），勢必歸援，為此則安慶之圍自解，而賊成擒矣
云云，料敵甚確。遂促兵追濠，甲寅（廿三日）始接戰，乙
卯（廿四日）戰於黃家渡，丙辰（廿五日）戰於八字腦，濠
運舟為方陣，丁巳（廿六日）擒濠樵舍，其亂平，前後不旬
日而已，何以如此迅速，細究之，實乃得力於用間之奏奇
效，可見其獨具上智。

　　清代武功雖盛，但平三藩，有君臣之別，利於朝廷制裁
之功，平邊疆，康雍乾三朝，均有戰功，以高才盛勢，臨野
蠻落後，自有摧枯拉朽之勢，當然作戰雖必用諜報，然而不
需揮闔縱橫之術矣。按魏源撰聖武記一書，記清初開國，迄
道光間諸戰事，亦未有隻字提及諜謀等事。即先賢曾國藩之
平洪楊，亦以書生於咸豐三年，起湘勇以救故鄉，咸豐四年
正月受命督師東下，七月占嶽川，九月破武昌漢陽，艱苦作
戰。嗣以兵部侍郎銜辦理軍務，乃定三路進兵之策，南路進
大冶，北路進攻蘄州廣濟，曾公自己由長江直進，且與南北
兩路互相呼應，於是進逼九江。咸豐五年，長毛（我們江南
人，受其蹂躪，稱其謂長毛）又竄武昌為擾，曾公施應其間
甚為艱辛。八月水軍復湖口，惟九江不下，曾公以師久無
功，自請嚴議。咸豐六年，賊酋石達開竄江西，郡縣多陷，
曾公馳赴省城籌剿。七年正月，收復安福，新淦，武寧，瑞
多，德安，奉新等地，軍聲乃振。二月丁父憂回藉。八年五
月奉命辦理浙江軍務，移師援閩，駐建昌（江西南城），九
年駐巴河（湖北巴水）奏言進攻逆都金陵之要略，分四路進
兵，曾公請自規安慶，多隆阿鮑超規取桐城，胡林翼取舒
城，李續宜取廬州，奏入，上是之。十年二月陳玉成犯太湖

（悍將，俗稱四眼狗）曾公分兵破之，四月賞兵部尚書銜，署兩江總督，六月補兩江總督，以欽差大臣督辦江南軍務。七月奉命皖南軍務統歸曾公督辦。十一年，曾公進駐祁門（皖南），苦戰多役，嗣克安慶並收復多城。賞太子少保銜，命統轄江蘇安徽江西浙江四省軍務，巡撫提鎮以下委歸節制，乃相機保舉左宗棠李鴻章等名臣為用。同治元年，駐安慶督師，其弟國荃率師進撲金陵，駐紫城南雨花臺，曾公縮小其包圍圈，既斷其外援，又斷其糧道，二年五月克復江浦浦口，長江肅清，三年正月克鍾山合圍金陵，六月金陵平，前後歷十有二年之久。曾公用兵穩紮穩打，逐漸包圍，斷糧絕援，用以致勝（民國廿年至廿三年江西剿共之役，蔣委員長最後採取曾公用兵之法，才克服赤都），曾公雖有一般之探報及俘虜所供敵情，而究未施行任何用間奇謀，所以可知他的艱難和遲緩了.

　　陽明先生之用間謀略，實為稀有而可貴之作為，但不傳於當時，而於十餘年後，其門人錢德洪進士（浙餘姚人，嘉靖進士）於嘉靖乙未（十四年，1535）八月所述《征宸濠反間遺事》一文及四十餘年後欽差巡撫江西等處地方兼理軍務兵部右侍郎兼都察院右僉都禦史任士憑于隆慶元年（1567 年）十月咨吏部文《江西奏復封爵咨》始有記述，文長不錄，摘記數端如後：（錄自商務印書館四部叢刊初編王文成公全書第三十八卷）

　　《征宸反間遺事》稱《龍光雲是年六月十五日，公於豐城，聞宸濠之變，時參謀雷濟蕭禹在侍，……舟中計議，恐宸濠徑襲南京，遂犯北京，兩京倉卒無備，圖欲阻撓，使遲留半月，遠近聞知，自然有備無患，乃假寫兩廣都禦史火牌云「提督兩廣軍務部禦史楊，為機密軍務事，准兵部咨，及都察院右副都禦史顏咨，俱為前事，本院帶領狼達官兵四十八萬，齊往江西公幹，約於五月初三日在廣州起馬前進，仰沿途軍衛有司等衙門，即便照數預備糧草，伺侯官司兵到日支應，若臨時缺乏誤事，定行照依軍法斬首等因。」意示朝廷先差顏等勘事，已密於兩廣各處起調兵馬潛來襲取宸濠，使之恐懼遲疑觀望，不敢輕進。使濟等密遣乖覺人役，持火牌打入省城，宸濠見火牌果生疑懼。（注，這是供給假情報）……又與濟等謀假寫迎接京軍文書云「提督軍務都禦史王，為機密軍務事，准兵部咨，誅本部奉聖旨……以本職計，若寧王堅守南昌，擁兵不出，京邊官軍遠來，天時地利，兩皆不便，一時恐亦難圖，須按兵徐行，或分兵先守南都，侯寧王已離江西，然後或遮其前，或擊其後，使之首尾不救，破之必矣（註：此假情報亦為遲緩寧王出兵）今寧王主謀李士實劉養正等各有書，密寄本職，其賊將亦各密差心腹前來本職遞狀，皆要反戈，立功報效，可見寧王已是眾叛親離之人，其敗必不久矣。（注：此是離間寧王與其部下）……為此今用手本，煩請查照裁處，並將一應進止機宜，計議停當，選差乖覺曉事人負，與同差去人役星夜回報施行」，「令濟等選差慣能走遞家人，重與盤費，以前事機，陽作實情，備細密切，說與令渠潛蹤隱跡，黑夜前來南京及淮陽等處迎接官兵。又令濟等尋訪素與宸濠交通之人，厚加結納，令渠密去報知寧府，宸濠聞知，大加賞賜，差人四路跟捉，既見手本，愈加疑懼，將差人備細拷問詳悉，當時殺死，因此宸濠又疑李士實劉養正，不信其謀。又與龍光計議，假寫回報李士實書內云……由是宸濠愈疑劉李，劉李亦多自相疑懼，不肯出身任事，以故上下人心，互生疑懼，兵勢日衰。……又多寫告示及招降旗號，開諭逆順禍福，及寫木牌等，動以千計，分遣雷濟蕭禹龍光王佐等，分役徑行賊壘，潛地將告示粘貼，及旗號木牌，四路標插。又先張疑兵於豐城，示以欲攻之勢，又遣雷濟龍光將劉養正家屬在吉安者，厚加看養，陰遣其家人密至劉養正處傳遞消息，亦皆反間之謀。初時宸濠謀定六月十七日出兵，自己於二十二日在江西起馬，徑南京謁陵（注，明太祖陵）即位，遂直犯北京，因聞前項反間疑沮之謀，遂不敢輕出，故先遣出兵攻南康九江而自留省城。賊兵等侯宸濠不出，亦各疑懼退沮，久駐江湖之上，師老氣衰，又見四路所貼告示，及插旗號木牌，人人解體，日漸離散，以故無心攻鬥。其後宸濠探知四路無兵，前項事機已失，兵勢已阻，人馬已散，多有潛來投降者，我師一侯宸濠出城，官兵疾趨攻破省城，度宸濠顧念根本之地，勢必歸救，如此則安慶之圍自解，而賊成擒矣云云”料敵甚準，遂預發兵迎擊於鄱陽湖大戰三日，叛軍解體，擒濠樵舍，其亂平，前後約只 35 天，何以如此迅速，細究之下，實乃得力於用間之奏奇效，可見陽明先生之獨具上智。

　　按此項假情報欺敵之旨，在遲沮宸濠於南昌城內半個月之期，使其失去直赴南京之機宜，很像我於民國三十九年三月一日破獲蘇俄諜報電台之後，繼續供以假情報旨在延後中共渡海攻台之半年最危險時機相同（註：詳拙著《對蘇俄情報鬥爭之一奇蹟》一文），此所以我讀來倍感親切也。

上文所述，雖不及三國演義所敍計謀之神妙，然有形戰爭之勝利，必先勝無形戰爭（即情報作戰之運用）之原則，固已暢曉無遺，而陽明先生之智，高出宸濠之庸才多多，更不待言矣。

（七）清皇太極用反間計，明崇禎帝冤殺袁崇煥

明兵部尚書袁崇煥督師薊遼，清兵不得入，清皇太極（順治帝之父）設計去之，蕭一山著清代通史稱"清人之得入關而王者，金軍皇太極之施反間計也。"〈…皇太極知袁崇煥不去，則明事未可圖也；遂設反間，以密計授副將高鴻中，參將鮑承先，使坐近所獲明太監二人，故作耳語曰：今日撤兵，乃上計也。頃見單騎向敵，敵有二人來見上，語良久乃去。意袁巡撫有密約，此事可立就矣〉時楊太監者，佯臥，竊聽之，金陰縱之歸，楊太監乃以所聞之言，告明帝由檢（即崇禎）……明帝前聞崇煥擅殺毛文龍，即疑其有異志，及是，謗言日至，即召回崇煥，下之獄，崇禎三年七月，磔崇煥於市。"

梁啟超任公為袁督師傳，亦論曰"使督師以前，而有督師其人者，則滿洲軍將不能越遼河一步，使督師以後，而能有督師其人者，則滿州軍猶不能越榆關（即山海關）一步，故袁督師一日不去，則滿洲萬不能得志於中國，清軍之處心積慮以謀督師宜也。而獨怪乎明之朝庭，自壞長城，為敵復仇，以快群小一日之意見，而與之俱盡，古今冤獄雖多，語其關係之重大，殆未有袁督師若者也。"

（八）直到民國十五年，國民革命軍蔣總司令北伐後，始建立情報體系，以備抗日。

清末民初，國勢最弱，亦無情報之可言，只有內部爭奪，故暗殺之風較盛。迨民國廿年九一八，東北被日本侵佔之後，軍事委員會蔣委員長才於次年春任命戴笠為特務處處長（屬於復興社）而於中央黨部組織部（部長陳立夫）成立調查科（主任徐恩曾）（註：事實上，不久成立調查統計局，陳立夫為局長，第一處為徐恩曾，第二處為戴笠，第三處郵電檢查為丁默村，戴徐早於民國十九年已各從事調查工作），民國廿四年溫毓慶破譯日本密電，成立密電檢譯所，直隸委員長，民國廿六年抗戰軍興後，王芃生奉命組織國際問題研究所，專對日本從事情報蒐集和研究工作，其第一處之調查科及第二處之特務處分別擴充為二個調查統計局，分隸於中央黨部及軍事委員會，另成立特檢處於軍委會，從事郵電檢查工作，而密電檢譯所亦擴充為技術研究室，仍直屬於委員長。軍中體系，原來的參謀本部第二廳是情報廳，抗戰開始後，於民國廿七年初改組為軍事委員會軍令部第二廳，先由徐培根擔任廳長，不久即由楊宣誠（曾充任駐日海軍武官）接長，他是日本通，當時與王芃生兩個日本通，一文一武，陣營甚為整齊，按王芃生於抗戰前曾擔任過交通部次長，諒是蔣委員長的主旨，在研究日本國情，又溫毓慶任交通部的電政司長，其秘密職務為密電檢譯所主任，產生日本外交情報的，外加鄭介民出任第二廳副廳長兼軍統局第二號人物，他係留俄者，擅於情報分析，研判有獨到之處。唐縱輔助蔣委員長處理情報業務，任侍從室第六組組長，頭腦

冷靜，鑽研深入。堪稱人才鼎盛，直到抗戰勝利為止，一個
國家情報體系之建立，已具現代先進國家之規模了。

　　我迄今數十年，印象還很深刻的是當年蔣委員長的安內
攘外政策的堅持，不肯為取悅大眾，而對日輕率行動。一般
前進份子，學生，政黨政客，夥同共產黨人大家起哄，要求
抗日行動，責備政府不抗日，而蔣委員長忍辱負重地埋頭建
設，並增加國防設施，如空軍建軍，兵工製造，後方公路，
七省長途電話等多項，實在是很對很對的！我們閱讀 1840
年的鴉片戰爭，1860 年的英法聯軍，1894 年的甲午中日之
戰和 1900 年義和團八國聯軍等事略，都是（1）由於不懂
外國情況，無知無識，惹起禍端，既無情報研究，又是感情
用事，更無武力準備。（2）作戰是士兵們的事，前方的事
與他人無關，與後方無關。我童年是清末民初，尚流行好男
不當兵，好鐵不打釘的諺語，北京皇帝逃跑，而東南各省尚
公開表示中立者（即東南自保條約，為李鴻章張之洞劉坤一
及袁世凱等封疆大吏所發起，亦幸而保存一線生機，並沒有
全國一致去全面作戰），將對外戰事形同兒戲，真是糊塗作
戰。如此只有喪權辱國了！所以蔣委員長含垢忍耐，不辯人
家讕言，專心全力準備，在未抗戰前，早已注意及於對日研
究，一篇（敵乎？友乎？）大文章，此文是蔣委員長的見
解，用徐道鄰先生名義發表，公開在報端發表即是明證，直
到民國廿六年七七事變爆發，才不得不勉力奮起抗日，得傾
全國之力相抗衡，稱曰全民抗戰，其睿智，實非常人所及。
又當時日本人好兇橫，往往會干涉我國內政，抑制政府及民
間各種排日抗日行為，所以王芃生任交通部次長為掩護，而

聚集人才研究日本政情，抗戰時，即成立國際問題研究所，委員長本人是留日學軍事的，瞭解知敵知己及配合世局之重要，不能只憑血氣之勇而盲目作戰，可惜時人都不明白。

以關東軍為主，夥同參謀本部激進份子為輔的日本軍方，曾豪語謂三個月內可征服中國，結果八一三淞滬戰役，就頂住了近三個月，國府第一步先退到武漢，再頂住了約一年，再退到重慶，才穩住了陣腳。但汪精衛等人已無決心，逃出抗戰陣營去南京，當日本人的傀儡組織汪偽政府，而北京亦早已有梁鴻志等的維新政府，確然，如單靠軍事我們是打不過日本的，不過如沒有中國人自己分化，去靠攏投降，偌大一個中國，日本是無法征服的，因之漢奸建立偽政權，我們只有用特務手段去暗殺行刺一途了，這就是此時期之情報特務的特質。戴先生承命制裁了許多人，最有名的就是民國廿八年河內（越南）刺汪一案，〔又及唐紹儀案〕，因而大家心目中認為戴先生是一個可怕的人物，美國檔案紀錄，且有殺人魔王之誣，亦因之其名聲特顯，中外皆知矣。凡此諸多案件，現有書刊，已記載甚多，不必贅述了。此我所以斷論，戴先生之于情報工作，出於時代之特殊性，實以行動為主也。

在此時期，溫毓慶博士（美國哈佛大學物理學博士，無線電專家）首創破譯中國密電於民國十八年，次破日本密電於民國廿四年，我繼破日本空軍密電於民國廿八年，此項新時代的新事物電訊情報，亦從此發軔，我們勉追世界先進國家之後，亦不失其為先進之屬了。按在太平洋國家中，美國專家雅德利始創破譯密電於民國六年，日本專家大久保始創

破譯密電於民國十三年，比我國早的只三個國家而已。二次
世界大戰之後，世界科技猛進，大勢所趨，情報已從電訊情
報為主而進入電子情報與太空偵察，更精進巧妙了。我們之
所以能於民國 50 年之前，幸能趕得上電子電訊情報之成就
且能與先進國家並駕齊驅者，溯本思源，乃是民國十六年國
民革命軍底定上海後，由李範一承蔣總司令之命，創辦短波
無線電製造廠，及建立短波電臺通訊網之所賜，蓋無線電訊
不發達之國家，便無能獲得此項進一層之技術。

第二章　近百年來，列強之情報活動優勝超越，助成其支配整個世界之霸業

（一）歐洲擴張，我大清帝國茫然無知

我們中國一向是大一統的局面，於春秋時代，就有孔孟的政治及人生哲學的規範，因此傳統的以儒家忠孝仁愛為主流，在這個錦繡河山的福地裏，以地理及天候適宜，延綿達數千年之久的天朝大國，明代永樂年間 1405 年鄭和第一次出海下南洋後，共計七次遍及南洋爪哇，越印度洋而至非洲東岸，歷三十餘國，所以示威儀於異域而已。約九十年後，哥倫布於 1492 年得西班牙支助，向西航行，欲達到亞洲之航路，才發現美洲新大陸，1510 年葡人麥哲倫由西班牙資助，出發環繞世界，證實地圓之說。亦導致葡西兩國首先外侵殖民地而開其端，荷法英繼起，再後起者為德意比，歷三百年之久，明代天啟四年 1624 年荷蘭據臺灣，我們大清的天朝帝國亦同受其害，經 1840 年鴉片戰爭，1858 年英法聯軍，1894 年中日之戰，及 1900 年八國聯軍之喪權辱國，以至於清亡（1911），幸孫中山先生明瞭世界大勢，熟悉英

美日俄等國情（此四國與中國關係最多），乃倡政治革命，三民主義建設計畫來喚醒民眾建立民國。可知大一統局面之沈淪於耽逸，於是重保守，欠進取，無冒險犯難之精神，而瞠乎歐洲人之後矣。我們雖能航海，但不起大作用，而歐洲人之航海，竟將此世界重新塑造一個形態了！

　　十五，六世紀時歐洲開始擴張，葡西荷法英德意比等八國，一一奪取海外領土，都大過於本國，而擴張得最厲害的，要算俄國（很特別，它只是一個大陸國家，1581 年明朝萬曆九年，哥薩克兵征服西伯利亞，1650 年清順治七年俄人築雅克薩城（在黑龍江北岸），1685 年康熙廿四年，彭春等收復雅克薩城，1687 年俄占黑龍江地，旋請和，1689 年康熙廿八年成立尼布楚條約，劃定中俄邊界。當時正值清代強盛時期。可是俄國適當彼得大帝（1632-1725）親政（1689 年，康熙廿八年），亦是英明之主，清庭未能阻止帝俄之向東侵略，而由彼達到太平洋海岸。歐洲各國之帝國主義與殖民行為，禍害遍及三大洋與四大洲矣。

　　葡萄牙是歐洲西南海岸一小國，土地只有三萬伍千多平方英里，比兩個臺灣省或半個福建省略大，卻囊括了南美洲的巴西，非洲的毛桑比克，昂果拉，幾內亞的一部分，與一連串的港口，從波斯灣的奧兒讓斯，印度的卡力苦特與果阿，馬來亞的麻六甲，到中國的澳門，與南洋的若干島峽，各地領土超過本國百餘倍之多。其所以能為此侵略者，一是富有對西北菲洲回教徒的海陸作戰經驗，二是兵船造得比阿拉伯人與印度人的兵船大，三是兵船上裝置了大炮，而最重要的原因，還是它兵船上的人哄嚇騙詐，無所不為，貪婪，殘忍，兇狠，它所奉的耶穌教教義只是作了它的侵略工具。

繼葡萄牙人而起的西班牙人，亦複如此。西班牙本土，不足廿萬方英里，比四川省略大，侵佔了巴西以外的中南美洲全部，加上北美洲的加利福尼亞，德克薩斯，佛羅力達及亞洲的菲律濱及南洋若干小島，其面積超過本國的四十倍。它對各地土人所用的方法，也一樣是以傳教為糖衣，通商為誘餌，而目的只是搶奪金銀，貨物與土地。

在葡西以後，從事於海上發展的荷蘭、法國、英國，不再用傳教為侵略之藉口，而老實承認以賺錢為目的，比起葡西二國人的方法較不偽善，其貪婪、殘忍、兇狠也如葡西之甚。荷蘭人用壟斷方法剝削爪哇及其鄰近各島豐富的人力與天然資源，法國人與英國人之欺詐東方印度人與美洲西印度人，以及中南半島的印度支那人和中國大陸的支那人，他們用炮艇打開門戶，用條約把這些人困得緊緊的聽從他們剝削。

後起的殖民帝國主義者為德國人，義大利人及比利時人，他們也各有其方法來獲取其自身的利益。德國人在非洲挖去了兩大片土地，在太平洋上占去了很多的島嶼，又在中國霸佔了膠州灣（1897 年）並強迫我國給它以在山東省築鐵路與開礦之特權。義大利並非一個強國，也竟然在非洲分得幾個地區，在中國天津港口設有租界。更可笑的是一個弱小的比利時，也參加了八國聯軍之役，在天津弄到一小塊租界地，並在非洲接收了剛果。

丹麥之開拓冰島與格陵蘭，佔據另國所不悄一顧的窮寒荒地，不過它對當地稀少的土人尚還相當容忍。

帝俄在十六世紀，以一個僻在歐洲東北邊陲的落後國

家，突然肆意東侵，于伊凡第四之時，越過烏拉山，在彼得
大帝時，佔有堪察加半島與北美洲隔岸對峙。原為中國藩屬
的若干東胡部落，先後被侵成為俄羅斯臣民。其後在十九世
紀，蔥嶺以西與黑龍江以北，烏蘇裏江以東之中國土地，也
被侵吞去了。

英法二國由於本身地域較大，物資較多，文化較久，一
向是歐洲各國中的佼佼者，在海外擴張成就，亦非葡西荷等
國可比。英國在印度與北美洲，均有相當建樹，尤其是在北
美洲。但是它們兩國勢均力敵，競鬥的結果，英國到處占了
上風。其後在非洲，在中南半島（印度支那及泰國緬甸馬來
亞），英法也是無往而不互相較量一番。

在法國大革命之前，先有美國革命，使得英國丟掉了十
三個州，這個美國革命並非土人對英國人的革命，而是美洲
的英國人與來自多國的少數份子，對英國國內政府的不滿而
引起的。英國政府當局卻能於驚濤巨浪之中，適可而止，保
存了加拿大。（過了一百多年，英國政府又竟然能承認背叛
英國的美國，重新作為英國的盟友，且在事實上，第一次及
第二次世界大戰中，美國還救了英國的命。）法國大革命起
於 1789 年，歷時十五年的動亂，竟培孕出一個大英雄，天
才軍事家拿破崙，弄得歐洲大陸整個騷動，卒於 1815 年
（清嘉慶廿年）被英國戰敗於滑鐵盧，這些世界大事，我們
老大的大清帝國都似一無所知。

英國人於十八世紀後半葉起，已專事研究新技術和發明
新機械，於是進入工業革命的興盛時代，首先從紡織機革新
開始，產生了產業績效，接下來互特於 1768 年發明蒸汽

機，於是輪船火車隨之而興，更給生產事業帶來空前大革命，使英國的工商業經營居世界第一，同時經營海外殖民地，囊括澳洲新西蘭南非聯邦加拿大直布羅陀好望角緬甸阿富汗俾路芝印度埃及蘇丹中東各地及新加坡錫蘭等許多要地，其版圖占全球陸地五分之一，成為日不沒落國家，稱為世界霸主。這些劃時代的世界大事，似亦不為我們老大帝國所注視。

第一次世界大戰（1914-1918）英國喪失元氣，以後再沒有維持世界霸權的實力，美國以兩大洋為屏障，向守門羅主義及孤立主義，戰後不參加國際聯盟，於是缺乏維持國際和平之力量。日本原已與英國同盟（1902年），於1921年改締英美日法四國協約，侵華之野心乃大增，1931年侵佔我國東三省要成立大東亞共榮圈，並與德意結盟而步入第二次世界大戰，距第一次大戰不過廿年。

第二次世界大戰，顯出美國的強大國力，救活了蘇俄，並擊敗德日，戰後大英帝國國力大弱，殖民地紛紛獨立，而顯露出美蘇的對立，甚為尖銳，當時許多人憂心第三次大戰恐亦不出二十年。不過美國國力特強，又將聯合國於1945年十月成立於紐約，擔負起國際和平之大任，且自力發展情報作業和技術以應此項大任之需要，（原來英國的情報優越，故美國一向以英國為謀主）而為世界盟主矣。

蘇俄為發展其世界性共產主義，自以美國為對象，維其國力（包括財富與科技）不及美國，但它是情報先進，其格別烏尤為當世著名之組織，經過三十年來的情報特務鬥爭，蘇俄實得大利竟佔有戰略上若干優點，並稱當世兩大超級強國，美國且失了兩大洋屏障之利，真是情勢大變，不過美總統雷根、決心強化其國防實力為求世界和平之屏障，使蘇俄頭子戈巴契夫同意於 1985 年十一月十九日開兩巨頭會議於日內瓦，期望鬆馳緊張不安之世界情勢，但核子武器對峙已達三十年，其勢實難解，故雙方亦必加重於自製之道，而免於惹起第三次世界大戰之憂慮，由是之故，其中情報戰之劇烈與繁複奇奧更不待言矣。

　　歐洲尚有北歐東歐及東南歐（指巴爾幹半島）等十多個國家，都是高度文明者，互為競爭，相激相盪，優勝劣敗，人才輩出，自然進步而健強，一俟航海術發展，渡海流轉世界各地，當然以強淩弱，奴役了三洋四洲的人，此其間自必施行情報特務手段，去征服，去統治，正似我們春秋戰國時代的盛況，不過西洋歷史同中國歷史一樣，都沒有披露此種嚴守秘密的重大事蹟。我只看到拿破崙法軍後來是因軍書，落入奧軍手中，軍事洩密所遭致潰敗的。據西洋全史（黎東方校訂 1975 年出版）第十三冊第八篇，《拿破崙的沒落》第二節內稱 "……這時柏提埃給馬克多那爾的一封軍書，也落入奧軍之手。這封軍書有一段是說：皇帝（註，指拿破崙）現正於維多利與聖吉傑之間，準備由聯軍之背後發動攻勢，其騎兵已來至 Joinville 一帶。同時哥薩克騎兵已逮捕另一個法國軍使，這個軍使是遞送拿破崙寫給皇后露意絲的信，信裏拿破崙告訴露意絲，他為了誘使敵人遠離首都，正計畫率軍向東方挺進。由於這些情報，盟軍對於法軍的企圖，瞭若指掌，拿破崙的一切戰略計畫也就註定了失敗。再加上巴黎方面又寫了很多奏章，向拿破崙報告政府的財政如何困難，以及人民是陷於如何困苦的狀態之中等等，不幸這些奏章都被聯軍截獲。……」云云。如此可使盟軍放心大膽地向巴黎挺進，最後巴黎終於向聯軍開城投降。

（二）歐洲人的情報侵略

我所理解的歐洲人侵略我國的情報事蹟太少了，簡直是滄海這一粟，不過都是我所知的事實，情報本是侵略性的，要對一個國家有所企圖，就得先去打聽他的一切，所以即使此少數事實亦可以確知其概況了。

1.從英國海軍所輯之《中國江海險要圖志》一書，乃知鴉片戰爭時英艦所以能橫行各江海口岸。

英國海軍海圖局所輯《中國江海險要圖志》一書，乃早於 1840 年以前萃集各國測量家及舵工商人之說，經五，六十年以上之工夫，乃於 1894 年（光緒廿年甲子）編輯而成。南自瓊海，北至鴨綠江，凡七省島嶼沙礁，星羅碁佈，無慮千百，其險要所在，皆我國古籍所未詳，長江則由上海上溯宜昌重慶所經之六省，古之所謂天塹者，已是舳艫啣尾，自由出入，侯官（福州）陳壽彭（字繹如，習行船駛駕，通英文，曾遊歐洲各國）將之譯為中文，經二年工夫，於 1899 年光緒廿五年冬編成三十二卷，二百又八圖，另補編五卷行於世，（蓋我國海軍設立已久，天津雖設有輿圖局，但絕未見有新測一礁，新量一港）。頒行國中，以為航行準則，故陳壽彭乃有感於此而取該藏書譯行，稱為險要圖志。該書原名為 China Sea Directory 為英海軍第三次搜集增廣者，共計四大集，凡數百萬言，以一人譯之，非十年不辦，陳君但取其第三集專述我國沿海者譯之。我讀後，（此書臺北廣文書局印行）實不勝驚訝之至。按清道光年間魏源所著《海國圖志》一書乃東搜西集之文人作品，疏漏錯誤，無實用價值，又如英人不明航道，其兵船何能攻陷廈門，虎門，舟山，鎮海，寧波，乍浦，吳淞，上海，寶山，而兼及鎮江等口岸如入無人之境呢，當乾隆廿年時（1755）英人來寧波互市，1757 年曾公禁英人來浙互市，故 1840 及 1841 年（道光 20 及 21 年）之英海軍侵略時其熟悉航道，亦自有其因。英國人之深謀遠慮，善事情報工作，為侵略之先鋒，豈國人所能知也。1842 年所訂南京條約五口通商，設立租界，又 1854 年（咸豐十年）又用英人為稅務司，更無海防之可言矣（上海外灘之江海關大樓，即其辦公處所，極具權威）我於 1924 年（民國十三年）任事於 Shanghai Pilot Association，No.26，The Bund Shanghai 上海領港公會之領港輪上時，其領港員共計約四十餘人，均為列強各國之西人而以英國人為主，日本人占四員，獨無中國人充任者，可見國家之主權既失，又無海防之實，乃任其主宰了。

2.法國人的天主堂

現在我們都知道，西歐人來中國傳教固是為宗教服務，但並不免有些人暗中為他的國家服務，形勢所必然。當然不能一概以間諜惡名相加。

1580 年（明萬曆八年）義大利耶穌會之傳教師利瑪竇由海道至廣州，後入北京，供職朝廷，引進西學，並建立天主堂於北京，（1601 年）從事傳教。

1805 年（清嘉慶十年）嚴禁西洋人入內地傳教。

1811 年（清嘉慶十六年）嚴禁外人傳耶穌教

　　1858 年（咸豐八年）天津條約始定宗教之傳習，地方官皆一體保護。法政府為天主堂護法。

　　1870 年（同治九年）天津焚毀教堂，殺法國人，引起外交交涉。

　　1891 年（光緒十七年）哥老會焚毀蘇皖各處教堂。

　　教案發生多起，蓋由於教士教民，依靠外國勢力，以致不法多端，一若教士有治外法權者，而侵害民眾所引起，固非為間諜事件。然既能如此不法，則其中有為間諜者，亦可想為當然之事。

　　按吾鄉江蘇金山縣呂巷鎮東二三里鄉村名宋家庵者有一天主堂，其附近鄉民之入教者甚眾，不但傳教講道，且施藥濟助教民，以法國神父為中心，可以仰仗其保護，蓋天主堂內，有武器可作自衛，且地方官警禁止入內，可為庇護所也。又松江之佘山上建有大規模之天主堂聖地及法國天文臺，均有名於東亞者，也成為另一種之租界地了。凡此均為我所親見（民國拾年前）者，其時民智未開，固不懂其神父之可能兼充間諜，而可見間諜是無孔不入也。

3.英國人的商業行為

　　一個國家的要政不外政治外交軍事經濟諸端，英國自有了五口通商，借租界為根據地，開拓滲透，得以盡據要害，把我們國家的事，偵伺得明明白白，都控制住了，卡得緊緊的，於是我民血汗，任其剝削榨壓，彼高據在上而得其大利，怪不得曾國藩在兩江總督任內，在上海拜會英人稅務司于其寓邸，說其豪華享受，連皇室都遠不及，十分驚訝云云簡直比花了更大的本錢去滅了人家國家還要合算有利。那時英國人真是天之驕子，亦可見其厲害了。所以藉其東印度公司亦可以亡偌大一個印度也。故我曾慨乎言之，這種帝國主義侵略性的情報與控制的奧妙作用，我們未曾身歷其境，沒有經驗的人是不知道的，茲略述我所知所見者數端為證。

（1）滙豐銀行，太古公司，怡和洋行

我童年時，民間大家都相信外國銀行鈔票的可靠，而尤以英國之滙豐銀行為最，對該銀行在上海外灘的滙豐銀行行址的幾根大石柱之壯觀為民間信心之象徵。又英國之太古公司及怡和洋行為最大最著名進出口貿易商，輔以許多英人的工商業，囊括了中國大宗進出口貨，且它的貿易網不但遍及東亞，且遠達世界各地，故中國之工商業活動全在他們調查統計之中，嚴密控制之下，盡得其利，而吸取中國人之血汗。

（2）英國輪船遍行江海

我們民間搭乘長江輪及沿海輪（北洋及南洋）亦一律相信搭英國輪（太古公司輪最多）以其安全可靠清潔衛生，管理得法（如航行時間準確）。它的營業擴及內河小輪之航行，須知輪船交通當為情報搜集之上好工具。每艘英輪必有一名以上之船員為英國情報部門所控制的工作人員，中國大陸於 1949 年後深垂竹幕時，英國人搶先承認中共，其輪船仍可得出入大陸口岸，我那時亦曾吸收英輪上之中國無線電員去觀察大陸上若干事物，所以知此，此固自 1840 年迄今壹佰多年來之悠久歷史矣。

（3）香港表面上是英國在遠東的商業中心，實質上是交通中心，通訊中心，自然形成為情報中心

香港本為一孤懸海外之小荒島，英人經之管之，竟成為

一個世界級商業中心，自由貿易商場之成功標指，不但是進出口，工業，銀行的工商業重心，更是海運中心，電報中心（大東水綫電報公司通達全球，凡是各國電報經過它的線路，都複印一份供其政府擷取情報之用，電話亦然）及飛機航線中心。這幾個中心一形成，豈止是工商業所需，亦必然是消息異常靈通的地方，換言之，亦必然是情報中心了。在中共佔據大陸前，外加配合上海的商業，交通及通訊的中心作用，英國可說有最靈通的情報，中國及遠東自在其掌握之中了。

（4）英國人馬可尼的無線電公司

英國的馬可尼無線電公司是世界上第一個製造無線電機的公司，就是無線電訊發明家馬可尼氏（Marconi 1874-1937）所創辦的，一個無線電發達的國家，必定是無線電情報技術頂先進的國家，並且這種技術是秘密的，其他國家都不知有這麼一回奇事，自 1914 年第一次世界大戰中著名的坦能堡殲滅戰，俄軍被德軍因截獲得俄軍電訊而致大敗起，即新啟發出這個無線電情報作業（Signal Intelligence），直到 1931 年《黑室》一書問世，才公之於世，世人歎為奇觀，黑室（Black Chamber）原為美國國務院研究密碼機構之名稱，為 Herbert O. Yardley 所創辦主持，1929 年停辦後，他著此書，即命名為 Black Chamber American，後來美國在這電訊情報方面的發展極為快速，本來直到第二次世界大戰為止，這方面都是英國領先的。當清末民初時，我國海軍軍艦的無線電機。我國沿江海的海岸電臺，以及北平新疆蒙古的邊疆大電力電臺，連同上海的大東水線電報公司

（國際通訊）都是用馬可尼公司的出品，故實際上我國主要通訊事業是全被英國控制去了，而我們還只知道它只是占了經濟利益，而懵然不懂其中情報作用的關係更大也（註：英國人的著眼諒是為抵制蘇俄勢力之侵入蒙疆也）。又英國的BBC 無線電廣播，有世界性的名譽，迄今數十年不衰，可見其消息靈通，特具地位，其為情報之頂尖老手，我國更非其匹矣。

（5）英人情報當世界第一

最妙的是偌大一個印度卻亡於英國，而竟是被英國的一個商業機構（東印度公司）所完成。憑的乃是捭闔縱橫的手段，（只用很少的武力，並非征服）於中取利而操縱之，固是情報特務之高手也（歷史書並未明指其為情報特務），英國百年來能稱霸世界，固由於其產業革命後之國力與進步之知能為基礎，而運行之道，則情報特務也。在第二次世界大戰之前，美國之情報事業乃師事英國，故英國為情報之先進，不然，何能稱霸世界。

英國是從歐洲群雄競起各國中，先後打敗強國西班牙及法國拿破崙，再向東來面對統一已久，毫無磨練，加上無知無識（當然一無情報之可言）之清廷，相差一大段，自無可抵擋者也。

（6）蘇俄侵略所運行這情報特務另有一套，亦高手也。

它是從親善和好入手，而後索取酬勞（即是侵佔侵略），同時亦從接近溝通政府大員，而後入其殼中，順遂其欲（張其國力），自清代李鴻章直到孫中山蔣介石諸大老，都在同一軌跡之權術下逃不出它的暗算，逼得我們逃出大陸，侷處臺灣，代價之高無與倫比！

我們中國於民國廿一年四月一日成立特務處，即在杭州成立甲訓班乙訓班及丙訓練班之特務訓練，以浙省警官學校為掩護，聘請留俄特務專家餘樂醒葉道新謝力公先生等引進蘇俄切卡 Cheka 格別烏 GPU 資料來中譯，它確是先進，我國豈是對手。

更有進者，自二次世界大戰結束後，四十年來，蘇俄之特務，遍及全世界，英國之霸權已失，代之而起的美國領導自由世界，不論軍事，政治，科技，經濟，什麼都勝過蘇俄，就是唯一的蘇俄特務績效，勝過美國，它不但囊括東歐各國為附庸，且進而插手西太平洋，東南亞，中東，非洲及中南美洲，處處與美對峙，號稱世界上兩個超級強國。不靠特務，其安能如此擴張耶！

茲簡述其侵我事蹟，可知其一貫之慣技。蘇俄在歐洲本非強國，西阻於普奧，乃東向經營西伯利亞，直到海洋，因與清廷辦了多次交涉，自康熙二十八年（1689 年）尼布楚條約開始（又名黑龍江界約），續有恰克圖條約（1727 年雍正五年），伊犁塔爾巴哈台通商條約（1851 年咸豐元年）愛琿條約，天津條約（1858 年咸豐八年），北京條約（1860 年咸豐十年，是年英法聯軍進入北京）。中俄邊界大體確定，蘇俄乃勾結外蒙，而日本正在覬覦朝鮮，甲午（1894 年光緒廿年），敗中國，日俄兩強形成對峙。以致產生中俄密約，（1896 年光緒廿二年）此約乃俄人於中日戰後運用清廷大學士李鴻章締結共同對付日本之條約，隨後訂立道勝銀行合同及東清鐵路合同等都是假借援助中國為名而實則進入蘇俄勢力範圍之陷阱，可見俄人一開始即露一手特務之高級運用。按蕭著之清代通史第五冊《清代外交約章表第七》曾稱"俄人外交素持外柔內剛，且熟悉中國情勢，知中國務虛名，不究實際，故對於中國，凡可籠絡感情，惠而不貴者，無不率先為之，昧者不察，遂倡親俄之說，俄即藉售其詐……"即可為證。終於 1904 年（光緒三十年）觸發日俄之戰而俄敗北，日本遂成為世界列強之一，取代俄人以經營滿蒙矣。

　　1917 年 11 月俄國革命，共黨專政特務統治，1920 年民國九年俄國政府聲明放棄在華一切權利，又一次使中國人以為俄國親華助華，引進了共產主義，產生了中國共產黨。並派顧問支援國民黨，孫總理乃有聯俄容共之政策，事實上三民主義要比馬克斯的資本論好得多，但那時列寧輩高倡反資本主義反帝國主義，正中國人苦悶與渴望，合了激進派的需要，暗中風行，認為是前進。於是導致民國十六年革命軍攻下武漢後就為共黨所把持，由蘇俄顧問操縱指使（俄顧問有短波電臺直通蘇俄與上海共黨之秘密電臺，此秘密台即為我友人操作）。造成寧漢分裂之不幸事件。南京政府才於四月間下令清黨，以除後患，共產黨人於是轉入地下活動，建立贛南蘇維埃赤區，他們是長於情報特務，善於組織，並確比國民黨前進多多。蘇俄厲害，大概情報研究得清楚，時局看得明白，民國 25 年蔣委員長西安蒙難，蘇俄不主張殺害，廿六年史太林又放蔣經國回國，廿六年下半年抗戰開始，蘇俄迅即來援空軍，派遣軍事顧問，組織中蘇情報合作，事實上它是借中日戰場來獲取對日本之作戰經驗及情報作業，其淙謀遠慮，我們萬萬不及！民國卅四年簽訂中蘇友好同盟條約，豈知勝利後，即支援中共，席捲大陸。數十年來一貫採取迂迴路線，外親善而內豺狼（中共亦於民國 50 年 1961 年與俄分裂），尤擅長特工情報，此蘇俄之方式也。

（7）日本侵略所用的情報特務方式又另有一套，其甲午之戰，賄通天津電報局職員，獲得電訊情報，故得先手

凡要侵略，必先要施行秘密的特務滲透與情報研究，以遂行其策略，是為鐵則。日本為近鄰，發動中日之戰時早已有特務行動，它先賄通天津電報局職員，得預知清廷租船運兵及援助朝鮮之運輸輪之行縱和日期，而清廷朝野均未知之。據清代通史稱："甲午之戰，葉志超軍，孤懸牙山，非厚派援軍不足以應變，又迭奉廷諭，著速籌戰備，乃派總兵衛汝貴統盛軍十三營六千餘人進平壤，提督馬玉昆統毅軍二千人進義州，分起由海道至大東溝登岸。其中軍二千餘，雇英國商輪三隻分運牙山。（牙山海口，在漢城之南）六月二十一，二日愛仁飛鯨兩艘先運千餘人抵牙山登陸，日本間諜在天津賄通電報局的電報生，洩露師期。於是日艦多艘於廿三日集牙山口外，以備攔阻。適我兵艦濟遠廣以為迎護高陞號運兵船駛近牙山口外之廣島，日艦吉野，浪速，秋津洲等橫海來襲，首先開炮，華艦應之，中日戰爭遂自此揭幕。廣乙被重創，濟遠亦中多彈，九時許，英商輪高陞號載兵 950 人，亦遭擊沉矣。中國既敗，朝鮮隨即滅亡。

其次發動日俄之戰，俄國既敗，引起日本對蒙滿之覬覦，經之營之，建立關東軍與特務同時並進。民國四年日本

向北洋政府提著名的廿一條足以亡國的條約，這個條約包羅萬象，集眾大成，其勢力由東北內蒙，以至閩浙，其權利由建鐵路開礦業，以至開商埠內地雜居等。其第五條竟要求政府機關設立日本顧問，兩國用同一軍械，員警由日本訓練，小學用日本教師，日本僧人到內地傳教等等，赤裸裸地壓迫侵略，掀起了全民抵制日貨，與反日愛國運動。說來可憐，當時我們民間都用的是英國貨日本貨，這種貨品，民間稱謂都加上一個洋字，如洋鈔，洋線，洋布，洋襪，洋油，洋燈，洋燭，洋火等，盛行的金剛石牙粉（當時尚無牙膏）是日本貨，日本藥劑"仁丹丸"更是遍及中國每一小鎮小鄉，它的藥房"樂仁堂"，便是個情報組織，日本自認"以諜創商，以商養諜"政策，明證商業活動與諜報作業之緊密關係，國人中有天虛吾生者制出三星牌牙粉，三友實業社制愛國布，都風行一時，號稱振興實業，以抗日貨。日本浪人藉日本租界夥同敗類走私販毒。我還記得民國十年左右北洋政府向英國購置五個邊疆長波電臺，建於喀什噶爾，迪化，烏裏雅蘇台，庫倫及北京，而日本亦勾通當局，借款建造雙橋（在北平與通州之間）大電臺，大家來分肥控制，所以上自朝廷，下至販夫走卒各階層，全都被滲透無遺。

　　民國十七年革命軍繼續北伐時，日本出兵山東，以阻礙北伐，造成濟南慘案，民國廿年九月十八日，日軍突襲審陽，政府采不抵抗主義，籍以充實準備，訴之國際聯盟，但公道難伸，而無補實際，以至東北三省統統淪陷，後來成立傀儡政權滿洲國。民國廿一年一月廿八日上海日軍襲擊閘北，國軍起而抵抗，不能得逞，旋簽停戰協定。是年蔣委員長成立力行社（一般均稱復興社），及其特務處，用以救亡圖存，民國廿二年日軍佔承德，據熱河，進攻華北，在不得已情形下簽訂中日塘沽協定，因有中央軍，黨部及一切秘密組織退出平津華北之議，被視為辱國者。事實上一切抗敵行動，都變為特務暗鬥了。（華北平津秘建多座電臺，至今仍可記憶者，查綏之程浚二台都很成功）。何後（似為民國廿三年）軍事委員會成立設調查統計局以陳立夫先生為局長，以中央黨部組織部調查科徐恩曾先生任第一處長，特務處戴笠任第二處長，以丁默村任第三處長（主辦郵電檢查業務），抗戰時又分成中央黨部調查統計局（簡稱中統）及軍委會調查統計局（簡稱軍統）甚有聲於世。民國廿三年，溥儀於長春僭位稱滿洲國。民國廿四年殷汝耕在日人卵翼下，成立冀東自治政府。我政府于北平成立冀察政務委員會，擺出半獨立狀態以為衝緩。民國廿五年日本外相有田重伸前外長廣田三原則要求我國承認滿洲國，共同防共，及消滅一切反日運動。同年德日簽訂反共協定，義日也成立協定。民國廿六年七月七日日軍發動侵略，爆發蘆溝橋事變，蔣委員長在蘆山宣佈決心抗戰，八月十三日日軍進犯淞滬，全面抗戰開始。我國自清季連續喪權辱國以來，能團結全國一體抗外者此為第一次，能有盛旺之情報特務活動以配合者亦為第一次也。抗戰八年，退守西南西北，以重慶為陪都，日本培植汪精衛于南京，亦稱國民政府，培植王克敏于北平稱維新政府，於是暗殺裁制漢奸及日人不少。當抗戰初期，政府密定沉船阻塞長江之馬當要塞，以拘捕日本數艘軍艦，竟被行政院（院長汪精衛）秘書黃睿秋密知日方，以致日艦先期逃出封鎖線，可見當時已被日奸滲透得千瘡百孔矣，抗戰勝利後，日本派遣軍總司令部（岡村寧次大將為總司令）之暗號班供稱彼能破譯我國軍之無線電密電能達百分之九十五，可見我軍訊不能保密之慘狀，日本之特務滲透，情報發達，到如此地步，想要它不來侵略豈非癡人幻想？

　　以上所述，不過限於我個人所接觸之直覺，實在有限得很，聊以顯其形象之實相耳。其英日俄各國霸權之侵略中國，因其地緣，軍事，政治，經濟，商業等關係，各有不同，故其特務運作亦當各有其特點。

第三章　時代遷移，無線電情報
為主流之時代

── 國共對峙，中共得利

　　現在我要敍述我們這一個時代的情報特務活動，及其對
於政權所發生的影響，雖我所知有限，且偏重於電訊情報，
但這個時代，正是電訊情報為情報主流之時代，況事均屬
實，為探討其時局之變遷，已可獲其端倪。

　　我原來是學無線電通訊，對於情報一竅不通的。民國廿
二年春參加特務處戴笠將軍的工作，從訓練特工通訊人員，
製造特工通訊電機，並建立特工通訊網開始，其秘密電臺遍
及海內外及淪陷區〔日偽佔領區〕達百餘座之多。進而建立
空軍情報，又擔任軍令部第二廳第四處與蘇俄合作，從事對
日本軍部之電訊偵譯情報，另擔任軍事委員會技術研究室之
對日本外交電訊情報，於軍統局建立對汪偽組織之電訊情
報，及建立全國各地之電訊監察工作。抗戰勝利後，建立對
蘇俄之電訊情報工作，及對中共之電訊偵譯情報工作。這些
事物，都是過去所沒有的。是此一時代的新創者，因為無線
電通訊機才於 1890 年為英國馬可尼氏（馬氏原來是義大利

人）發明而成為這一世紀的時代寵物，我是適逢其會，依時勢需要而摸索出來的，才算還不落後於先進列強，不過說也慚愧，直到抗戰勝利，我還一直以為這只是一種技術工作，竟不明白即是《國家安全》（此名辭為美國所倡）之事物也。於此我須感謝軍令部徐部長次宸先生所給二項啟發；1）他主動於民國 34 年初指定我進陸軍大學將官班受幾個月短期訓練，講解大兵團作戰的軍事思想，我才摸到作戰指揮的戰略戰術原則，2）戰後在南京時，有一次閒談中，他突然問我："你在軍令部八個年頭，知不知道你的最好的情報是什麼？"我慚愧，茫無所知，因為我不懂情報真實內涵及其影響，故答稱不知，他說"你最好的情報，乃是日本輪船運輸物資南下的報導，因而判知日軍是'南進'。蓋當時日軍南進抑北進，乃是世界上一個重要問題，我原以為我供給軍令部的情報資料，都是明碼一類，不是密碼，何來好情報，至此我才明白這就是有價值的戰略情報了，並非密碼情報才是好情報，真是聆教聆教，自此我十分重視知識及觸覺，而開了情報的竅門，創出以後的情報事功來。這種技術，知識，學問各先進國家都有一個整套，但列為機密，更絕不傳教外國人的，所以我既能摸索得成就，對於此道，自可比別人要理解得深切些，故應陳述事實，以顯示其意義而為人告也。

（一）共黨間諜多方滲入軍政及情報機構的電訊部門

民國拾六年三月，革命軍打下上海時，即有共產黨人沈聯璧（浙江人）利用顧某人之業餘短波電臺，委由我的一位朋友操作，與武漢左傾政府通訊，我們南京政府清黨後，此電臺另遷移至一秘密地點繼續工作。又武漢方面蘇俄顧問鮑羅廷操縱政局，建有秘密無線電臺直通蘇俄。其時國民革命軍的李範一氏才在上海開始籌建無線電製造廠，開辦訓練班，召請顧先生及我建立通訊，已比共產黨遲了幾個月，可見有政治作用的無線電秘密通訊，共產黨當承蘇俄的指導，搶先一籌，蓋蘇俄是無線電先進也。按當時很可惜，我的這位朋友在共黨上海秘密台工作還兼充譯電，我還是一個純粹老百姓，不懂政治鬥爭，不問人家秘密的事，不然共黨的通訊及密碼綫索，都可清楚明白了。

　　民國拾六年總司令部後方交通處辦了二期無線電訓練班，接下來建設委員會無線電管理處辦了一期無線電訓練班，這期學生中有董繼滙呂吟聲等活動優秀份子，後來都進了歐亞航空公司充任通訊員，占住重要地盤，抗戰勝利後，董似乎在總公司電臺，而呂似在青島電臺，多種跡象顯示，我判定他們是共產黨徒，是共黨有計劃的滲透也，可見共黨有遠見，著先鞭，我們在所不及。適民國三十九年我們在臺北所破之蘇俄汪聲和諜台，汪就是歐亞公司的通訊員，蓋自有其來路也。

　　民國十八年，建設委員會無線電管理處經營商用通訊，其上海地區負責人徐恩曾先生公開招考書記，考進了一名錢壯飛，因為他幹練，徐先生很賞識，不啻是一位侍從秘書，所以徐先生初去兼辦中央黨部組織部的調查科時（即為中統的前身），錢亦隨去南京辦公連密電本都交由錢秘書翻譯的。不意後來中共特務專家顧順章被武漢地區蔡孟堅先生逮捕而投誠時，由調查科經辦，錢見到此案之來往電報，故完全清楚，按顧是共黨特務要員（似為上海區的頭子），投誠後，計畫到上海去搬取家眷並搜捕其他共黨人物時，則周恩來（周似為共黨中央級的特務負責人）亦將不免，所以錢寧犧牲此重要諜位，通知周，先把顧家大小全部殺害後，法捕房要追捕伍豪（周的化名），周在上海亦不能站腳，乃逃往贛南赤區，錢亦逃得毫無影蹤了。我認為共黨來滲透政府方面通訊機構來寄生，如上所述者，都是周的策劃（後於民國三十年左右，軍統局重慶總台領班馮傳慶，被周恩來誘使竊取總台某一機之通訊時間表一事推知），而錢某者，據蔡孟堅先生為文說似即為共黨特務頭子李克農云云，按看李克農帶上墨晶眼鏡之照片，是很像錢壯飛，但確否待考。

又民國三十一，二年左右，我主辦軍令部電訊總隊，于四川綦江縣石角鎮公開招生來訓練，竟有共產黨人投考進來，總隊部有政治指導員童學南，但未能確知，後於三十八年冬重慶陷共前夕，我自臺灣赴重慶撤退渝郊大坪電訊總台人員時，有幾個人員露出共黨身份，煽動若干人來阻止我們撤退人員的車輛，此時我才知道，經我鎮壓住後，方得沖出脫身。

由此可見，此乃是共黨十多年來的滲透的一套招式，而我們始終不知不覺。

（二）民國十八年國際電訊局長溫毓慶博士創建破密情報，不過江西剿共時，南昌行營電務股抄收不到共軍電報，中共西竄周恩來善用電訊情報，正是國共一成一敗的寫照。

民國十八年我國交通部國際電訊局局長溫毓慶博士設偵

收台於上海，破譯桂系上海秘密電臺 XH7A 的密電，是藉財政部長宋子文的支持（宋溫是美國哈佛同學）獲得情報，密供蔣總司令參用，並進而擴及諸反蔣集團密電情報，大有助於解決當時幾次軍事危機，內亂始得蕩平也。當民國十九年中原大會戰時（與閻馮之戰），此破密人員與偵收電臺設在隴海路列車上，隨蔣總司令工作，甚有貢獻。當民國廿一，二年對江西剿共時，蔣委員長駐南昌行營，曾懸賞行營電務股凡能抄收到一份共軍電報者獎大洋拾元，據我所知，竟一無收穫。（當然國內其他方面情報照常有收穫）時溫毓慶博士任交通部電政司長，並未預聞其事。

當民國廿三年江西共軍西進時，據李天民先生所著周恩來評傳稱沿途損失甚重，連通第三國際的大電機亦遺失了。每夜，周必須要等候所偵收到的電訊情報，明白前途軍情後，才策定次日行軍路線，故白天行軍，周往往躺在滑竿上（川黔一帶所用的簡單坐轎）假寐云云。他們西竄殘軍仍可與劉子丹、張國濤等紅軍通訊聯絡的，終於達到陝甘邊區，落地生根了。

從這些事上，可以看到 1）如蔣委員長能用溫毓慶博士參預江西剿共，仍然領導電務役的對中共的情報工作，則他究竟是無線電專家，有學識高見，有研究腦筋，有想像創造力，決不致於偵收不到中共電訊，當中共西竄時，當會引用測向技術來追蹤其主力所在，那會讓其逃脫呢！2）周恩來靠其所抄收到的電訊情報，才能長征逃脫，蓋不但中央軍密碼並不複雜，且沿途之地方部隊電訊更易譯讀，所以能避實就虛，從夾縫中脫身也。按中共破密技術，如未得蘇俄傳授，即使破不了我們軍委會機要室的重要密碼，但各軍用電臺通訊均欠保密意識，況地方部隊常用簡易密碼或竟用明碼也。3）中共通訊保密比國軍好多，諒是周恩來的高明處，周是共軍軍委主委，西竄到遵義後，該主委才由毛澤東接任。

　　按此項電訊情報與保密之為用，乃絕對有關成敗之機者，我方有高等之人才與技術，不幸竟不能發揮，相反的中共雖無此等高級人才與技術，但幸能得用，豈不值得深思！

（三）民國廿二年起我參加戴雨農的特務處，建立秘密通訊網

　　民國廿二年三月我到杭州開始承戴雨農先生之命創建特務處的秘密通訊，按原來我們傳統的通訊，只要通到就完成任務了，全無保密的觀念，從來沒想到會被人竊聽的，現在我進入了處處講秘密的大環境中，不得不講求電臺如何保密，不致被人發現，電訊發出去，不會被人抄收到，所以於民國廿三，四年間，我們特工通訊曾定出一套特種符號，混充日本電符模樣，使人家聽到了亦抄不下來，總算前進了一小步。不過，後來我又廢棄此特種符號，因為我認識到"特出"乃是顯著目標也。通訊保密改用呼號被呼號及波長多變等方法，亦算一種進步的制度，我們軍方主持通訊者，為保定軍校交通科出身的幾位老前輩，可是軍校沒有無線電課程（當時無線電尚未發達），對此認識不多，在抗戰爭前（民國廿六年）所請來的德國顧問團的軍用通訊人才史脫次納，乃參加過第一次世界大戰的通訊士官，內行於野戰的有線電話作業而已，故軍用無線電通訊技術未免老舊，而趕不上時代了。

（四）民國廿四年交通部溫司長毓慶破譯日本外交密電
##　　　情報，抗戰時，改組成立軍委會技術研究室，民
##　　　國廿八年溫主任離去，無形損失不小

　　民國廿四年溫司長毓慶（交通部電政司）打電話到杭州來，邀我去幫他辦一個偵收台，專收日本東京 LD3 等三個電臺與中國大陸各地日本使領館及南洋一帶使領館的專業通訊，（我們稱之謂外交特務系）要求抄收得不漏不錯，因溫司長閱讀美國雅德賚所著黑室一書（Black Chamber）之後，引起他循黑室破日本密碼子母音配合之線索，已經破了 LA 密一種，這是事務性質的電文，尚有其他二類未破，必須要電報材料不錯不漏，以利於密碼表排列計算而利破譯也，固然不久又破了第二種，其情報價值亦較高。其機構名稱為軍委會密電檢譯所，對外用 "交通隊" 為名義，此機構保密好，效率高，人才多，溫司長確用了許多心血，這是十分不容易的創作之事，他有特點並非普通人才。

　　他當時先後向我表示過他的高見：（1）他認為保密十分重要，要向戴先生處調用警衛保防人員，（2）他認為將來破密工作甚為困難，因為密碼不重複使用，就破不了，（3）破密工作還須要靠特務幫忙去偷竊密碼，以補不足。當時我介紹戴溫見面合作。按他的機構內日文人員，有母親為日本人者，亦有朝鮮人者，請軍統局幫忙保防，是很對的，以第（2）點而論，當時世界上對於密碼學術尚在摸索中，直到民國廿七，八年時，英國密碼研究機構才斷定，密碼不重復使用者，即不能破譯之原則，即現在為大家所知的 "一次一密" 也。溫於民國廿六年即已見到，可惜蔣委員長

沒有委任他負我國密碼編印發責任（而由機要室主任毛慶祥先生負責，毛是蔣委員長親戚，可惜他不懂保密，不懂密碼技術）。關於第（3）點，英國於二，三年後能破譯德國的密碼機，獲得情報，有大貢獻，就是因為千方百計收買了德國密碼機廠的工人，（非德籍）把原機模樣品偷運到巴黎，交給英國特務的原故。溫的高明遠見處，別人怎麼懂呢，連蔣委員長都尚未全部用到也。

　　抗戰於民國廿六年開始，政府西遷重慶，定下來後，由戴先生呈請蔣委員長統一各破密情報機構，改組為軍委會技術研究室，以溫為主任，機要室毛主任慶祥及我為副主任，不意戴氏另聘美國前黑室主持人雅德賚密碼專家 Yardley 來重慶，在軍統局訓練新生，專做破譯日本軍密電的工作，溫主任先後與戴氏及雅德賚晤談後，即悄悄去香港而一去不回，連電政司長亦不幹了。此中內情，我未知，不過戴氏未將雅德賚歸技術研究室，在溫氏看來，戴毫無合作誠意了。可惜這樣一個人才，先與機要室毛主任慶祥不洽，後又與戴氏鬧翻，於抗戰中途退出，實在是削弱了自已力量也。

　　此項破密情報工作，其意義絕非情報一個狹義觀點上看，而是整个的國防機密，在廿世紀中，乃是衡量此世界上一個國家強盛的一項標準也。按美國於民國六年成立黑室機構，日本於民國十三年建立破密情報，我國於民國拾八年開始有密電情報，至於歐洲，因戰爭頻繁，各先進國家都能有破密技術，凡一切落後國家則均不知。以 "知" 臨 "不知"，此所以優勝劣敗矣！

（五）民國廿六年七七抗戰後，成立軍令部，我任第二廳第四處，惟蔣委員長即手令辦軍用譯電人員訓練，著眼高遠，惜對於軍委會機要室軍電密碼之保密未有影響

民國廿六年七七抗戰，十月簽訂中蘇互不侵犯條約，廿七年政府退到武漢，時軍事委員會改組成軍政，軍令，軍訓及政治四部，軍令部編制一二三廳，第二廳掌情報，其第四處為通訊情報，按通訊之納入情報體制，我國向無此觀念和認識，我猜想當為蘇俄顧問所擬議也。當時軍統局戴雨農將軍保薦我去擔任此職時，蔣委員長先期召見（于武昌），面詢我軍統局無線電通訊事項，我據實報明，曾使用特種符號以求通訊之保密等事，不意不但准我當處長，並手令召全國軍用譯電人員予以短期訓練，他沒有指示情報方面事，而很突出的要辦譯電人員訓練，真是用心細緻深遠，而深感軍用通訊保密之重要。可惜軍用通訊是軍政部交通司管轄，密電碼之編印發為軍委會機要室負責，均是保守性很重，我辦譯電人員訓練主要是介紹 Cipher 及加碼技術，聘請機要室要員來充教官，以資溝通，對於密碼改進保密，無法貢獻，故勝利後日本派遣軍總部之暗號班明告稱國軍密電，可破譯百分之九十五也。蔣委員長誠能見到，惜礙於諸多因素而無徹底之執行方法，以致無效，此方面實不如中共也。直到民國 36 年，委員長發現機要室之密碼本被中共特務在郵務遞傳中偷竊，才令我改進為一次一密制。

因為機要室只知密碼本 Codebook，不知密碼表 cipher，是甚易破譯的。溫氏破日本密碼，是屬 Cipher，但

他為形勢所拘，終始未接觸過機要室的事。當抗戰開始前後，資源委員會有幾位學者曾下過工夫研究密碼保密，徐均立先生的密碼典就是 Cipher 的變化，比單純的 Code-book 要進步，可惜機要室故步自封，未能採用。按此項保密學術，殊多奧妙，大有研究，事屬專門，不贅。

（六）武昌珞珈山訓練團聘周恩來教授密電碼課程，介紹加碼方法，實為當時之進步者，遠超過軍委會機要室之技術知識。

民國廿七年政府重心在武漢，蔣委員長在武昌，在武漢大學校址辦珞珈山訓練團，由政治部長陳誠將軍主持，曾聘政治部副部長周恩來講授密碼一課，講的是"加碼"密碼的方法，其時國軍尚不知用"加碼"方法，顯見周有進步的密碼知識，我很奇怪，他何由知此，想必來自蘇俄。當時我正在武昌辦譯電人員訓練，聞此消息，我還奇怪為什麼不請我去講課呢。

（七）民國廿七年十一月，武漢失守

民國廿七年十一月，武漢失守後，長沙大火，政府各機構都退到重慶，廿八年成立中蘇合作情報所，由第二廳副廳長鄭介民將軍任所長，俄員副之，我奉命籌建中蘇電訊偵測電臺于重慶南岸放牛坪，以蕭堅白為台長，俄員副之，偵收人員數十人，俄員占少數，整理分析人員以俄員為主，似有一，二人為密碼分類者，但分隔工作，俄員之紀律及保密特強，其主要之 Adcock 測向機，系俄制，並不精巧，由俄員工作，中員是配合性質、在學習階段也。所有偵收日軍電訊資料，亦由俄員分析後，送往中蘇情報所之俄員參用，中方均被擯之門外也。又前方部隊中亦派有蘇俄顧問，另於陷區亦合建敵後情報站，似為數甚少，當亦利用第二廳之敵後情報，如此綜合多方情報資料來源，編成情報，供第二廳參用，此為當時之大略情況，故我從未見及其情報內容為如何？蕭堅白台長只知道一些初步整理電訊材料之方法手續，故在俄員撤回離去（廿八年九月歐戰爆發後所有蘇俄顧問人員一律撤回）後，我們中方人員就未能產生對日軍的電訊偵測情報，而楊廳長宣誠鄭副廳長介民，亦從未作此要求，諒蘇俄原無單獨之電訊情報，只有俄方留下一架測向機，算是贈送我們的，我們即照樣自製，算是唯一的收穫，不過此機粗糙不精，其示向度有十五度之寬，俄方另有一座蘭州測向台，交測亦不過得知一個大概的方向，（方位，那要靠其他的情報資料推斷），同日本的測向機差不多，比美制的二，三度寬，則差遠矣。此乃說明蘇俄究為先進，我們直到勝利後，對共軍作戰時，我受命重立技術研究室，始自行摸索得創立完整的電訊偵測及破譯情報，因日本已解散，美方則不涉及此，而我們獨步東亞了。

此項中蘇情報合作，諒對於蘇俄有甚大之收穫，蓋對日軍之作戰與情報作業，因此而有實地之認識，當日俄發生張鼓峰及諾門罕衝突時，中蘇合作偵測電臺之俄員，曾抽調一部份前往工作。

（八）民國廿七年，軍統局密聘美國專家雅德賚顧問，從事研究日本軍事密碼，引進解破 Cipher 之技術基礎。

民國廿七年十月軍統局，戴雨農將軍經駐美武官蕭勃之安排，聘得美國前國務院破密機構黑室 Black Chamber 主持人破密專家雅德賽 Herbert O.Yardley 秘密來到重慶工作，在神仙洞街谿廬一幢花園大洋房內，指導十餘位優秀人員，如方坦懷，胡純基，葉宗元，劉寶岩等，助理其破譯日文密電，亦是學習受訓，他工作方法先統閱各密電後，交彼等統計入手，另將帶來的幾本小冊子教彼等學習、並分析解破，那是第一次世界大戰時期到二次大戰前，英法美三國所實用的密碼法，簡言之，那是替代及易位密碼，Substitution and Transposition Cipher。可惜沒有湊到足夠的材料，故未有所破獲，廿八年一月我在軍令部成立偵測總台，及前方偵察組八組，分派各戰區偵收日電，倉猝成軍，人數亦少，未免欠系統，而又材料不足，只有長沙汪承鄞一隊收到少量有用的日文情報，供九戰區參用而已。雖實效未彰，但其破 Cipher 之密法，得入其門徑，於密碼學術上得益非淺，我們後來能破日本空軍進步的密碼，為替代法後再加易位，其中還增添若干盲字母（null 即無意義之字母），還的確靠此項知識技術為助，須知技術上的突破並非易事，所以這是可貴的進步，我們因之得邁步進入世界水準。按此 Cipher 一字無適當譯名，故常用音譯"賽佛"表示之，至於稱"密表"亦勉強而已。我編有"谿廬一年"之工作紀錄一冊，內含雅顧問之序文及我之序言。

　　茲再一述雅德賽秘密來華之事，可見戴先生之眼光及魄力，與駐美武官蕭勃將軍活動能力之強，均為不可多得之機緣倖事，而我承其知識，進而發揮其效益，須知得來亦艱辛非易也。雅德賽顧問在美工作事蹟，在他所著《黑室》一書

（The American Black Chamber，1929）敍述甚詳，茲不
贅，其來到中國系用假名 Osborn，以經皮貨商名義，取道
香港河內昆明而抵重慶，月薪美金千元，另供住宿伙食車
輛，及司機僕役等，抗戰窮困時之大手筆也。當時美國對中
日戰爭表面採取中立態度，對雅德賚之來華，諒是假裝糊
塗，後來我們從破譯日本密電情報中，獲悉日本已知雅顧問
秘密來華，乃向美國提出抗議，以為有違中立國立場云云，
美國當然沒有 Yardley 出境之紀錄，可以應付日本，不過我
仔細考慮雅氏秘密來渝，保密甚周，日本實無能獲悉，除非
國際問題研究所王主任芃生先生乃情報圈中一巨頭，有意透
露給日本方面，（王有資格知此秘密，他的對日工作有秘密
人事軌道聯絡的）一方面用以交換日方之情報，另一方面乃
離間美日關係也。再我們所獲日本密電情報中有三個 PF、
AM、LM 代號的內線間諜，常有重慶我方的機密消息給此
內間透露出去，（但都不礙於實際利害）而我方當局及侍從
室從未追查此三個內間之事，諒亦屬兩面間諜之運用乎？又
美國 David Kohn 於 1968 年所著 The Code Breakers 一書
中提及雅氏於戰時來華充蔣委員長之顧問云云，可見世事之
漪漣而多不簡單。

　　再次一敍學術問題。當溫博士于民國十八年在上海破的
是 Code，那是從一般電文常用之格調，如某某兄勛鑒某
密……第某某叩日韻等，推想假定，再推廣及電文內容之常
用字，如此假定後，尚多空白未解，幸適時獲覩該，XH7A
秘密台之羅君偷來之密本，一加對照，證知所假定之字無
誤，其理論及方法亦正確無誤，未譯出之字亦完全填出，完

成破譯及常用字頻數之統計方法（原密本當場就送回）。溫氏後於廿四年破譯日本密電，那是先讀了雅氏 The American Black Chamber 一書上所述的日文字母組織破解法所啓發的，這是屬於 Cipher 了。都全憑溫氏的天賦才能，可惜沒有學術紀錄留下來。我於民國廿八年獲得雅氏的破密 Cipher 知識，後於二九年讀了一本 Secret and Urgent 一書，美國出版。內容是敍述美國歷來黑社會，黨團等從事活動時，其聯絡用之暗號切語密語及其解讀（我國幫會中亦有切口語），亦啟發了破密之基本理念。美國繼雅德賽之後，第二位專家 Friedman 研究得 Kappa，Phi，Chi 三種 Tests 方法，那須用統計機來分析日本密碼，把日本各種密電全破解了，要比雅氏的人工統計進了一大步。這三種 Tests 的文件，在抗戰期中，由駐美武官朱世明將軍秘密獲得後送給我，這些檔是美國通訊兵學校密碼教材，十分有價值，可惜那時我已離開技術研究室了。當溫氏離去，由我代理期間，我們破了日本外交第三種密碼之後，尚有一種未破，判知為機械密碼，即是美國 Friedman 所破之大有名氣的 Purple Machine 也。如溫氏與我均不離去，我們一向合作得很好，那說不定亦可破矣。我有幸更於 1950-1960 年間，曾與美國之 Dr. Weedom（註一）及德國 Dr. Huttenhein 兩位傑出破密專家有所聆教，他們實在高出我們許多，我只是懂得其原理原則，非此道專家也。（此二人均到過臺灣）不過我們實地破譯，操作技術並不落後。

　　美國之破日本的 Purple Machine，與英國之破德國的 Enigma 密碼機，為二次世界大戰中克制德日之利器，自由世界之勝利，賴此甚多也。現在又進入電子製作之一次一密新技術，大為精微複雜，亦仍有其可破與防禦之方法，則除非科技頂尖之國家就無所知矣。

註：1950 年代初，在台灣主持無線電訊情報的魏大銘將軍急於要偵測中國大陸的電訊情報，邀請美國二位密碼專家，Dr. Weedon 和 Mr. Friedman，二度到臺合作，美方也極需要大陸的情報，魏大銘則更計劃藉此提高破密的學術水平，及學習最新的偵測技術。

Dr. Weedon 為維琴尼亞大學（University of Virginia，UVA）的教授和副校長，他通曉中國語文，所以對做中國的破密工作，有特到之處，那時，筆者是 UVA 的研究生，和他時有交往，他是杜邦（DuPont）家屬一員，家境極富有，他只像徵性的支薪一年一元，生活簡樸，態度恭和有禮，仍保持學者教授風度。

他曾在香港收買了一批中文書籍，運回 UVA 人學，在總圖書館內設立一中文專區，並邀筆者去檢審一番。

這些已是多年前的事了，但印象深刻，專此誌念。

（九）民國28年我完成破譯日本空軍之密電情報

民國廿八年一月，我於軍令部成立偵測總台及移動偵察組八組，（惜無測向機）分派各戰區工作，其抄得電報供雅顧問研究之用，同時另成立一個偵空組於重慶，經費歸航空委員會負擔，三個月來，雖已偵獲上海九江南昌漢口各日本航空基地的氣象情報及太原新鄉等日本陸軍航空部隊之電訊，但其陸空通訊之術語，我們仍不懂。同年五月三，四兩日重慶遭到大轟炸，我親身經歷，其去成都施虐之轟炸機，被我軍打下一架，獲一俘虜，我乃去成都，向航委會毛邦初及羅機將軍要來日俘大右信三，帶回重慶，他是炸轟機上坐在後座的機槍手，兼無線電通訊及照相工作者，說明通訊用某一日文字母，即代表某一個操作中的動作，亦即是術語，於是以前所收到的日文電報，其意義全部明白了。而後敵機來襲，即產生情報，時在廿八年秋季，真是一項重大收穫。不但我們後方靠此防空情報，使軍民有足夠時走避防空洞，保障大眾安全，及社會秩序，且利用此項情報，戰勝日機，阻嚇其不敢來犯。按日本零式飛機，輕巧快速，優於我們P40機，故歷來零式機掩護其重轟炸機來重慶大施轟炸，來去自如，勢不可擋，甚至黃山委員長官邸，亦遭其殃。於是空軍總指揮毛邦初下定決心，作殊死戰，利用我們的情報，預知日機數量，進入市區之方向及高度，便指揮我機預先升空，在適當地區之高空等侯其來，乃當頭沖下攻擊，蓋對頭衝擊，則日機快速之優點被抵消、而我機俯衝攻擊，乃佔優勢，打中或未打中，只打一個回合，即脫離現場而安返，當時我在其指揮部觀戰，見日機隊形凌亂，亦有被擊下者，自此之後，諒日方無對策，未再來施虐矣。

　　當時英美都沒有同日本飛機作過戰，所以英美都沒有此種偵譯情報，民國廿九年十一月，我們派一隊偵空工作隊去香港協助英軍作戰，以後因英軍之請再派仰光及加爾各答工作隊，亦有聲於國際間。

（十）我國密碼的編印發用乃由機要室毛主任慶祥主持，不夠保密，暗中損害國家利益至大

　　民國十五年革命軍北伐時，蔣總司令的機要秘書陳立夫先生主持機要文書，及來往密電事務，立夫先生對於密碼保密，曾下過一翻研究工夫，我不明其詳。不久由毛慶祥先生接任此職，毛氏留法，系蔣公親戚，主持機要室將近二十年之久，取其親信可靠，而能謹言慎行即已足矣。抗戰時他兼攝軍委會技術研究室（破密情報）及軍委會軍官管理處（管理全國軍事業務），故與軍委會機要室之主管全國軍電密碼本之編印，發與軍委會來往電報之譯電及文書業務，可稱三位一體，蔣委員長之重視軍訊保密，確是高見，可惜毛主任太保守，太不懂保密技術。當民國三十四年雅爾達會議時，蘇聯史太林提出對日宣戰，進軍中國東北諸事，美總統羅斯福則稱有關中國東北諸事項，總得通知一聲中國當局吧，而史太林不贊成，羅答稱：那也好，若是今日一通知中國當局，明日全世界都會知道的了。如此即完成了一項對中國大大不利的秘密協定。按羅斯福乃意指我們中國電訊不保密，其時我在重慶於軍令部第二廳及調查統計局任處長職務，我們軍方內部傳聞，美國指責中國政府不保密，要各機構注意改進云云，並不知乃系雅爾達秘密會議事項也。又抗戰勝利還都時，日本派遣軍岡村甯次總部主管電訊情報之暗號班，稱能破國軍之密電達百分之九十五，而軍統局之密電只破金華站的一種云云，按軍統局之密電均為加碼，且指標隱藏得很機動也，又民國三十六年，西安綏靖公署俘到一名中共李先念部隊中無線電通訊兼譯電員，只有小學程度，從小就參軍，他供說國軍的簡易密電，他經常可以抄得而且解讀云云，我從此供詞乃瞭解共軍以弱小兵力，能存在於強大國軍間者，乃得力於情報效益，能避實蹈虛也。又民國三十六年春，蔣委員長在南京黃埔路官邸內，召集第二廳鄭介民，機要室毛慶祥，及技術研究室魏某三人，查詢機要室發寄西安綏靖公署的密碼，才發現在郵政局內被共黨間諜偷抄的事，（似為西安綏署所揭發者），毛主任回答說，他是同郵政當局訂有保密合約，遞送密碼本是保密可靠的，委員長才大怒，責其太無知，並令我實施改革。我乃改成一次一密加碼（防破密分析），一密到底（防通訊分析 Traffic Analysis）及派員專送（不經郵局傳遞）三項革新。另外我於三十六年元月接任毛主任兼轄的技術研究室時，竟同時接收了潛伏在內的共諜，害得我三次破了共軍山東粟裕（陳毅的副手），豫南軍區及伏牛山孔從周等密電，都於二，三周後連電臺都不出現了。可見毛主任既不懂技術性的保密，又不知特務性的防保，其為禍之大，實非一般人所知，只有問之共產黨才清楚矣。

　　註：當我發現第一次山東粟裕電臺突然消失時，即驚覺本室有共諜在內，破密部門同仁亦均提高警覺，嚴加隔離，行政部門注意考察人事，未能獲得，直到三十七年底技術研究室撤出南京時，行政主管金戈尚誠兄告稱，其收發部門某員不見了，諒即是共諜云云，以我個人推斷，共諜之運作為偷抄密碼本，因無破密情報，如抄不到，則此共諜通知郵局內共諜，私拆郵包偷抄之，大概複封匆促，留有痕跡，遞送到西安靖署時所發現也。惟我知共方能得破密的技術資料，則又似非收發室此一共諜職員所能，豈另在研究部門內亦有共諜乎？總之防諜不夠，乃是一普遍毛病，因此教訓，使我後來臺灣，能作甚為徹底有效之保防，不過此種經驗之代價

高得可怕也。

又機要室以特抄本為最機密，而不知用加碼表。特抄本者，非明密本之部首排列，另又加若干複字等，這是錯誤的。軍統局的密電，是用加碼的，此項技術問題，甚為複雜茲不贅。

（十一）抗戰期間與中共之電訊鬥爭

1.周恩來誘使軍統局總台領班馮傳慶偷竊通訊時間表，著眼高遠。

我雖早年已在特務處工作，以迄抗戰勝利，但都在對付日本，對中共只有防禦而已。不意於民國廿八、九年間，中共駐渝代表周恩來，暗中勾通軍統局重慶無線電總台（在遺愛祠）領班馮傳慶，竊取某一機（總台共有十機）的通訊時間表，交給曾家岩周恩來公館，當然意在偵抄軍統局電報。遺失通訊時間表，當然容易發現查獲，不過案件由第三處司法科偵辦，我只知道馮先後去過周恩來公館兩次，其他細節都未知。馮原在交通部電臺工作，經總台長倪耐冰引薦，不久即發生此事，可見事由周恩來發動，其著眼深中竅門，高人一等，可是馮未經訓練，手法太拙笨了。

2.軍統局特種技術室破譯十八集團軍駐渝辦事處電臺與西安延安間密電，獲得情報，首創破譯中共高級密碼之紀錄，惜蔣委員長，未予鼓勵與推進，自落後乎。

軍統局特種技術室，是因軍委會技術研究室主任毛慶祥把軍統人員退回局方，才成立的，激得優秀人員如方坦懷胡純基葉宗元等，工作特別勤奮，志有所建樹，要超過毛主任，竟破了重慶化龍橋十八集團軍辦事處中共電臺與西安延安地區的高級密電，首創紀錄，內容都是金子及鴉片賣買，是所謂經濟作戰也。我們破得相當高明，先破得其組織指標，認定其為利用書本作加碼，方坦懷一個人暗中摸索，常去新華書店找尋適當的書來引證指標，其中有一本書找對了，於是破了共方密電，中共運用得很巧妙，要比我方更保密更進步。可是很奇怪，既無獎勵，亦不令擴進工作，直向中共整個電訊進攻，我只聽說蔣委員長叫毛主任去質問，何以他不能破，提示警告而已。直到民國三十六年初，委員長決心剿共時，技術研究室沒有情報，才叫我去接辦，故兩相比較，蔣委員長之認識不如周恩來了，這正是後來國共勝敗之一項大關鍵也。

（十二）勝利後，國共之無形鬥爭

抗戰勝利之後，國民黨方面為既得利益階層，共產黨未分得一杯羹，中共乃作明爭暗鬥，有增無已，經政治協商會議，已有了成議，（民國三十五年初在重慶開會達成），而未能實施，惜哉！此時為蔣委員長全盛時代，列為世界五強之一，中共實力亦甚微，故令軍統局戴雨農局長主持全國肅奸（指汪偽組織之漢奸）任務，實應當把軍統局的實力對付中共才對，又未採納魏德邁將軍（魏為中國戰區蔣總司令之參謀長）之對付蘇軍以疏解東北困境之建議，而繼又未能採信於美國調解特使馬歇爾將軍，致遭美國之放棄，如此招致孤立而形成了中共之多助，此蓋中共先贏得了無形戰爭，才導致贏得了有形戰爭，而失掉了整個大陸。以五強之一的委員長，擁有十倍優勢兵力於中共，竟於兩年內主力潰敗，南京失守，三年內大陸全陷，敗得大家莫明其妙，蓋敗於情報

與防諜也，人們無此經驗，亦無此認識。茲將我所見識者憶
述之。

1. 民國三十五年美國馬歇爾特使來華調處失敗，中共擅於情報與宣傳，大獲其利

抗戰勝利，戰鬥精神鬆懈，軍事委員會改組為國防部，
凌亂無方，處處紛擾不安中，政府與中共於三十五年春季在
重慶成立政協會議，訂定雙方協議，規定全國國防軍若干
師，共軍占若干師，我當時見報紙報導，私心甚引為安。豈
知美國特使馬歇爾任調處之責，迷於共產黨方面之偽裝及情
報，以致統戰有效，顯然偏向，導致中共欲望膨漲，調處不
成，三十六年初馬帥回美任國務卿，自不免處處掣肘，而國
民黨之僵硬，既不善宣傳，又不善情報，（除青年黨及民社
黨外）去依附共產黨，亦使美駐華使館及史帝威爾將軍總部
兩大文武機構內之自由派人士去接近共產黨，造成極大不
利。按馬歇爾元帥回美任國務卿，即實施援助西歐之馬歇爾
政策 Marshall Plan，挽救了希臘與西歐，免於關入鐵幕，
顯然他是反共者，何以來到中國，竟不明白國民黨政府乃是
反共者，反而認為獨裁政體，而認共產黨為土地改革者，豈
不是怪！約略言之，蘇俄取消第三國際且聲稱支持國民政
府，加上中共周恩來輩之善於表達，善於迎合，相反的我們
黨政方面的人士，一向對於自由派人士（非共產黨），稱為
左派人物，厭惡之，遠避之，不知爭取，真無異用力推這般
美國人去向中共，中共當儘量供應情報去影響美國了。其結
果，都可從民國三十八年美政府之對華白皮書反映出來，當
明白美國檔案中，儘是中共所供之情報。按國民政府與蔣委

員長，失了美國人的瞭解，亦失了它的支持，加上經濟崩潰，失去民心，此乃大陸失敗之根本原因也。

關於史蒂威爾及馬歇爾事件，論者甚多，自不免從自我觀點上觀察立論，而不知情報與宣傳，乃正是左右（影響）友邦及敵人之重大因素，此我所以稱周恩來為懂得情報運用之高手也。

2.馬歇爾去後，蔣委員長才決心剿共

惜勝利之後，令戴雨農將軍任整肅漢奸之責，戴亦於民國三十五年逝世，故對中共之防諜保密與情報工作實無基礎，於此用兵，已失其時，況主持作戰之參謀次長劉斐又通共，於是全盤皆輸矣。

民國三十六年元月廿三日，正是農曆新年年初二，蔣委員長在南京軍委會官邸內召見我，不多說話，令我接任技術研究室的工作（當時編隸於國防部第二廳下），我乃於二月三日接事，我心想委員長直到此刻，馬歇爾調解不成之後，才決心用軍事來解決共軍，而想到情報事務才召我去，雖是儒家的厚道處，但已落後乎（中共周恩來，早於民國廿八，九年即已勾通軍統局總台領班馮傳慶，可見一般）。實應早一年于戴雨農氏未逝世，國共已有軍事衝突時，即應作整個部署，以對中共才是（當時戴氏負捉漢奸之任務），自此我與中共展開了一聯串的無形之戰，我雖技術較優勝，獲得豐碩情報，可是終為其間諜所破壞，且滲透到蔣委員長的作戰參謀中心，（國防部的作戰參謀次長劉斐所主持）乃致軍事失敗連連，全盤皆輸，實非蔣委員長始料所及也。

3.我們三次破密得軍事情報，但三次為共諜竊知破壞

當我接手技術研究室時，根本一無情報，竟有技術室將要關門的悲嘆，我乃調集原軍統局的優秀人員如方坦懷胡純基葉宗元陳國雄等加入研究破密，另調集日俘破密人員酒井，內川等四人為一小組，並行研究，互相作公平之競賽，終於一個月內破譯了山東沂蒙山區粟裕電臺的密電，乃是一千組的亂數加碼，委員長看到此項密電情報，曾令空軍去山區轟炸過，但其電臺照舊出現，可是兩個星期後該電臺不再出現了，當時方坦懷同志就對我提醒，恐有共諜，要小心警防，他們幾位研究人員亦小心觀察，處處提防，可惜技術室在第二廳下，只是一個軍事機構，早已不是一個組織嚴密的保密機構，（機要室的人員，文人氣息甚重，自由空氣濃，不如軍統局人員的軍事嚴格，自由亦多限制）。我既忙於要產生情報，亦不能全室人事徹底整理，蓋有似我要排斥非軍統局的同仁了。（因為五，六年前，毛主任曾把技術研究室的全部軍統局人員排斥退回局方），直到三十七年年底，技術室奉命自南京撤走時，辦公室主任金戈兄才說有一位收發室人員，不見失蹤，諒為共諜云云。沂蒙山區粟裕（乃為陳毅三野的副手）電臺情報失掉後不久，國軍勁旅整編第 74 師師長張靈甫將軍（勇敢能戰，與我是陸大將官班同學）即在沂蒙山區師敗身亡，我很傷心，因為如我們的情報不失，決不致如此慘敗，敗得國軍甚為震驚，自此竟節節失利矣。

整編師者，為在勝利復員後所新整裝之部隊，員額充足，美式裝備，戰鬥力甚強，其通訊裝備，規定以美制 SRC284 無線電報話兩用機為制式裝備，大概各師都配到團

部，部隊長可以互相通話，甚為方便。豈知此項電機並無保密裝置（按保密器為機密裝置，故不交給國軍），我們國軍通訊一貫由保定軍校前輩王景錄華振麟將軍等主持，老式觀念只知通到而不知保密，故這批無線電報話機發放到部隊裏，不啻是專替中共輸送情報，如此情形，中共乃能穩穩當當布下陷阱，讓國軍投入進去，故雖以整編師之強勁，亦被四面包圍而殲滅。我們未能責怪美軍是否有心出此，究竟是國軍將領無知，誤用無線電通訊，亦顯得中共之高一籌也。

　　同年夏天，我們又破了中共豫南軍區的“豫密”密電，是亂數 5000 組長加碼，中日兩個小組人員同時破譯，競賽工作，甚有功效。電臺是在隴海路之南拓城太康一帶，豈知破譯二個星期後，中共的密碼又變了，情報亦斷了，工作同志們又竊竊私語，必有內奸，大家更特別提高警覺。

　　第三次破譯“伏牛山密”密電為豫西伏牛山軍區及其所轄第一二三四軍分區所屬部隊及孔從周的第三十八軍部隊電臺共計有廿六座之多，第一份密電是三十七年二月廿七日偵到，至三月八日止共抄獲廿四份密電時，其指標全部研破，至三月十五日止共獲五十份密電開始有疊條，五月十五日止，共抄到 108 份密電，解脫其亂數加碼，加碼長度為5000 組，六月一日起產生情報，辛辛苦苦得此成果，情報亦甚有價值，豈知六月廿四日共軍又突然停止使用此種密碼，真是可惜，可見越是有好情報，越是先要保防得嚴密，此為不效力的情報機構所不會理解者。其情報內容，大都為共方指揮作戰，宿營，行軍，或通報國軍部隊之動態，其次為共軍戰爭報告，及口令信號等事，十分有利於進剿作戰，例如七月五日電文一則如卜，〔汪陳微致黎王（註：汪為司令員或指戰員，陳為政委，微五日，致發給黎為司令員或為指戰員，王為政委）二區主力集于西坪，準備撤出敵後。商南城仍為二分區所控制。十七師全集荊紫關佈置。敵 65 師師部及一個團住雒南城。叫河城官坡盧氏城各住一個團，31 旅 92 團住商南以北之武關。93 團之山陽旅部住商州完。〕按孔從周原屬楊虎臣舊部，後投共任三十八軍軍長兼伏牛山軍區司令員。

從此以後，我們一直破不了中共的密電，因為凡是我們當時所掌握用以破密的機括，中共統統改正，竟使它變成了近乎一次一密到底的嚴格保密辦法，直到三，四年後，我們退到臺灣，才再有破其下級部隊的密電，同時室內亦未被共諜滲透。

4.我們開創偵測情報，又遭嚴重打擊

西安遠程測向機夜間遭共軍襲擊，清潤中程測向機，遭共軍攻入擄去，原來西安綏署電訓練主任戴中溶就是久伏之共諜。

我們失了中共的密電情報，逼得我傾全力開創偵測情報，亦即是通訊分析 Traffic Analysis，好在當時軍統局中美合作所倉庫中竟有十二架未開箱的 DAB-3 短波測向機，這是美海軍研究發展的精品，正是做偵測情報的利器，由鄭介民將軍（第二廳長兼保密局長並兼任軍事調處執行部政府委員）批文給我，我正得其用，就在南京，徐州，西安、北平、綏遠、蘭州、重慶、漢口、青島等地分別架設使用，另外將日本軍所留下的殘破測向機整修後，功效較差，亦於鄭

州，延安、保定、太原、審陽、濟南、蚌埠、清澗、九江、張家口等地架設使用，可測較近距離，與 DAB-3 互相配合，對整個中共軍作有效的偵測，除南京總台情報供第二廳外，北平漢口西安徐州均可產生情報以供各地剿總第二處參用，我的理想，偵測情報，經短時摸索，亦有所成就了。

此種電訊偵測情報，有戰略情報的大功用，能獲悉中共軍的戰鬥序列，如駐地，指揮系統，兵力大小，部隊移動，並視其通訊是否繁忙，聯絡有否變更，以觀其軍事操作，不過我們國軍還是第一次使用，都不知其利，連漢口剿總白崇禧將軍尚茫無所知，稍後才知道有功效，國防部作戰廳亦不善用，只有華北剿總傅作義將軍深明其用。據我所知，曾有這樣一個功用，當山東張靈甫師覆沒後，國防部檢討時，第二廳幸有過該方面共方情報，得以無虧職責而免受處分，第三廳則受處分了。

當民國三十六年三月，西安靖綏公署胡長官宗南攻下赤都延安，正在陝北作戰時，我曾兩次親赴西安延安佈置偵測情報，督導產生中共軍事情報，我私下估計偵測到敵軍主力，若予以消滅，則亦不難促住毛澤東了。

對西北地方區共軍的電訊偵測工作，以西安工作隊及一架 DAB-3 測向機為主，我另偕同五位偵測人員及一架美制 DAG LOOP 測向機（測地波，為近距離者）幾架收報機去延安工作，我第一次向胡長官報告共台概況時，就在他窯洞辦公室內，沒有他人，深得軍機防護保密之旨，我判斷彭德懷總部離延安東北不遠的榆樹峁子，這一點胡將軍聽來大感興趣，似與他的判斷相符，隨即下令速去襲擊，可惜出動部隊經過參謀正常作業，派出一個團兵力作搜索性的攻擊時，已晚了一步，據當地土著稱八路前一晚確是宿營在榆樹岇子，但離去不久云云，未免可惜了。據我推斷乃共諜通風報訊，先期逃脫矣。

　　此時偵測情報很容易做，偵聽到一個主台，下面通三，四個縱隊支台，各支台下面又通二，三個分台，經常不變，一看便知它的戰鬥序列，俟測定各臺地點，就知道主力所在，是最好的情報了，蓋主將胡長官志在找到敵人主力所在，予以擊潰，才得捉住毛澤東也。（按攻下延安，只得空城，未有主力接觸）我認為其主力是在瓦窯堡綏德吳堡一線（吳堡乃黃河邊上主要渡口通往山西），不過用兵作戰，非我所知。有一次第廿九軍劉勘軍長（胡部主力）俘獲一件油印的共方通信聯絡表，和配屬劉軍的鄭明經同志一組所偵判的呼波與番號，對照之後，僅有一個共台，偵測情報判為特種部隊者，實為共方指揮所電臺外，其餘全部相符，故其情報價值十分肯定。又據王微主任（胡總部機要室主任）說三十七年三月整編廿九軍軍長劉勘在瓦子街戰敗，自殺前，曾對其左右說，“假使鄭明經在此，這個仗不會打得那麼慘”云云。

　　我第二次到延安約在是年秋季，為加強偵測工作，在王家坪架用一架日式中距離 Adcock 測向機，胡長官又親令派裝甲小部隊護送一架日式測向機至清澗架設，又在延安附近北方拐岇鎮架用一架近距離 DAG 測向機，如此部署使在延安以北二三百公里內的共軍全被監聽著，每天產生情報，供延安指揮所參謀長薛敏泉將軍參用，他是無線電通訊出身，又經陸軍大學深造的優秀將領，他說偵測情報是合理的，與地面情報亦符合云云。所以胡薛都信用電訊情報，加上國軍的優越兵力，基本理論上應可求全勝的，殊不知事有特殊變故也。

我們西安 DAB-3 測向機是架建在西門外大校場，距城很近，原是軍事基地，附近就是飛機場，於三十六年四月建成後不久，某夜曾遭暴徒幾人，持槍於黑暗中突來襲擊，我時在南京，憑該測向台報台說聽到匪徒已接近測向機房屋，喊叫活捉台長，幸被衛兵擊退，匪徒從溝道中向外逃脫等語。但西安綏署參謀長盛文將軍及機要室主任王微將軍均絕口不談此事，只是加強警衛而已。以我想來，此事非尋常，（A）必然探悉此 DAB 之重要性，且要活捉台長（B）事先必探明此測向台之警衛力量及其位置（C）擇期佈置突襲行動及外在接應等，是乃中共有計謀之大膽行動，來去自如，竟無視很有盛名之西安綏署之防衛，使我驚奇不置，尤其，這顯然是中共的有計劃的行動，而不深入檢討，其麻木，一致如此，我真是不敢相信！與中共之機警，深入，及滲透之能力，竟相差一大截。

不但如此，更有奇妙者，同年秋季，胡長官的高見與決心，特派裝甲小部隊護送測向人機建立清澗 DF 測向台，豈知工作了二、三個星期之後，突然於某日上午清澗失守，守軍一個團，共軍卻用了兩個縱隊的兵力（縱隊，比擬我方的軍，縱不足，亦必有二個師以上的兵力）打下來，當天下午我援軍前去，亦就輕鬆的收復了，僅失守八個小時而已。不久被俘的官兵有釋回，有逃回者，就是我們測向台人機沒有下落，（同時間，一個中共電訊人員俘虜，向綏署提調在我們延安工作隊內協同工作者，亦逃脫了，當時我們實在不知道中共竟滲透綏署如此深入）對軍事而言，一個軍事據點失守八小時，而迅告收復，並非大事，但是我當時仍在延安，直覺到此乃中共有慎密計畫，為要俘獲我們偵測人機之技術而用兵的，不過胡長官薛敏泉參謀長，都終始未與我談此事，不知他們心中是怎麼想的。自此之後，中共使用無線電通訊的保密變化，日趨繁複，均是針對我人偵測技術而下的高招，使我們增加不少困難，而中共更懂得他們的軍事行動，避免被我們偵測而洩密，得到軍事上的安全，要比國軍高明得多。以我們情報而言，情報仍能產生，要多化時間多化工夫而已。

我私下想，中共這項突擊行動，我真不敢相信中共竟有如此高明之軍事人才。我們國軍的將領是沒有通訊學術素養的，（只知‘通’而不知保密運用），而國內的通訊人才，更絕對沒有能兼通軍事及其情報者，且調動絕對優勢兩個縱隊之兵力，如此勞師動眾，只佔領八個小時，要獲取我們的偵測人機及技術，來改進它的通訊保密，杜絕軍情洩露，非有蘇俄顧問之先進經驗參預不可，我衷心佩服他們棋高一籌，非我國軍所可及也。與上次西安 DAB 測向台之被襲，乃是一貫招式，非外行人所可懂的。以我的印象，似乎胡長官以絕對優秀兵力，多少年來，總是凡有所出動，必是撲一個空，赤都延安雖克，共軍主力安全撤離，只是一座空城，就是一例；相反的，共軍有所行動，常予胡軍重創，第廿九軍之覆沒於埋伏中，就是一例，很明顯，其勝負之機，全在情報與保密，以胡先生之才及其守秘性警覺心均高人一等，尚未能識得而剋制之，此乃由於整個國軍軍事思想學術之固執所致。只可惜我們國軍直到完全失敗之後，還未曾徹悟！

　　原來這一切全是共諜從中作崇，我所知道的西安綏署電訓班主任戴中裕，胡先生所賞識的某一知識份子，從事新聞報紙（似新秦日報）某君及西安電訊局季煥麟等均是共諜，其他我所未知者，當尚有許多，鑒於西安 DAB 之被突襲，可知共諜橫行，其勢之盛矣。茲以我所知之戴中溶之事簡述之，可見我亦早已在共諜綱中矣，戴君為上海交通大學電機系畢業，早於民國廿一年由其同學陳南琛兄（在第一師充教官）介紹來第一師電訊班充教官（班主任為王微兄，是機要室主任），後即隨軍自安慶至天水駐軍。至民國三十六年時充西安長官部電訓班主任，任機要室主任兼無線電管理處長，在王微將軍管轄之下，戴算是第二號人物，已是十多年的可靠幹部，與王微兄交誼不錯，亦接近機要室也。豈知我們於三十六年九月三十日破獲西安共諜電臺時，竟發現戴某竟是共方情報員，又他的電訓班副官竟是該共諜台的外交通員，真是不可思議，那麼一切謎樣的事故，都有所解答了。第一，西安 DAB 測向台的重要性，別人不會懂，他是交大電機系當然懂得，第二，我去延安，綏署指定戴某陪同招待，我們一切電訊情報工作的進行，他都清楚，中共當然同樣清楚，故榆樹峁子彭德懷總部事先逃脫，清澗測向台被俘，我們延安工作隊之共俘同時間逃脫各事，戴某是內線，第三，戴某在西安綏署不但清楚全部無線電通訊，且可出入機要室，對於密碼及軍事消息，都是近水樓臺，而在延安指

揮所，亦可接近參謀處，對於軍事消息，所知必多，有利於
中共之軍事，實無可估量也。按戴某為嘉定人，其堂妹戴中
涓是共黨，家族中似尚有共黨份子，可惜戴某被捕，軍統局
（已改組為保密局）偵詢，沒有深入淘其既往實事，加以研
究，真是落伍之至，而對整個與共產黨無形之間諜情報戰，亦
落後一大截，他們且懂得運用電訊與密碼的間諜，高招也。

5.吾在西北時的見聞，得知延安有蘇俄人員工作處所及中共對於通訊及密碼運作的長處，實非國軍所能及

我于攻下延安後一個多月才到達（我於 36 年二月初才
接任技術研究室），那實是個貧苦荒野之地，我急急去楊家
嶺與安塞，想找尋中共的通訊破密及情報等資料或遺跡，但
一無所得，只有棗園內一幢石造洋式房屋，其內容佈置，顯
得洋式，看到架天綫的絕緣子及沖洗照相的水盆的遺跡，大
概是蘇俄人員的電臺及沖洗暗室，顯然是特務工作處所也。
西安綏署亦未提及任何此方面之資料，中共之不守延安，乃
有計劃之撤退，故無所遺留也！我第二次去西安時，向王微
主任提議，請在俘虜中找尋通訊及機要人員（聽說俘虜有幾
千人之多），不久找到一位李先念部下的電臺人員甄某，他
只有小學程度，自幼即混在紅軍中，學會無線電收發，即在
電臺工作，空下來即抄收廣播，及國軍部隊的簡易密電，常
能譯得有用情報，可見國軍電臺不保密之嚴重，我於是亦瞭
解中共之弱勢部隊，能處在四面國軍中，得乘虛蹈隙而存
在，亦瞭解以一個小學程度的電訊人員，竟可抄譯得電訊情
報，更瞭解國軍對於俘虜，竟不知下工夫去研究敵情也。

又據王微主任見告“以後凡遇到中共作戰時，戰前共方

常使用通訊靜止，以防我方偵測”及“在延安附近掘出共軍埋藏的檔中，有大量破譯我方勝利後軍隊改編的電報資料”云云。

我在延安楊家嶺山溝內（共方軍委所在地），看到其通訊人員訓練機構的部份遺跡，據說其選擇與管訓甚嚴，第一，必須是黨員，第二，外出時，必須二人以上同行，不能單獨外出的，當然還有其他限制。至於譯電人員統稱機要員，更須出身成份好，黨性強，紀律嚴，控制也更嚴密，所以基本上，中共對這一部門的安全措施，比我們強化多了。

又中共軍中電臺的通訊人員，於空暇時，即自動編寫亂數加碼表，由電臺拍發給對方電臺應用，我們有時抄收到這種電報資料，經分析後，認為是假電報，用來平衡數量的欺騙作用（按通訊分析中的收發數量增減，亦是一項敵情的徵候），其實是在傳送亂數加碼本，共軍於條件不足的環境中，用此辦法實很巧妙，高明，高明！

6.蔣委員長發覺國軍郵寄的密碼本，被共諜所竊，才命吾改進。乃實施一次一密，改派專員遞送。

民國卅六年上半年某日，蔣委員長在黃埔路官邸內，召見第二廳長鄭介民，國府機要室主任毛慶祥及我，考查密碼本分發使用情形，問毛主任南昌的密碼本如何遞送的，毛答，是密封郵寄的（密封者，指用火漆印封），又問，西安的密本如何遞送的，毛仍答，是密封郵寄的，委員長聽後，怒容滿面，大聲斥責說“這樣沒有常識，密本失落到中共手中去了”，毛主任還分辯說，他與郵政局訂有一個“最機密遞送的協定，是可靠的”。委員長更怒連說“槍斃你！”掉頭而去，並面囑我迅速改進。似乎委員長接到西安方面的報告，諒是發現其收到之密碼本，其密封有拆封之跡象也。我乃籌畫準備，用原來之密本印刷廠之古老鉛印設備，印製一板五十頁之百碼亂數加碼表，共印壹萬板，計五十萬頁，可抽配成 5000 本加碼表，每本為 10000 組加碼。並規定使用辦法，一種為通電本，一種為通用本，限十個單位內可以互相通用之辦法，另一種為專通本，如此，雖有重複使用加碼頁之可能，但其或然率甚微，以一般技術能力，須要重複十疊條方能破譯者，則以當時尚無電算機（電腦），雖非真純的一次一密，中共亦絕無破譯之能力也。另外派專員投送密碼本表至各剿共總部綏靖公署，再由各總部專員分送到各部隊，終於同年八月份起使用新密碼表，已接近一次一密及一密到底之標準矣。

7. 國防部第二廳侯騰廳長促使各部隊長使用通話的代字座標密語。

國軍通訊當時是聯勤總部通訊署所管轄，乃承軍政部交通司之傳統，它只管"通"，不管保密的。第二廳長侯騰，字飛霞，乃軍校六期及陸大畢業之優秀者，與前方軍師長大都是熟友，他大概發現與各部隊長通話保密不夠，所以同我商量如何編制一份密語表及座標圖，密語表內有幾百組為部隊番號及人名均以三位數字代表，座標圖者將作戰地區地圖加劃經緯線，以數字代替地名，通話時放在旁邊使用，當然不甚方便，然亦無他法可想也。也許侯廳長與第三廳（作戰）長商定後，分發徐州剿總所轄各部隊長使用，至於使用情形如何，我均不知，我還以為是通有線電話之用也。後來於民國卅九（或四十）年蔣委員長（當時已復任總統）在臺北陽明山紀念周會上，檢討大陸軍事失敗原因時，稱國軍軍師長用無線電話呼救兵，以致洩密，招致司令部被突襲，軍師長被俘等情（同時亦宣稱大陸軍事失敗由彼自行負責云云）我才確知此乃當時美援無綫電報話兩用機 ACR-284，國軍定為制式裝備之禍也。按此機通話原有保密器，運來中國時已拆除，不論美方有意無意，國軍通信主管竟不察，比之中共相差遠矣。

以我個人來說，自卅六年初接任技術研究室後，所碰到的就是共諜為祟，半年多來創建了偵測情報技術，情報迭有收穫，亦隨即遭到破壞，當時竟無能追索到此項幽靈。也許我所從事的工作，全是通信密碼及情報等敏感之事，而中共則早有此認識，預作佈置，所以在南京在西安在延安都一一碰到，不能不說中共深謀遠慮之卓見也。此種情形，也許未為他人所遭遇到者，但我之體會甚深、故促使後來在臺灣時期之保密措施，大為改進，共諜固未得窺，而竟遭國家安全局副局長黃德美等，以為我技術研究室的門關得太緊，對於工作隔絕固封太嚴，而稱我為一霸焉。

8.我們電訊偵測情報之遭遇，可見得敵我形勢之消長

中共軍用無綫電通訊雖變化頻繁，以抵制我們的偵測技術，是增加我們的困難，但所獲情報仍是及時而正確有用，亦是促使我們技術上得到進步的，茲略舉其大要如次：

（1）卅年二月，電訊情報測得陳毅（三野）的一個師級電臺在商丘縣沙岡集，國軍派部隊擊潰之。

（2）卅六年五月我瀋陽偵測隊測獲林彪共軍之行動而

解四平街之圍，杜長官聿明，特發獎金五萬元給該隊（隊長為冉一鶴）

（3）卅六年七月劉戡軍長參用電訊情報獲勝，既免被共軍伏擊，且俘獲四百餘人（隊長為鄭明經）。

（4）卅六年九月劉戡軍長又一次參用偵測情報獲勝。

（5）卅七年四月偵得陳賡兩個縱隊與孔從周部進犯洛陽，我青年軍二〇六師強烈抵抗，無法攻下，三月廿六日原踞扶溝（開封之南，許昌之東）之陳毅第三第八兩個縱隊（此兩縱隊為陳毅之主力）越過平漢鐵路，以三天高速急行軍（共軍行軍快速，為國軍所不及），向偃師附近集結，偵測得甚為清楚，但地面情報則說陳毅三，八兩縱隊，系在開封以南地區，將進犯開封，這兩種不同的情報，國防部主持作戰者採信地面情報，因而遲誤了馳援洛陽的部署，竟任令洛陽於四月七日陷共（按第三，八兩縱隊為陳毅之主力，獲知其動向，甚易判明共軍之企圖）。

（6）卅七年六月，共陷開封，我們偵測情報，事前已有報導，又是主管作戰的第三廳不採信電訊情報之過，其詳情不贅了。

（7）卅七年九月，共陷濟南，事前提出情報。

（8）卅七年中秋，電訊情報解徐州之危。

9. 卅七年十一月黃伯韜兵團不幸覆歿

當年徐州會戰，國軍主力各軍都參預，黃伯韜兵團被共軍圍於隴海路之碾莊，我們有很清楚的偵察情報，邱清泉的機械化兵團奉命派出裝甲重裝備部隊，自徐州向東前進去救援，另外還有自東海一個兵團派出部隊，自西前進，亦已過新安，當裝甲部隊前進，只距碾莊不到二十公里的八義集，不知何故，竟停頓下來，未前進。我每天注視共軍動態，以為如用裝甲部隊輔以空軍（我空軍每天飛碾莊去投糧彈）每天進展二，三公里，決非難事，那麼經過一周到十天，亦可打通與黃兵團會師，加上東海的援軍一到，反可切斷共軍的包圍圈，予以個別反包圍，共軍必無幸理，反而我偵測得共軍兩個縱隊自淮陰鹽城方面去增援共軍之包圍圈，兩天之後（二十日）發動攻擊。碾莊陷落，廿二日黃將軍自殺成仁，真真可惜，不知國軍如何指揮作戰的。到臺灣後，有雜誌說邱救援不力，因邱黃二司令間有不洽云云，又有雜誌稱主持國軍作戰的參謀次長劉斐是共諜，此二項說法都有道理，徐蚌會戰，（中共稱淮海戰役）失敗後，主力已失，自此竟一蹶不振，搖動國本，終致大陸全陷之禍矣。

10. 我創建電訊偵測情報，自有其淵源與價值，惟國軍將領不善使用，中共則認識清楚，強力抗拒，此項差距，顯出作戰之優劣矣。

卅六年秋，國防部判斷共軍已被擊潰，但我們偵測情報顯示共軍正在發展，按卅六年初政府才決定軍事行動，三月份收復延安，九月份以前，中原戰場劉伯承部逼入豫東，陳毅部竄入沂蒙山區，繼又退入黃河以北，國軍又肅清了膠濟路之共軍，這一連串勝利，國防部以為共軍已被擊潰，甚為樂觀，當然國軍優勢兵力，以軍事學公算來衡量，此項直覺國軍將領大都如此。（正因如此，所以收復赤都延安，雖是空城，而仍躊躇滿志）。但我偵測情報所示，情況並不如此，當時我特別慎重地將戰前與中共退入黃河北岸後的通訊狀況，作成比較圖，說明共軍高級台原為七座，僅損失一座，團級台雖損失十四座，但不久仍出現，且已補充足，其軍級台，反見增加，此兩個月來與蘇北共軍電臺已打成一片來看，顯示共軍並未被擊潰，不過是其作戰後須整補，是戰略上的退卻，必將待時而動，更在結語上，並肯定地指出"如果共軍如此發展，一年內，可將徐州包圍"，這一拂逆國防部主持作戰人員意志的情報文件，自然不被採信，或且以為是胡說，第三廳要我們指出每一電臺的地點與共軍番號，這一批答，一般人看來是作難，在我看來，不啻要摧毀我們的偵測工作，如果真實地將共台報出，這些共台一定會消失，我們出不出情報了。豈知事實證明卅七年十月共方就以六十萬之眾圍攻徐州，與我們一年前的判斷，完全符合。這並不是什麼神妙預測，不過是我正常的推理而已。

這些事實，乃說明我們密電情報雖然遭三次洩密，已無密電情報，可是同時間即創建了偵測情報，最主要是靠了十二架精緻的 DAB 測向機，匆促建成偵測情報，正確而有效，我有理論，有實際，摸索成功，要比抗戰期間中蘇合作之情報台的電訊資料配合地面情報之作法，更進步，我們是全憑電訊資料獨立完成的。這種偵測情報是以電訊資料經過通訊分析（Traffic Analysis，又密電情報是經過 Crypto Analysis）而後得到的，我第一是得到中美合作所美方負責人梅樂斯將軍的啟發，他於日軍進攻江西省時，曾很得意地告訴我，中美所第六組（偵測組）偵得日本海軍軍艦的幾個呼號，上沿長江至九江，他研判這一隊運輸艦，照理必有若干數量的護航驅逐艦伴行（成陣），其任務為進攻江西之用，乃向飛虎隊陣納德將軍（美國志願軍）請求派機去轟炸此一艦隊，轟炸著了，證知第六組偵測確實，而第六組偵測人員都是我所指派者也。實質上使我領悟了，這就是偵測情報的要領也。第二，我進入陸軍大學將官班，幾個月的戰略戰術軍事知識，及作戰計畫的常規，窺得陸軍作戰的要領，拼湊上我無線電通訊的實務經驗與理解，所以能迅速建成，亦是時勢所逼出來的。中共通訊雖變化多端，甚至比蘇俄的通訊保密還要嚴密，而我們的技術分析能力，仍終始獲得其情報者，亦自有其所自，只可惜我們國軍將領大都對此技術仍佰生，不知善用。然而中共認識其高價值，自始即千方百計破壞與對抗也。

11.破獲華北五座共諜電臺雖贏得優勝，而運用未盡大利

民國卅六年九月間，北平電訊監測科劉醒吾會同北平偵收工作隊王惠民，偵破共諜李政宣的秘密電臺，並擴大破獲潘陽承德西安及蘭州的共諜電臺，及其有關共諜數十人之多，都已滲透各該地區黨政軍及文化各機關內，獲得可靠掩護，甚至北平及保定的第十一戰區長官部（長官為孫連仲將軍）內處長多人，與西安胡宗南將軍總部內之高級通訊主管都是共諜，真是洋洋大觀，觸目驚心，我們黨政軍及文化各部門之千瘡百孔，反映共產黨間諜之大成功也。當時係鄭介民將軍以調處執行部三人小組委員之一的身份，駐北平辦公，並兼保密局局長，北平電監科正隸屬於他，破獲北平諜臺後，他批交保密局，由主任秘書毛人鳳實際負責拘捕各地共諜，予以偵訊處理，而並沒有刺激起政府各部門的保防警覺的加強或改進，似未免太麻木不仁了，豈是中共之對手！

　　該北平諜台是與延安康生總部電臺聯絡的，於九月廿十四日清晨捕獲後，曾繼續冒通聯絡，拍發電報，直到各地共諜電臺破獲多起，為共方警覺，方於十月十九日停止通訊。此北平共諜組織的負責人趙耀斌及諜台四人逮捕後，除北平保定二地約廿人的龐大間諜網破獲外，並供出瀋陽承德西安蘭州四諜台及其情報組織之人員共三十餘人。趙為共方華北東北西北方面總負責人，真名為鄭會宸，化名趙子芳，趙雪珩、石堅等，曾任共黨情報部長康生的政治秘書，據稱日寇投降後，中共加強地下活動，向察熱平津，東北華北各地轉移擴建，其時都利用軍事調處執行部為掩護，主其事者為中共中央社會部部長李克農，註：軍調部撤銷後，改由中共情報部康生派趙耀斌接手，不論西安蘭州北平瀋陽承德各地都利用政府方面人事關係滲透，因此很容易將各地諜台和情報組織建立起來。趙耀斌留在保密局工作。到臺灣後，我曾晤談幾次，他還不信為電訊偵測所破獲也。

　　註：據傳記文學雜誌所載蔡孟堅先生大作，有云潛伏在我中央黨部組織部調查科徐恩曾先生處之機要秘書錢壯飛，就是李克農云云。我認識錢某，看了李之照片，戴上黑眼鏡，略駝背，是很像錢某。

　　於此我亦自認沒有遠見，何不追蹤康生總部電臺之通訊網，去找尋其全部秘密電臺呢！諒是我在南京，並未直接接觸，只見到北平電監科劉醒吾報來之檔，故未能深入乎？這亦是我們政府一般風氣如此，只顧眼前耳。所以破了偌大的重要諜報系統，以我估計，只不過使北平和華北的淪陷遲了一年時間而已。整體而言，我方欠作為，並欠積極性也。

12.破獲上海共諜電臺兩座，惜對於上海保衛毫無貢獻。
　大勢所趨，抗共已無力．

民國三十七年十二月三十日，上海警備總部電訊監察科係查綏之主持，破獲滬北共諜中央情報部李靜安（男女二人）諜台，與延安通訊，破後我即去上海諜台台址察看，是裝在三層樓上，我即促設法拘捕其情報組織，先捕獲電臺交通員俞守中，押在總部稽查處，（處長何龍慶，是保密局的機構），豈知於次日，即被稽查處放走了，另一名共幹是電影名導演某某（其名字中有一楚字），去其住處拘捕時，稱已於昨日去香港云云，其住處，乃是賀公館。於是線索一斷，就無從發展。原來俞為我政府行政院政務委員賀耀祖的秘書也。賀耀祖當過委員長侍從室主任時，曾名義上兼任軍統局局長，此時已通投中共了。

又三十八年三月十八日清晨，在徐家滙破獲共諜秦鴻鈞電臺一座，每二三天與延安通報一次，另捕獲其交通員張某。其他高級共幹吳德峰，諜員王兆祥等，均未捕獲，蓋此時正在和談期間，即以前在北平西安所拘捕的許多共諜，已被代總統李宗仁視作政治犯而釋放了，因此秦台的破獲也無更大的作用了。所以對上海保衛戰，亦毫無貢獻，只能說捉共諜不是時候也。

可見上海未被軍事佔領，已被共諜先佔領了，慘痛的教訓！

13.共黨間諜蔓延，我個人似乎到處碰著，足以概見一般

民國三十八年十一月廿七日，我在重慶向委員長侍衛長俞濟時局長請撥派飛機，撤走人機回臺灣，嗣即接其電話謂

委員長已批准指派兩架，不夠者，可暫去成都云云。我於廿八日洽得飛機一架飛出，廿九日半夜，我再率領卡車人員由復興關（國防部臨時辦公處）赴市郊大坪的無線電總台接運人機時，不料總台內有附共份子三，四人鼓動員工威脅總台長于熾生要增發遣散費，阻我卡車開行（我乃臨時由臺灣飛渝照顧同志者，于總台長等未察知有附共份子），後經忠貞同志鎮攝，方得開行，於清晨五時半才抵白市驛機場，其他在渝同志由冉一鶴袁士奇同志率領用卡車赴成都，同日下午重慶即陷落。我才知當軍令部成立電訊總隊公開招生時，即有共黨份子應考，來潛伏多年，至此才暴露，於總台長熾生，乃是忠厚老實人，竟始終未察。又重慶陷落後，即有地方共幹來我郊區相國寺住處，查詢我的行蹤。

又上海於三十八年五月淪陷後，亦有共幹向我朋友處查詢我的行蹤。

當卅八年初，我到臺灣，以淡水海濱蓬萊閣浴場為辦公處，建立技術研究室的工作，竟有女共諜藉臺北國語日報館關係，活動引誘本室統計機管理員段某（四川大學出身）供給資料，幸一開始即予破獲（由內政部調查局破某一共諜組織時，牽聯破獲），豈知不久有同鄉朋友包君，原學中醫，後進過江灣勞動大學，抗戰時在我主持的軍用譯電人員訓練班（班址在貴州遵義湘山寺）任職，勝利後員後，無聯絡，竟自香港來函，要求入境來台，我明知此乃啣共黨之命，來向我作說客者，考慮免得犧牲他，而置之不理，其事乃寢，故來台之後我處再無共諜滲入矣。

依我看來，共黨共諜縱橫滲透之烈實非一般人所能體會，尤其對於敏感機構，故原來力行社所創辦之交通研究所（在南京，主持者為酆悌將軍，酆後來在長沙大火一案件中犧牲了），實在很有其潛在價值，可惜中途變計，於民國廿四年停辦，否則正是針對它的抵抗之力量。抗戰前力行社特務處所辦杭州特訓班之組織精神亦是可對抗者也。

14.共諜黃曰騄（現名黃辛白）之成就

民國三十六，七年間，有共黨份子黃曰騄者，嘉定人，時常現身上海，似有任務在身者，我雖知之，但以共諜之事，乃保密局（原軍統局）之職責，毛局長人鳳，時正忙於繼任局務，重在整肅異已，故我未曾告彼。卅十年後，黃曰騄已改名為黃辛白，任職北京高教部副部長（其妻錢正英亦任職水利部部長）曾宴請其族侄黃惟峰君（美國籍，為我義子，習核子物理，為美國路易維爾大學資深教授〕，曾於民國六十七，八年第一次回大陸講學時，黃辛白曾親言當年他在南京穿上國軍少校軍服，就可以“大搖大擺”自由出入上海和蘇北共區，毫無阻礙，從無人查問，共軍前線部隊接到軍事情報（即作戰命令）常在國軍前線部隊接到之前，所以國民黨軍隊怎麼能打呢！云云。黃惟峰君于同年回臺灣時曾對我言之，或者黃辛白亦即是與我所主持的技術研究室內之共諜聯絡交通之人乎！1987 年消息，高教部撤銷後改組為國家高等教育委員會，較部級高一層，黃辛白連任委員，又報載錢正英於十三大會中，當選共黨中央委員，可見其酬庸之盛也。

臺灣有一本萬象月刊雜誌（可惜主持人已逝世，似已停刊）專門搜集披露此項共情共諜報導者，曾有文章直指國防部參謀次長劉斐是共諜，供共情報，亦道及國軍前線尚未接到作戰命令時，而共方前線早已得知，又稱毛澤東曾於某次獎評軍事勝利的會議上，特向與會高級將領稱，你們都不知道的功勞最大的，要推劉斐劉為章同志了云云。

我所確知者，為劉斐的一幢參謀次長辦公室，在國防部內最後方，距蔣委員長官邸甚近，可以常步行過去指示作戰機宜者，劉斐是主持對共黨全盤作戰計劃，故第二廳第三廳均在其指揮之下，而我主持的技術研究室又在第二廳之下。

以我之見，要確知國軍戰敗之真因真相，莫過於向中共探詢資料。方為準確。

15.毛澤東倡言不打沒有把握的仗，自有其共諜背景

民國卅八年，京滬已失，我們退到臺灣來後，我曾於中共的人民日報上看到毛澤東公開倡言，"不打沒有把握的仗"云云。當時我初聽時，深覺其得意忘形，口出狂言，繼而細味之，乃悟到其語出有因，蓋以其情報，滲透及顛覆二部曲之成就，確能"不打沒有把握的仗"也。

後來中共於卅八年十月，福建軍區發動共軍萬餘來攻金門古寧頭，以無滲透顛覆之利，國軍才獲全勝，又十一月登步島國軍再報大捷。當時，國軍乃自大陸撤退下來的殘餘之師，何以在大陸時，竟處處敗仗，不堪一擊，而渡海到金門，登步之海島，而能兩戰兩勝呢，我可斷言，這是福建軍區頭頭，不懂毛澤東打仗的用間情報之訣竅也。後來於四十四年一月，中共猛攻侵佔一江山（浙江沿海，大陳島之西北）之後，那就不同了，這是中共中央發動的必勝之形勢。所以中共作戰之勝，全在情報滲透顛覆之運用也。

16.一個小插曲，顯出大問題

　　當卅七年十一月，徐蚌會戰黃伯韜兵團被圍時，突於某日晚上，南京上海兩地晚報都出號外新聞，說是圍黃兵團之共軍，以糧食不繼，有向西北撤退之現象云云，民間且燃放炮竹，以志慶賀者，大家甚為高興也。豈知二，三天後，報紙又報導黃兵團覆滅，黃將軍自裁成仁云云，弄得大家莫明其妙，一頭霧水，鬧成笑話，失信於民，於是大眾暗中競聽聲音不強之中共廣播電臺，於是中共消息流傳甚廣了，事後政府亦無聲明解惑，任令民間失去信心。

　　其時我獲覩此號外新聞，甚覺奇怪，乃即晚馳赴小營偵測總台（在國防部之旁）查閱各項偵測資料，直到半夜兩點鐘始竣事，斷定共軍並無移動跡象，且更發現此項圍攻黃兵團之共軍電臺，另新聯絡兩個縱隊電臺，在碾莊東南方淮陰鹽城地區，有電報來往，即於清晨報出，所以澄清空軍所見之情況（我空軍飛機前去碾莊投送補給時，看見共軍之牲口大車若干向西北方去）並非撤退之誤斷，並報明有新情況，共軍不但未撤退，反而有兩個縱隊來增援，加強其包圍圈等情，不過我不能把此推斷意義，明寫於情報文字上，那是超出了我的責份，（我自定忠實地反映通訊情況為止，軍情研判乃屬軍事參謀之事）但凡有軍事常識者，必能懂得其軍事意義也。

　　此項情報，報第二廳後，轉達第三廳（主管作戰）及參謀次長室，我不知其作何處理，惟不見有何動靜反應，二天後共軍即發動攻勢，黃兵團已被困十天以上，久疲之師，自然抵擋不住，以致次日（二十日）碾莊陷落，二十二日黃將軍壯烈自殺成仁矣。

由此可見，此項電訊偵測情報，對於國軍將領是一項新事物，可能還是半信半疑，不善使用，故不及中共之高明，亦可見矣。

俟三十八年我們撤退來台，於十月廿六日蔣總裁對本室幹部同志訓話時，宣告以後"仍舊直接來領導你們"云云。又自四十四年四月一日起改組本室直隸國防部（原隸第二廳，於民國四十年時蔣總統曾下令本室直隸國防部，因參謀總長周至柔反對而作罷）之後，蔣總統及彭參謀總長孟緝，均能善用此項情報，為國軍建立不少事功，所以在民國48，49及50年三年的軍事會議席上，蔣總統講評時，竟連續三年予以讚譽嘉獎也，可是參謀總長王叔銘（空軍上將）尚無此認識，不善使用，良以國軍將領風行決心與勇敢而不重學術也。

17. 民國卅七年四次中原戰役，均未能善用電訊情報以致失敗。導致涂蚌會戰潰敗而影響國府退出大陸

我於卅六年二月接任技術研究室工作以後，創建電訊情報，不遺餘力，效果雖宏，但國防部第三廳未能採信，終難收效。當我國軍於上半年收復陝北延安後，其中原戰場九月份以前，已將劉伯承部逼入豫東，陳毅部竄入山東沂蒙山區，繼退入黃河以北，另又肅清了膠濟路之共軍，這一連串之成就，國防部第三廳判斷共軍已被擊潰，甚為樂觀，即參謀總長陳誠將軍亦信三個月內可肅清也。（陳誠將軍不久即去滬割治胃病）但我偵測情報所顯示者並不如此，我乃特別慎重地將戰前與共軍退入黃河北岸後的電訊狀況，作成比較

圖，說明之（已如上述），而第三廳（主持作戰）未予採信。

又三十七年六月共軍陷開封，我偵測情報事前已有報導。

陳毅部三，八兩縱隊於四月七日攻陷洛陽後，曾在伊揚附近（在洛陽之南）整理，六月上旬又經襄城東進，越過平漢鐵路，都為我偵測情報判明呈報。六月十六日開封守軍急電國防部亦說陳留附近（在開封東南三十公里）有不明番號部隊二萬多人，可是當時地面情報竟稱陳毅三，八兩縱隊將襲取鄭州，因之國防部遂未對開封作任何措施。二十二日開封失陷，事後開軍事會議檢討責任，第三廳諉過第二廳，經第二廳第三處將我們的偵測情報提出後，證明情報方面並無責任。

又三十七年九月共軍陷濟南，事前我們提出情報

陳毅共軍在豫東戰後，已無人判明其動向，惟我偵測情報指出在兗州一帶整理，隨即偵明其開始向濟南行動，我當時偕同副主任蕭堅白（軍校六期）出席第二廳會報時提出此項情況與研判理由，至九月十六日，濟南果遭圍攻，二十五日陷落。濟南陷後，共軍整補地點，仍為我們偵悉，亦同為地面情報所證實，但竟未派部隊追剿，如共軍整補不及完成，即不能發動次一戰役，國防部似未知此理也。

又卅七年十一月黃伯韜兵團不幸失敗，上文已詳述茲不贅敘。

綜觀以上卅七年四次戰役，每次戰役前，電訊情報都有顯示共軍之動向，豈知一年來任令陳毅共軍三，八兩縱隊縱橫中原徐魯間，來圍攻我大城市，我軍必死守，救援總不

及；反之，共軍如攻國軍不下，則可一再增援，似毫無牽
制，我軍終於被消滅而後已。又共軍每次戰役後，須二個月
時間之整補（國防部以為是擊潰遁走了，其實是在整補
中），而國軍亦必按兵不動，聽其養壯後再來吃我國軍，如
此用兵作戰，如何會不敗呢！所以即使最強勁的機械化重武
器之邱清泉兵團，亦不免于隴海路南永城一帶，被深濠阻
困，機械化部隊失其威力，終於在天寒地凍中，糧彈不濟下
覆滅了。自此以後其他國軍，都已望風而卻矣。雖一向善戰
如華中剿總白崇禧將軍及京滬警備總部湯恩伯將軍，尚有若
干完整之師及海空軍，亦均自亂腳步，無心拼鬥。西南一隅
之胡宗南大軍，最後亦被圍瓦解，而大陸變色矣。

　　至於此邱兵團之被陷入中共所佈置好的濠溝絕地，那絕
對是國防部命令邱兵團的作戰行動，被預先知道，乃可設計
予以困死，並非一拳去一腳來的打敗也。此所以毛澤東要說功
勞最大要推劉斐同志了！（國防部主持作戰計畫的參謀次長）

　　又國軍之不懂電訊情報與共軍之重視電訊情報，而冒險
來俘奪我西安清澗測向台人機之事相比，則其相差則甚遠矣。

　　我按此乃中共受益於蘇俄之先進知識也。當國民革命軍
於民國十六年，在上海設廠製造短波無線電機，開創中國短
波無線電通訊時代時，中共之滬漢機構間，已密用短波無線
電通訊，又俄顧問包羅廷在漢口設有短波無線電機，密與蘇
俄聯絡。國民革命軍請有德國軍事顧問，其通訊顧問為史脫
次納尉官，乃第一次世界大戰時之有綫電話操作士官，國軍
主持軍用通訊之保定軍校交通科（設有無綫電課程）出身的
幾位將軍，都沒有無線電可被偵測之知識與素養。民國卅六

年共軍攻奪我方清潤測向台之人機，尤為特出高明，決非國人所識，當出自蘇俄通訊軍官，決無疑問。

18.長江天塹，竟被中共以帆船渡江，兵不血刃，傳聞江陰炮壘要塞司令戴戎克已被共諜收買。

徐蚌會戰時，國軍尚擁有絕對優勢兵力，（似為二與一之比，且尚有機械化重式裝兵團及海空軍）潰敗後，蔣總統下野，由副總統李宗仁代，進行和平會談。事實上，地形有長江天塹為阻，京滬有湯恩伯部隊，華中有白崇禧部隊，另有海空軍為助，（中共無海空軍）尚可隔江而守，歷史上有此明證，如國民黨尚能團結一致，要識得能戰始有和平，始有生路，未嘗不能守住江南。按南宋高宗時，殺岳飛而與金議和後，國勢十分衰弱，廿年後（紹與三十一年）金兵入侵時，朝野驚震，進士出身之虞允文以文人參謀軍事，憑其個人才智，指揮諸將，大破金兵於采口磯預計之戰場，賴此一役，卒保南宋偏安，百餘年後，乃亡於元也。今長江天塹我們還有海空軍，竟於一夜之間共軍于江陰荻港，以帆船進兵江南，兵不血刃，莫明其妙即失陷了，我們那裏還可有第二個天塹呢！實在說不過去，不過後來於卅九年蔣委員長在臺北陽明山周會上，曾宣稱大陸之失，由他自己負其責云云，這麼一說，所以一切都不究了。事後傳聞江陰炮臺要塞司令戴戎克被共諜滲透，以二十根金條收買云云。又北平中共的"革命歷史陳列館"中還將一艘帆船陳列其中，說是第一艘試探渡江登陸成功的。

以我看來，荻港亦未經戰鬥，即被共軍渡江登陸，當然都是共諜作用。出荻港乃迂迴南京，出江陰乃迴上海，如此嚴重之失策失敗，我們官方與民間，都噤若寒蟬，漠然無研究之者；觀乎珍珠港事變之失策失敗，美國朝野，引為奇恥大辱，研究立論之文辯，不下百種，兩國國情強弱之不同，於此知之，悲夫！

19.蔣公於卅九年初，在臺北陽明山周會上，檢討國軍失敗之因

卅八年蔣公下野後，致力於籌建臺灣基地，和支撐大陸最後據點之川康地區，並於陽明山創設革命實踐研究院，研究大陸失敗之因素（是失敗成謎，大家莫明其妙）及訓練新幹部，改造國民黨等主要事項，卅九年初，蔣公於陽明山周會上，檢討大陸軍事失敗時，曾宣稱國軍軍師長於戰事不利時，往往拿起無線電話機，直喊救兵，與空投支援，殊不知不叫還可，你越叫救兵，越急，越會招致共軍前來猛攻，如此洩密，暴露你司令部弱點，使共軍直撲司令部，我們軍師長就是這樣被俘的云云。我是第一次聽到此項率直坦白的宣佈，但他沒有說及其他一個重要因素 —— 共諜滲透。

按國軍於勝利復員後，曾接受一批美援軍用物資，包括無線電報話兩用機 SCR-284 若干架，國軍定為制式裝備。事實上，此項無線電機有保密器裝置，諒事關軍事技術機密，所以美軍拆除整理後，才交給國軍的，而我們主其事者，正喜其有新電機，要比我們原有的好得太多，而惘然不知其弊；國軍將領亦不明其害，而自入陷阱矣。當然我們並無證據說此乃美軍有意為之而陰利中共者，惟普遍使用不保密之軍用通訊，正是整個國軍知識不足，認識不夠之明證也。

20. 韓戰時俘獲中共第 60 軍第 180 師機要科科長，證實大陸時代共諜潛在技術研究室之成就.

中共第 60 軍第 180 師機要科長在韓戰中被俘後，由美國中央情報局駐台代表移來利用，經詢明彼在山西省某地受譯電訓練時，其教材中有某種指標辦法及疊字被破譯之缺點來警惕他們。按我們破譯豫西，伏牛山軍區及其四個軍分區所屬部隊及三十八軍所部電臺計有廿六座之多，其密碼是 5000 組亂數加碼，其指標甚為複雜計有 "指手標" "密名" "起點" 及 "校對起點" 四項，其電文內之專門名詞及數目字都用疊字法，如 "孔孔從從周周" 其實即孔從周三字也。這種方法習慣不是我們中國所通用，國際間通訊界稱為 Coll（Collation）校對之意，顯然是蘇俄人士所教習者。我們憑藉其指標，先解脫其亂數加碼後，再憑藉此疊字來研譯其明文，比較便利多多，此乃民國卅六年五月間事。所以我一看到該項教材，就是我們所破譯的豫密（豫南軍區所用）及伏牛山密的資料，證實技術研究室內有深入之共諜也。因此中共很容易針對它的破綻，來改進他們的密電保密，確使我們以後就破不了中共的高級密碼了，看不見的損害，其大無比。這就不能不說是受毛主任慶祥所賜矣。（按軍統局人員本質上，組織較嚴密，保防力亦較強，自毛主任慶祥民國三十一，二年間，將軍統人員摒出於技術研究室後，諒保防不夠嚴密）。

21. 敵艦瑞金號沉沒浙海後，我設法洽請海總潛取其密碼，未能得手

在大陳戰役初期，我艦曾擊傷中共 500 噸級的作戰艦

（似為瑞金號）於大陳以北之海域，於其返航途中沉沒，我是從破譯中共密電中獲悉其沉沒地點，我想要獲得其密碼本，而中共亦沒有公開此訊，所以我未將此訊編入情報報告內，以免洩密，另乃約請海軍總部政治部主任趙龍文將軍，亦是好友，且深懂情報者，托他在該海域地點派船艦用潛水夫下水去尋覓該瑞金號沉艦，盜取其密碼本，承其慨允執行，不意經月餘後，趙主任回報說，已派船艦前去，由潛水夫下水去找尋，但未找著，因作業地點，已靠近大陸，危險多，不便久留，故無功而返云云。按趙先生是能者，有見識者，竟未能成功，惜哉！也許當時海軍總部未出全力，因這只是幫技術研究室去冒險行事而已，是我當時方法用錯了，沒有報請總統下令責成海總去辦。不過總結說來，我們是不及中共之能發動兩個縱隊的大軍，去擄獲清澗測向台人機之高明了！當然更不如蘇俄於二次大戰開始時，於波羅的海，近德國海口擊沉一艘德艦後，潛水得其密碼本，且贈送給英國去利用。尤其不如美國中央情報局經過許多困難周折，花了巨大經費，於 1970 年在夏威夷西北方 750 浬海域處，深17000 尺海底去打撈蘇俄於 1968 年沉沒之三門核子飛彈的潛艇，冀獲取其機要裝備，而卒於一九七四年夏季完成工作，（按此事曾披露於“美國新聞及世界報導”雜誌上，惟其結果收穫如何，未見披露報導）。

22.中共的特務情報機要保防等體系組織之嚴密遠勝我方

抗戰勝利，還都復員，整個軍事委員會改組，依照美國制式，成立國防部，將軍事委員會技術研究室，改隸於國防部第二廳之下負責軍電密碼之編印發及電訊破密情報，真是草率從事，事實上其時確實亂烘烘，十分散漫，不符最機密業務防護之需要。軍事委員會調查統計局，忙於拘禁全國漢奸，連帶沒收其產業及指揮各路交警總隊來護全國鐵路（中共破壞鐵路，俗稱扒路）故未發揮其軍政保密之任務。相反的，中共的通訊密碼及電訊偵譯情報等部門一向都在軍委下設局辦理，管制得嚴，保密得好，我人簡直一無所知，至於特務，我亦只知康生總部（民國卅六年破獲北方共諜電臺時所知名稱）及政治保衛部等名稱而已。我到延安時特地去找楊家嶺的軍委辦公處，亦一無所獲，兩相比較，顯然我們的機要業務處處暴露於外，當易為人所乘，實不足與中共鬥爭，這是基本的缺失也。

世人往往不識此項基本缺失之嚴重性，它本是一個絕大的問題，我試解釋之，按美蘇兩個超強國家之暗鬥，亦是蘇俄超過美國，美國靠科技領先，本來國勢超越蘇俄甚多，而蘇俄靠秘密竊盜獲得科技之利，經多年之經營，早於卡特 Carter 總統時，美國已喊出蘇俄軍力已超過美國之警語來提醒大眾，所以雷根（Reagan）總統上任以來，一直以提高軍事實力來對抗蘇俄，而獲得強勢，而為世人所讚譽也。不過按照共產黨傳統的秘密戰術，當其實力不足時，必發出和平假像姿態，鬆懈對方，如蘇俄頭子戈巴契夫（Gorbachev）之對雷根讓步姿態，及其海參威談話。但是特務活動當然不會稍退，且近日蘇俄太平洋實力還在增進，大概直到對方落勢時（如美國的 detente 和解時期）則又露出強橫侵暴手段來佔便宜，漲優勢，如此交替使用，共黨總不會吃虧，終於有朝一日，在力量充足時，如中共之對國民政府，把你吃掉了。是以他最基本的法術所憑藉者，即此特務情報保防等之加強活動與嚴密組織，世人不識其嚴重性有如此者也？

民主國家之體制，其特務情報保防之運作，先天性有遜於極權國家，目前似尚無法可解，惟英國的運作，似比美國為優。

註：美國在杜勒斯（Dulles）國務卿時代，其有名之“圍剿”政策，輔以其第小杜勒斯所主持的最強有力的中央情報局，曾有效地阻止蘇共勢力之擴張，接下來季辛吉（Kissinger）倡和解政策，加以水門事件後最疲弱最無力的中央情報局，根本阻止不了蘇俄侵進非洲，阿富汗，中南美之擴張，並導致了其軍力之超越。

23.共軍部隊淂地方農民協助，有其情報聯絡之利

除了中央級的特務情報保防之外，各共軍部隊所到之處，善於地方組織，控制人民，利用其供情報，助聯絡，甚為有效，非國軍政工人員所能及。尤其在貧困如中原地區，農民易受慫恿，可得翻身機會，供其驅策，因事都瑣細，無資料可述，然影響戰地可不小也。

第四章　我的觀察

　　因為許多世事，事像成謎，但從我的情報角度看出來，則還相當清晰明白，所以憑我的經歷和認知，還足以將大陸之失的錯綜複雜事象解析得一個道理出來，也許另有有心人，從另外一個角度看出來，可另有一番道理，亦是正常的，不過，總比看不出一個道理來要好些，所以寫出我的觀察來。

（一）國軍將領囿於古典兵學，欠缺新型情報的認識

　　大陸之失，說者原因甚多，因均有其事實，然究以軍事為首要，以純軍事觀點而論，最足以代表之言論，當是當時參謀總長陳誠將軍之言，稱幾個月內可以肅清共黨（似曾言三個月內）云云，蓋以十倍以上之絕對優勢兵力，主持作戰統帥之有此項信心，實不為誣也。所有兵書戰史，如總統蔣公所欣賞的有盛名的德國克勞塞維茲（Karl Von Clausewitz 1780-1831）及英國李德哈特（Liddell Hart 1895-1970）的二部戰爭論，及李德哈特最後一部書第二次世界大戰史（1970 年出版）（李德哈特著書甚多，惟蔣公推重介紹我們閱讀是二部中譯本的戰爭論），均是正統戰爭理論研究，雖二次世界大戰中，已有特殊的電訊電子作戰之事實，而李德哈特於其所著戰史中亦只略略提及，而未曾體察到竟是主

宰戰場的一項新型事物，故我名之為古典型軍事學了。例如
火藥大炮及後膛槍的發明，均一一使戰爭的形態大變；又；
1862 年美國人蓋特林（Richard Gatling）的機關槍，使得
戰場進入一個更殘酷的新局面；又；第一次世界大戰期間，
坦克車的機動性，火力和裝甲，又大大改變靜態而血腥的戰
壕戰的軍事學；又；第二次世界大戰的空軍，創導出杜黑主
義的空軍制勝論，及原子武器結束二次大戰，然而歷史上革
命性的新武器和技術均未改變戰爭的一個基本事實，那即是
需要大量的子彈炮彈或炸彈來消滅敵人，所以在戰場上致
勝，只是數量，熟練和勇氣決心也（此一段見解，非我獨
倡，亦是 "美國新聞與世界報導" 雜誌 1987 年三月十六日
一期 "百發百中精靈武器的新時代〔Oneshot，onekill，a
new era of smart weapons〕" 一文所認定者。至於二次世
界大戰中的電訊電子作戰之輝煌事蹟，主宰戰爭的史實，中
外兵學史家均未予應有的重視，豈情報鬥爭，事屬陰謀，為
正人君子所不齒，中外相同乎！（按美國國務卿史汀生
Stinson 以 "君子不窺人之秘" 而於 1929 年撤銷了國務院
黑室 The Black Chamber 破密機構一事，可以為證），直
到 1978 年以埃七日戰爭之奇跡，以色列憑電子作戰，只七
天而贏得勝利結束戰爭一事，明證此項電子作戰為劃時代之
新事物，才為世所公認，實非古典型兵學所知也。所以我國
將領的軍事學術，當然只有古典型之兵學認識，而無此新事
態的兵學知識，實不足怪，惟孫子兵法之用間篇末句曾稱
"三軍之所恃而動也"，固已確言三軍所恃而動者在間事
也。

（二）中共擅長特務情報保防，一路來勝過我方，導致其政治軍事之利益，數十年來陰主其事者周恩來也，故周恩來實爲一上智者

　　據李天民先生所著周恩來評傳（1976 年出版），說周恩來早於國民革命軍光復上海前，已秘密擔任江浙區軍委書記，組織上海工人糾察隊，領導武裝暴動，由顧順章任總隊長，周恩來任副總隊長，不過周是當時上海中共的決策者，因他是江浙區軍委書記云云。所以我所知的在民國十七年的錢壯飛滲透入建設委員會無線電管理處上海區徐恩曾主任當書記（由招考而入）及無線電訓練班學生董繼滙呂吟聲等，應都是周的策劃。董呂二人進入歐亞航空公司，控制該公司電臺通訊，其活動情形不詳，我於抗戰勝利後，才認定的。錢壯飛則隨徐恩曾轉任中央黨部組織部調查科的機要秘書。當徐來上海時，將密電本放在公事皮包內，隨同赴滬使用，中共當早已抄得。民國廿年顧順章被捕，歸順中央後，透露了上海的中共機關和人物的線索，周恩來以伍豪的化名指揮殺手，去殺埋顧家家人，周亦逃往贛南赤區，同時錢壯飛亦以逃亡聞。當然是錢得知一切情報轉報周恩來，所以周恩來評傳上說周是第一任特工頭子也。民國廿三年共軍自贛南西竄時，周把偵抄國軍無線情報研判後，再下達次日之行軍序列式作戰命令。民國廿七年國共合作時，武昌珞珈訓練團，聘周恩來講授密電碼課程，民國三十年周指使軍統局無線電總台領班馮傳慶，竊取某機通訊時間表，直到民國 74 年（1985 年）美籍華裔金無怠服務於與美國中央情報局有直接關係之新聞總署（FBIS，Federal Bureau of Information

Service），因秘密供給資料給中共而被捕，據供其供應資料給中共周恩來（時周已去世），已有十多年之久，為利於美國與中共之親善關係也。按美國新聞總署係抄錄世界各國之無線電新聞廣播之錄音台，我曾去參觀考察過，其新聞資料經整理分析後，供中央情報局參考之用，並分發世界各地美使館之新聞處，諒為中共外交深資利用，此諜員在美拘禁中後來自殺。由以上所舉數十年一貫的從事於情報工作之著眼點及深遠處，實在是高出我們，雖我們所知者只是有限幾椿事件，亦已可證知周乃是數十年來一貫的特務情報之主宰人物，當然亦是得到毛澤東的信任，此其一。

　　從民國十七年派諜員滲入建設委員會之無線電機構起，直到民國卅六，七年蔣委員長發現共諜在郵局竊取中央發給國軍各部隊之密電本，及技術研究室發現共諜竊取破密情報為止之多種多樣電訊間諜之鬥爭，（滲透郵局及技術研究室不知其滲入年月，當已有多年，非臨時也），中共全占上風，其著眼於電訊密碼，實在是他們有先見，如來比較我們軍統局特種技術室，破譯了中共高級密電而得不到任何鼓勵一事而言，（上文已有敍述）則蔣委員長方面遠不及中共之高明了！此其二。按周恩來他們懂得電訊情報及保防之重要性，且能嚴格執行。蔣委員長亦懂得其重要性，但執行不徹底，此種機要室密電碼之事，只有主管者能處理，別人實不應插手，故蔣委員長雖有密電碼專家溫博士，（他是十分懂得保防的）共黨實無此項高才，但竟無補於事實，蓋溫能破他人密電，蔣委員長豈無戒心，故委員長機要室之事只委之于親信毛慶祥先生，不讓溫插手也。又電訊情報為此一時代之情報主流，我雖直接從事於此項工作，但在來台以後，才認識此主流，中共竟識得先機，諒為蘇俄先進之所傳賜也。

我國學軍事之留學生在日本及美國軍校求學者，當授情報課程時，按規定外國學生都一律退堂，不予教學。中共情報上的科技一層，以我觀察，蘇俄並未傳授（如測向及破密技術），但其組織之嚴，控制人事之貫徹及重用此項秘密工作人員之人事制度等，諒得蘇俄之真傳而為我們所不及，如間諜錢壯飛，即李克農之能為情報頭子，如秘密交通員黃曰騤（即黃辛白）之能出任高教部副部長，即其顯例。

孫子用間篇有謂“ ── 故明君賢將所以動而勝人，成功出於眾者先知也 ── ”“故三軍之親，莫親於間，賞莫厚於間，事莫密於間，非聖知不能用間，非仁義不能使間，非微妙不能得間之實，微哉微哉，無所不用間也……”又“……故明君賢將，能以上智為間者，必成大功，此兵之要，三軍之所恃而動也”故周恩來者不能不稱其為上智矣，此其三。按我只是引用成語，並非譽毛澤東為明君，毛乃只是奪權成功者而已。

又民國六十六年三月，中國時報駐香港特派員康銘淑所撰〔華國鋒與江青的衝突及其接班背景〕一文中“特工派有平衡作用”一節稱“ ── 周恩來是中共特工系統〔廣義〕的祖師爺，從二十年代直到 1949 年，一直參與特務及一切地下工作的指揮，1949 年後（中共成立政府）仍過問。他與此淵源太深，很多重要特工幹部尊重他，有些人則本是他的親信 ── ”云云。可證知周恩來為中共特工之最高人物也。與我所見相同。

（三）特務祇能奪權謀篡，但不能治國福民

〔周恩來評傳〕第七章〔中共第一任特工頭子〕評說得很對：中共用槍桿子奪取政權，因此它有強烈的軍事性格，它次一種重要性格便是〔特務〕，這個特務機構不是產自馬克思主義的教條，也不是從巴黎公社所獲致的經驗，而是道地的俄國歷史遺物。遠在十六世紀中葉，伊凡大帝組織了俄國第一個情報機關"特工局"，其目的是想以少數員警來保衛皇室，監視大臣，壓制農奴。以後在尼古拉一世，因遭遇十二月革命的叛變，創辦了有名的"奧赫蘭納"情報機關，潛入革命黨，從事反間諜工作。1917 年俄共奪取政權後，列寧便繼承這歷史的衣缽，成立了"切卡"（Cheka 取締反革命非常委員會），1922 年史達林成立了格別烏（GPU 國家政治保衛局），1932 年再擴大為（NKVD 內政人民委員會）。這即是有史以來空前未有的特務員警制度，蘇俄人民稱之為"國家內的國家""秘密機密內的秘密機關。"俄共接受了帝俄時期特務的遺產，它又再把它向各國共產黨接種，於是，"特務"乃成為共產黨必備的重要條件之一。註：由中共與俄共的關係，它的特務性格，也是先天帶來，以特務來控制全黨。按我們讀中國歷史，大家形成一個歷史觀念，以為"暴政必亡""得民者昌，失民者亡"等類的仁政王道，才能存在的理念，從來沒有認識得暴政亦可存在的一種局面，這個知識障礙的突破，乃是時代的產物，實出乎儒學之外，我人不可不知，至於明代的東廠西廠，亦是著名的特務組織，那只是暴亂性的橫行不法，而失其政治保衛之意義，故不足與格別烏相比擬也。

　　又稱"周恩來自南昌暴動失敗後，回到上海，在中共中央主持情報工作，指導當時由顧順章負責的特務部，項英（注，中共要員）曾認為中共組織所以沒有遭受更大摧毀，周恩來情報工作的成效是原因之一"，按我曾於民國廿二年夏由戴處長（特務處）雨農召集鄭介民趙龍文等數人在南京洪公祠與顧順章談話，聆聽其對於組織特工，領導特工的高論，向其討教蘇俄特工的長處也。

　　又稱"1928年中共六全大會後，開始在上海建立特務組織。在中央政治局下設立'特務會議'，參加者為總書記向忠發，組織部長周恩來，政治局候補委員顧順章三人。會議之下，設立特務總部，日常工作由顧順章負責……"，按我所發現錢壯飛等人，滲透建設委員會無線電機構，是在民國十七年（1928），其時間正符合也。

　　又稱"黨，軍隊和特務，是中共的三大基本力量……"，可見中共把特務的地位和重要性，提得比國民黨的特務要高得多，所以它的作為也大得多。

　　如此，周恩來主持的特務情報保防工作，要勝過蔣委員長下面的中統軍統二個特務組織，亦自有其淵源，其為贏得戰爭奪得政權之利器，但當年（四十年前）尚不清楚也。

　　不過蔣委員長的儒術，雖不敵奪權謀篡之陰謀，但確是治國之正途，中共建國卅八年來，有十億人口，但民窮財盡，生活落後，去年（1986年）其人民所得才三百美元。而中華民國只1900萬人口，其國民所得為3600美元，其經濟已起飛，政治漸革新，生機充沛，民富安樂，實非中共所可及。中共數十年來，乃是箝制人民，剝削人民，以肥少數之共黨特權（一種新階級），以致國家落伍，現在，鄧小平數年來創導四個現代化，想改善人民的經濟生活，今年（1987）亦已遭到很大阻礙，難於貫徹，其實共黨要員們，何以不明白漢高祖以馬上得天下後，聽叔孫通之建議，不以馬上治天下，方得漢社能綿延四百餘年中，尚有文景之治也。況全世界共黨國家，都犯了經濟落後，民生困頓之局面，雖超強如蘇俄，亦不例外，但又不能放棄共黨治國之形態，故它乃不得不仍以特務來竊取西方國家之尖端科技，不過其新任不久之頭子戈爾巴契夫現（1987 年初）正在表演其"退一步戰術"中。以我看來儒術者，源於人性，而共黨極權，欠缺人性，故人民所獲之果實，亦不同也，又宋蘇軾，東坡居士之"儒者可與守成論"一文，有警句稱"……夫武夫謀臣，譬之藥石，可以伐病，而不可以養生，儒者譬之五穀，可以養生，而不可以伐病……"云云，東坡居士已識之於千年前矣。

　　註：蔣委員長於國民廿一年初（廿年九一八，日軍佔領東北）組織力行社，四月一日成立戴笠的特務處，各地組織稱復興社，我於廿二年三月參加特務處工作，同年夏參加復興社，我還記得規定社員繳納月費，限制社員財產不得超過二萬元，每週開小組會議等事，那是為了救亡圖存的熱血所趨使，只有奉獻奮鬥也，此乃類似德國納粹及義大利法西斯的褐衫（黑衫黨 Black Shirts），故亦有稱復興社其為藍衣社者，似尚可與中共的特務性相比擬。但是民國廿三年二月，蔣委員長發起推行新生活運動，提倡禮義廉恥之日常生活規範後，復興社團體活動的小組會議無形停頓，月費亦不

收繳了。顯然是委員長揚棄極權體制，改向儒術王道政治了，而事實確是如此，如盧山訓練團內，他講解科學的學庸（大學與中庸）。不過當時此種政治趨向的改向不明顯，沒有人提出來闡揚，故民國卅八年八月美國的白皮書內，仍把蔣總統的政府背上政治惡名。國內文獻，尚稱於民國廿七年中樞在武漢時撤銷力行社，另組青年團云云，其實復興社早已停止活動了。

（四）新型情報動作下，觀察得軍事勝利的新原則。

上文我曾斗膽杜撰了一個古典型兵學的名詞，那是因為無線電通訊自 1898 年發明後，於 1914 年第一次世界大戰中，才顯露此無線電情報之作用，才開始發展出戰爭的新型態。但是我於民國卅三年（抗戰末期）參加陸軍大學將官班受訓時，參加者有馬步青馬步芳孫蔚如等高級將領，教學著重在大兵團指揮作戰，戰爭要達到殲滅戰的境地，由徐祖貽徐培根兵學家講授指導，特別提出介紹 1914 年有名的坦能堡殲滅戰為例，顯示德軍名將魯登道夫（Ludendolf，1865-1937）的指揮才能的卓越，以德軍第八軍團兵力約 14 個師，去擊潰俄軍第一，二兩軍團總兵力約 30 個師，且俘獲俄軍九萬二千多人為典型的殲滅戰，乃是軍事傑作。但徐教授並未提及此乃是德軍參謀長魯登道夫截讀俄軍無線電訊之情報，才獲悉俄軍第二軍團所屬第六，十三，十五各軍的兵力區分和攻擊計畫，因此而洞悉俄軍的全般狀況和企圖，方始能調集優勢兵力圍攻之，（如無此情報，雖才智如魯登道夫，亦難於造成此局部優勢兵力的）鏖戰三晝夜，乃完成此殲滅戰。可見當時所教者仍是古典兵學也。

　　不過此一戰役，我們得到一個認識 "凡劣勢兵力而能戰勝絕對優勢兵力者，必先有情報運作之成功" 之第一例也，循此下去例子尚多。

1.國共之戰

　　我們以十倍以上的兵力，經十多年長期與中共對抗鬥爭，終致潰敗於共軍，實為不可思議，又在一個戰場上以一倍以上之優勢兵力，經二，三個月之搏鬥（徐蚌會戰）亦慘敗於共軍，敗得莫明其妙，只有蔣公於卅九年陽明山紀念周上曾稱國軍將領用無線電話呼叫救兵之一事因，我則歸因於中共自始至終擅長特務情報，優於政府方面也。另外尚有二個明顯的例子：一為黃伯韜兵團之被殲滅，我是永遠不會忘記這個影像的，我當時在南京主持對共軍無線電偵測情報，有最精良的測向機，日夜注視碾莊黃兵團的被圍，當邱清泉機械化兵團派出救援部隊達到八義集時，與黃兵團相距不會超過二十公里，邱兵團有重炮坦克，我方還有空軍，我總以為有空軍開道轟炸，隨之重炮坦克，而後步兵跟進，每天前進三數公里，當無問題，在一星期內可以突破共軍的包圍圈，豈知竟不能，眼看黃將軍壯烈成仁（據臺北傳記文學雜誌有作者說，是邱救援部隊滯留不進，乃是邱黃間有私人恩怨云云）於此可發現中共之能結集九個縱隊之兵力圍困黃兵團，其次再加上二個縱隊生力軍才攻下碾莊，達成此殲滅戰，豈非正如坦能堡戰役之德軍能在劣勢兵力下，靠無線電情報，才能造成局部優勢而殲滅俄軍乎！故中共如未獲得適當情報，它何能造成此項局部優勢。另一例為國軍唯一的機械化邱兵團乃國軍之主力，竟被圍於永城附近共軍所預設之陣地內，為深溝所阻，而圍困住，最後亦被消滅（我曾派一個無線電偵測小組，隨邱兵團工作，故知圍困實情）共軍如何能擋得住重武器坦克車而困住邱兵團，真不可思議，當更非有適合之情報，何能事先掘成深溝來困住坦克車。

2.1940 年不列顛之戰（The Battle of Britain）

英首相邱吉爾利用電訊電子情報及反制科技，自創此魔術戰爭 Wizard War，此項新型戰爭，是一突破，此所以可貴也。

英首相邱吉爾 Winston Churchill 所著第二次世界大戰回憶錄巨著內，敍述其保衛英倫之不列顛戰役，稱之謂魔術戰爭，他說 "在英國對德的空戰中，除了駕駛員對駕駛員，防空炮對敵機，和英國人民的艱苦奮鬥對暴虐殘忍的轟炸外，還有另一種秘密戰爭的成功或失敗，鮮有知者，即使當時在這戰爭中生死掙紮的人們，也根本不知道這一秘密戰爭的存在，和對於他們自己以及國家生存所具的意義，但如果國家領袖不瞭解這個秘密的重要價值，而發揮它的神奇力量，不論空戰人員如何勇敢，人民如何堅忍犧牲，終將經不起敵人優勢空軍，和瘋狂轟炸的打擊，而陷於覆亡。"

"智者常能感觸事物于微妙之機，此微妙之機，又常孕育著整個國家民族的命運，我對於科學所知甚少，但是我能鑑識科學家的意見，以身為首相的經驗，我亦常能憑我的正確判斷來處理我所不懂的事，我對於軍事方面，具有敏銳的見解，知道何者有助，何者有害，何者可取，何者應捨，在我參與防空研究委員會的四年工作中，我已熟知雷達問題的要旨，因此我盡我的知能所許，躬自處理，並專心致志於

‘魔術戰爭’，務期策劃周詳，執行迅速而澈底”。

　　“英國最偉大科學家，無疑地應酬推林特曼（Frederick Lindermann），他不但在聲譽和才能上受人崇敬，並且和我是神交已二十年的摯友，我們同是預見這個世界災禍的先知，和響起警鐘的同志，現在我們共同致力於‘魔術戰爭’，並以我的權力來指導和促進這方面的工作。”

　　這些話是表露了邱翁的高智慧，能利用新型科技情報及情報反制之道，來從事抵抗德國優勢空軍之侵害，創下此種新型戰爭，雖當時從事於此役的英國空軍戰鬥員們，亦均不知〔還有另一種秘密戰爭〕在進行著，這個突破Breakthrough 是過去所未曾有者，乃是新型的，此所以為可貴也。

　　按我們蔣公就是執持著傳統的陸軍戰爭的軍事思想（兵學），雖已身臨此項新型的戰爭，但不能為邱翁的 “……我對於科學所知甚少，但是我能鑑識科學家的意見，以身為首相的經驗，我亦常能憑我的正確判斷來處理我所不懂的事，── 並專心致志於‘魔術戰爭’，務期策劃周詳，執行迅速而澈底，”故蔣公終不能識透，而不能突破固有的兵學認識。（下文還有例子）如此不免對於現代化的新型戰爭落伍了。

　　邱翁於書上還說 “林特曼是一位密碼解譯專家，他經常把破密所發現的重要情報，提供給我，其中常有非常驚人和不可置信的消息，這對我在政治和軍事的指導及決策上，具有很大的影響和價值。”

　　“自 1939 年開始，英國雖在晝夜不懈地建設雷達網，但是在不列顛之戰開始之際，我們仍感部署欠周，加以空軍兵力顯見劣勢，這時我只能把希望寄託在天氣上，冀求英國冬令所特具的陰雲和煙霧，能發生防護作用，免受白天的準確轟炸，而對黑夜具有更大的防護，可是林特曼向我提供有關德國轟炸戰術的電訊情報，顯示德國空軍具有執行全天候轟炸的能力，這打破了我倚賴天氣保護的幻想。」

有關此項魔術戰爭，藉電波技術來欺騙德機，導引其投彈於錯誤地區，而減少英國空軍及城市之損害的敍述，茲從略，於我所著“無形戰爭”（尚未發表）第十一篇“前期電子戰”中有敍述也。

如此，在英德雙方鬥智鬥科技的幾個回合之後，邱翁結論說“德國電子戰的首腦馬丁尼 Martini 將軍在開始時，沒有料到‘高頻率戰爭’乃無線電波中高頻率的一段，竟發展得如此早，對於英國的電子情報能力，亦估計較低，他倡導的波束作戰 Battle of Beam 竟在戰略上演成嚴重的錯誤，在不列顛之戰中，虛耗了德國轟炸部隊的大部分作戰努力，我們在‘魔術戰爭’已獲得初度和非常的勝利。」

另據德人賈蘭特 Galland 所著〔自始至終 —— 德國空軍興亡史〕中曾指出“從最開始起，英國就有一個極大的優點，這是我們在整個作戰期間，一直無法克服的，那就是雷達和戰鬥機的控制，對於我們和統師部而言，這是一具意外打擊，且是一個非常痛苦的意外打擊，英國有一個雷達網，就當年來說，可以算是最好的技術標準，它能夠使英國的戰鬥機指揮部，獲得最精確詳細的報告，⋯⋯當我方飛機還在加萊（法國北部）上空集結尚未完成時，已被英國雷達發現，此後這電眼一直盯住它，絕不放鬆……所以英國戰鬥機指揮部，能夠指揮他們的空軍，在最有利的時機到達最有利的位置……”，”德國空軍在任人挨打情況下，戰況每況愈下，在開始作戰時，雙方的戰況比例為德二對英一，到了次月，戰況比例幾達德三對英一，自八月八日至十月底，不列顛空戰全期，德國共損失一七一五架，英國損失八三六架。”

又據電子世界雜誌所報導“英國的電子反制戰”一文稱“第二次世界大戰期間，各國對於電子反制（E.C.M. Electronic Counter-measure）技術，所知無幾，邱吉爾稱之為‘鬥智戰’，當時英國急需這種魔術，以解救倫敦等大都市遭德機全部炸毀，最初德國轟炸機以無線電指向器等導航，—— 這種由英國轉放的指向訊號，使德機領航員大受混擾，而誤判方位，使多數德機連續遭受損失，並有德國轟炸機一架竟在英境西南部降落，誤認系降落在法境。”

“1940 年 8 月底德國拉夫瓦非 Luff Waffe 型轟炸機問世，另用極窄的無錢電波束（Beam），使轟炸機沿波束飛行，並用另一波束於異地發射，使在目標地上空交叉，故飛機飛到交叉點即達目標地上空，執行轟炸任務，……英國用技術使原來德方波束微偏數度而交叉，此種偏度，甚難使領航員察覺，但已導之遠離目標而投彈，如此，使德機在英國曠野，往返投彈數月，方始發覺被導誤投……致德機轟炸系統大受困擾，僅有五分之一炸彈落目標區，而其效果減低百分之八十……”，到了 1940 年秋季德國改用夜間轟炸以試行減低其飛機損失，英國乃有裝備雷達及電子器材的夜間攔

截戰鬥機應運而生，德國的導航波束，使英方得知空襲即將
來臨，並就其電波，可知其來襲的方向與時間，而預為升空
截擊，結果使德方飛機，造成重大損失，1941 年 5 月，德
國空軍被迫停止對方攻擊，而轉向其他戰場，便是一證。

　　以我的理解，德國志在登陸英倫，惟渡海進攻，必須有
制空權的力量，而德空軍未能達成此制空權，當然不敢渡海
進攻，而改向東方之蘇俄矣，不但此魔術戰爭保衛住英倫，
且轉向蘇俄而以後遭致命之大敗。

3.一九四二年中途島之戰

　　日本出動海軍各型艦艇 106 艘，包括航空母艦赤城
號，加賀號，蒼龍號和飛龍號等四艘，連同飛機 272 架，
由聯合艦隊司令山本五十六大將統率，計畫先以航空母艦攻
擊部隊空襲中途島，摧毀美軍基地防衛力量，繼由登陸部隊
攻佔該島，同時對美方出擊的海軍主力部隊，於以捕捉而殲
滅之。

　　美海軍經珍珠港事變和南太平洋作戰後，損失慘重，雖
經尼米茲上將 Nimitz 的努力整修補充，亦只能集結各型艦
艇四七艘，其中包括航空母艦約克城號，企業號和黃峰號等
三艘，及飛機 233 架，兵力顯居劣勢，幸駐中途島基地的
飛機 121 架可供支援，空軍力量，堪和日方抗衡。

　　1942 年 5 月 5 日，日本大本營決定以 6 月 7 日為攻擊
中途島日期，日本海軍秘密在瀨島集結，準備企圖集中海空
軍全力襲擊美太平洋艦隊的時候，因為時促迫，乃將部份急
要電報，經無錢電發送，造成無線電通訊量激增，由瀨島發
航後，無線電又突然驟減，（按通信量激增驟減，是通訊情

報 Traffic Analysis 的好資料）同時艦隊所發出的這些電報全為美方截收破譯，惟日軍所發電報以 AF 為攻擊目標的代字，美方雖猜到 AF 可能是某某島，但究未能確知，因設計一通訊陷阱，故意自中途島發出一份明文電報，申述中途島淡水蒸溜設備故障，這丁故意洩露的電報，為日方所截獲後，反應很快，美方接著就截收到日方所發致前方艦隊的電訊，指出 AF 現正困於缺乏飲用淡水，於是美方確證日軍攻擊目標正是中途島，因之美國海軍對中途島防禦兵力的增強，和調配結集太平洋有限兵力，予日軍以伏擊的作戰計畫。

　　美軍因能破日本的密電碼，所以一向對於無線電訊洩密，深具戒心，指揮航空母艦特遣部隊的史普恩少將，在六月二日天氣情況轉劣之際，特以視號通訊向屬艦發下作戰指示：「敵人攻略中途島的企圖，已極明顯，其攻擊部隊可能由各種不同型艦艇所組成，包括航空母艦四至五艘，如我兩特遣部隊之位置，始終保持不被敵人發現，則我方可在中途島的東北，奇襲日本航空母艦的側翼，尔後作戰，將全視這次奇襲的成果，和敵之損傷程度，以及敵之以後動向而定。本作戰的成敗，和我國家命運關係重大，盼各奮力。又如我艦艇遭遇空襲疏散時，應設法盡力保持視號通訊距離以內。」

　　六月二日，山本主力部隊困於海上濃霧，補給部隊鳴戶號軍艦竟打破無線電靜止之規定，而使用無線電報尋求聯絡。按兩軍艦隊在未接觸開戰前，美方已知日艦之行蹤，有作戰構想，而日方全未知美艦存在蹤跡，其優劣之形勢，已顯出矣。

　　六月三日天氣更劣，日本的南雲航空母艦攻擊部隊（南雲為指揮官之名）在 13：30 到達向中途島轉航點時，無法使用目視信號，不得已使用無線電指揮屬艦轉航，以上無線電訊均在美方監聽下洩密，並為美方測得其艦隊位置。按測得日艦位置，更得利於作戰計畫矣。

日本航空母艦攻擊部隊，在不明敵情和本身洩密暴露於敵的情況下，乃慘遭美軍的打擊，在六月四日拂曉四時三十分到下午五時的雙方惡戰，結果日本赤城，加賀蒼龍飛龍四艘母艦連同飛機 272 架全部覆沒，美方約克城號航艦亦被擊沉並損失飛機 136 架。山本大將於獲悉戰果後，知事無可為，終於在六月五日下令退卻，中途島得保無恙。按美軍自珍珠港事變後，幾已無主力艦隻，其軍力遠不及日本海軍，半年後竟贏得此役，實為奇跡。

美中央情報局長杜勒斯，也稱靠解破了密電碼，美國海軍於 1942 年在中途島突擊日本強大海軍艦隊獲得成功。這一戰役，後來證明是太平洋海戰的轉捩點，云云。

又據日本淵田美津雄與奧宮正式合著的《中途島海戰始末記》，所見亦同，他說 "據戰後所知，美國海軍在當時，早已非常正確的明瞭日本海軍的企圖，而且他們的處置也是超人一等的，過去戰史上也從來沒有這樣明察敵人行動的作戰史例"。云云。這即是我所謂新型戰爭，為過去沒有的。書上又說 "我軍令部的情報組雖然在六月一日測聽到夏威夷方面發出許多緊急電訊，但仍不以為日方的企圖，已被敵方察覺，何況根本沒有想到日本密碼竟被人判讀出來和美海軍已經設伏的事，在他們腦子裏，認為這是絕對不可能的。"

又於 1978 年 8 月 16 日中央日報副刊上，有逸人先生寫的〔難以置信的勝利〕一書（Incredible Victory，寫中途島戰事，為 Walter Lord 所著，黃文範譯，臺北幼獅書店出版）的書後，題名〔屠龍氣如虹〕一文，內有若干警句，亦可以助證我上面所說的見地。"……這是影響了全世界命運的一次決定性戰役，邱吉爾便說過：可以正確地認定，它是太平洋戰爭的轉振點""……中途島這一役，不僅只是戰爭局勢的改變，作戰觀念的轉變 ── "，" ── 就在中途島這一戰，數量劣勢的美國海軍，居然把日本海軍的精華 ── 航空母艦群打垮、遏制了日本不可一世的銳氣，自茲日本便再衰三竭，終於一敗塗地……""這是歷史上又一次以寡擊眾的輝煌戰例……""尼米茲能知戰之地，知戰之日，完全得力於破譯了日軍的密碼；更使人為之凜然的教訓，便是日軍不到翌年山本五十六座機被擊落陣亡以後，還堅決認為自己的密碼無法譯破。"按日本人不信它的密碼被破譯，亦不無道理，因日本用的是新出品密碼機，此機美國人稱為 Purple Machine.

1988 年六月二日補充資料：

美國太平洋海軍尼米茲總司令下情報主官 Rear Admiral Edwin T Layton 所著〔And I was there〕一書，1985 年出版，它的副標題為〔Pearl Harbour and Midway-Breaking the secret〕，又註稱"In Recognition of the unsung heroes of radio intelligence in the United States Navy"（認識美國海軍裏未被讚頌的無線電情報英雄）之讚語，其書中第 32 章"A Glorious Page In Our History"內稱尼米茲集合了 35 艘軍艦去對抗日方 145 艘船艦（諒包

括運兵艦與潛艇等，故數量與上文資料不符），太不成比例，但是它不但有得力的無線電情報，能概知日方聯合艦隊總司令 Yamamoto 山本五十六大將的船艦艦種及數量，其位置與時間（這四項已夠用來作戰），並且還通訊騙欺成功，使日本東京獲得的情報轉往前方稱 "……the only two American cruisers afloat were a thousand miles away in the south Pacific" 又另一艘 Yorktown 航艦已前在珊瑚海戰中受重創，日本情報分析認為將要沉沒，即使不沉沒，亦要三個月才能修復等情，對於美方有這樣錯誤的情報，當然日本海軍要戰敗了，這全是美方無線電情報優越所致也。美國海軍部長金氏上將且說 "中途島之役不但是日本海軍 350 年以來第一次決定性的敗績，亦是中止日本長期以來的攻勢姿態，而恢復太平洋海權的平衡" 云云。

（五）先贏得無形戰爭，才可贏得有形戰爭

凡論兵學者，中國以孫子兵法十三篇為最，西洋以德國之克勞基維茲（1780-1831）及英國之李德哈特（1895-1970）二位的二部戰爭論為著，李德哈特著作卅多種，對於機械化作戰有研究，最後一本書為第二次世界大戰史，他應當讀過英相邱吉爾所著的大戰回憶錄中二項電子作戰的大事，一為不列顛戰役魔術戰爭之成功，一為諾曼第 Normandy 登陸戰中許多電子與反電子作戰的成功，都為歷史上所沒有的新型戰爭，但可惜他沒有看到 1974 年出版英國空軍上校溫特鮑瑟姆 Winterbotham 所著的〔超級機密 The Ultra Secret〕一書，公開了英國於 1939 年破譯德國 Enigma 密碼機，並敍述了非洲戰場各戰役，都是因獲得此

項超級情報而致勝的事實，（李德哈特爵士于 1970 年 1 月逝世）故他的二次世界大戰史中尚未將此項新型情報所產生的新型戰爭的認識，帶進入他的正規兵學範圍內。而我國於 1937 年（民國廿六年）抗戰一開始，盛行兵學家蔣百里先生的戰爭新論為全民戰爭，戰爭不限於前線陣地。以上各家所言確都是至理名言。惟我雖未研究兵學，多年來從事於軍事電訊情報，且隨時代而前進，深知國共之戰，失在情報，並觀察第二次世界大戰中之歐洲戰場英德之戰與太平洋戰場美日之戰，雖其軍事勝利之重要條件在於基本國力，如武器科技資源兵源等，但情報與指揮，尤處在先著之要害地位，而發現"先贏得無形戰爭，才可贏得有形戰爭"之原則也。茲例舉數重點事實，已足以闡明之。

1.國共電訊情報之戰

從民國十七年周恩來任中共第一任特工頭子開始，蔣公北伐時，他的總司令部只有一個密調組由胡靜安先生（黃埔一期）主持的幾個人，戴笠先生亦為引進，當時共產黨還不成氣候，蔣總司令的軍力和國民黨的政治力量，不知要高出中共佰十倍之多，但是特務情報則中共要高出國民黨甚多，正如大學生之比小學生，此可從錢壯飛等滲入政府方面無線電機構而轉進入中央黨部組織部調查科徐恩曾先生處，既得情報又獲密電本之事可知。又據戴雨農先生自稱當年（似為民國十九年）他到津浦隴海線上查訪情報後，其報告尚被侍衛長王世和所阻，竟無由直達蔣總司令，他乃不得已探明蔣公出入總司令部的時間，預先等候在大門外，俟總司令汽車到達，轉彎，尚未進入大門時，趨前攔車，面呈報告，並獲准許以後直接送來云云，兩相比較，亦可知對情報工作重視之態度矣。此項差距，並未因後來民國廿一年，成立力行社之特務處，接下來成立軍事委員會調查統計局而有所改善。（當時局長為陳立夫，轄第一處徐恩曾，中共情報，第二處戴笠，軍事情報，第三處丁默邨，郵電檢查），其後西安事變時，蔣委員長的人望，如日中天，公認為全國領袖，抗戰勝利，我國被尊為四強之一（後來法國復國，才稱為五強），當然以力量論，中共萬萬不及也。但勝利之後，可惜蔣委員長之識見，不及曾國藩，曾公識透二件大事：一為湘軍已驕橫腐化（湘軍克復太平天國之南京，殺人既多，掠奪殆盡，無絲毫入貢朝庭國庫者），知不可再用（此為我見，各書均未直說），故即發遣散費使回湘謀生，我認為這確是高招，免得將來在清廷中疑忌，而受累無窮，此則凡是有權位在臺上之人所難能者也。一為湘兵不北上剿撚匪，而促成李鴻章之淮軍任之，蓋以地理氣候人情言語風俗之不同，而淮軍近之，誠識透軍情與兵心也。而蔣公一心於統一國家規模之建設，及收復東北失土，未能組織各黨派之全民政府。中共擁有若干武力，但毫無政治權益分得，眼看政府大員封疆全國，而暴露出必然的毛病，自不免不滿而心存貳異，可惜蔣公既未優容共黨，而又不取防範措施，不令軍統局戴笠對付中共，而責其拘捕漢奸，於是中共之陰謀異圖，如水銀瀉地，對於政府及國民黨，無孔不入矣。從此中共施其一貫之特務滲透之慣技，深中政府之要害，而中共保防嚴密（似乎只有沈之岳先生一人，係由戴笠密送延安抗大受訓，因未能立腳，仍逃回來，現尚在總統府國家安全會議服務，其他則未聞），政府對其實情，盲無所知。因之共黨於政治上，能吸引若干黨派所謂民主人士傾向中共，軍事上，滲透分化，獲得國軍的作戰情報，和社會與經濟資訊，發動群眾製造混亂，其特務與宣傳，可獲美國信任而離間中美關係，實是特務的全面進攻，馴至政府要員如張治中賀耀祖程潛劉斐輩，暗中投共，而不得不失大陸，且誰都不會相信如此容易，如此迅速的失去大陸，亦為歷史上所未曾有者，此無他，此乃新型戰爭，要先贏得無形戰爭也。雖以強大之國軍，歷廿年，亦終不得不敗。

2.二次世界大戰

歐非戰場 ── 英德之戰（包含盟軍）

當德軍橫掃西歐，正如秋風掃落葉，舉世稱之為閃電戰，而被阻於不列顛之戰（The Battle of Britain），那時英國陸軍只剩下自鄧克爾克（Dunkirk，法國北部海口）撤退下來的殘餘部隊，對德國而言，不放在眼裏，只要渡過海峽，英國必步西歐各國後塵，被德征服的。但要渡海峽，其船艦必須要得空中掩護的的制空權，即使英國海軍一向強盛，亦受空軍剋制的規律，而德國空軍要比英國空軍占絕對優勢，此乃當時的形勢，勝負之數十分明顯，故德軍即以空軍去消滅英國空軍，並轟炸其心臟地區 ── 倫敦為主，一俟其空軍癱瘓，德國穩可渡海登陸，而佔領倫敦了。況英國人是很聰明的，許多戰役顯示，凡實力不夠，看看不能維持時，不會白白犧牲，而棄械投降了。

但是奇跡出現了，英國首都邱吉爾的"大戰回憶錄"內敍述，純是用電子作戰而保衛了英倫，他稱之為魔術戰爭

（Wizard War 上節已有敍述）。但是英國著名兵學家李德哈特所著第二次世界大戰戰史中，沒有提及此魔術戰爭，諒他是著眼研究傳統的戰爭理論，而視此為技術性，不認為是一種新型戰爭。德國既不得志於英國，乃闢東戰場，指向莫斯科，局勢大變，英倫得救者，電子作戰得勝之功也。

　　我另據英國空軍上校溫特鮑瑟姆 F. W. Winterbotham 所著〔超級機密〕一書（The Ultra Secret，1974 年出版），揭開了英國破譯德國新創制的 Enigma 密碼機的故事，及其運用操作所發生對德作戰之大影響。按 1940 年二月底德國空軍開始使用此密碼機，以後陸軍亦跟進使用，既經破譯，從此英國獲得情報優勢。（同時英國亦新創制 X 型密碼機，保密可靠）據載在戰爭顛峰時期，德國統帥部每天發出二千多件無線電報，都為英國破譯利用，故暗中主宰了戰爭勝利之命運。我讀來最欣賞的乃在作者（他擔任將情報遞送到各陸海空軍的聯絡工作，所以亦知使用概況）的經驗中，認識得此項新型情報能主宰戰場之功能，超越了傳統戰爭的理念，正與我相同，茲將摘錄其若干節句，以明歐非戰場上，盟軍從此超級情報中所獲得之大利，雖不免稍嫌冗長。

　　在《緒言》裡，他說：

　　"不過我可以大膽地說，一本二次大戰史，如果沒有提到我們如何透過最秘密的情報來源，而預先獲知了敵人的意圖，就不能算是完整的"。

　　"邱吉爾對這些情報表示讚賞的資料，目前還沒有公開（在邱翁大戰回憶錄書中沒有記載），但是我們可以在美國堪薩斯州阿比侖市的艾森豪總統圖書中看到艾森豪寫信給秘密情報局局長的一封信：

孟席斯〔Menzies〕將軍麾下：我一直希望能夠親身到貴局，對你，特拉維斯爵士，以及你的慕僚，為你們對盟軍所作的巨大貢獻表示謝意。我很清楚你提供給我們的情報，在搜求和整理上一定下了極大的工夫。我也深知你必定遭遇過無數的挫折和困難，但都由你的努力加以克服了。在這次戰役之前以及戰役進行中，你所提供的情報對我的價值是無法估計的，我這個司令官的工作因之而大為簡化，成千上萬的英美士兵性命，因而得以保全，此外更大大地加速了敵人的潰敗和投降。我很希望你能代表我對參予此項工作的每一個人，表示我衷心的欽佩和謝意，感謝他們對盟軍所作的決定性貢獻。艾森豪敬上 1945 年 5 月 7 日

　　（註：五月七日為德國向盟國無條件投降簽字日，艾森豪乃盟軍統帥，後來選任美國總統）

　　“這種特別情報使我和接受情報的盟軍高級指揮官，獲得一項獨特的經驗，我們不但能精確地瞭解敵軍的編組、兵力和位置，而且能夠預先就知道敵軍在大多數戰役中的意圖”，按編組兵力和位置等乃出自通信分析 Traffic Analysis，我人稱之謂偵測情報，密電情報乃出自 Crypto Analysis，合此 T.A. 及 C.A.，統稱 Communication Intelligence，而我人統稱為技術情報。

　　“無疑地，未來的歷史家對秘密情報的價值還會繼續爭論不休。……如何在 1940 年及 1941 年我們掙紮求取生存時（註：指 Battle of Britain），以及在我們後來的勝利中，扮演了一個重要的角色。在戰爭最重要的時期，我們能

夠閱讀敵方最高指揮官之間的秘密通訊，不但具有無可比擬
的戰略價值，而且在反過來方面，我們也由此得知敵方對我
們那些行動還一無所知，”那就是說明英國占情報與保密之
優勢也。

　　緒言末節說：

　　“三十年來我們不斷地吹噓，宣傳盟軍如何英勇地消滅
了邪惡的納粹法西斯主義，現在已經很難讓人相信，當年我
們差點就全盤失敗呢。起初陸軍參謀部和邱吉爾本人以為能
夠在法境內擋住德軍的攻勢，我們這些瞭解德國軍力和自身
處境險惡的人，對他們那種盲目的樂觀主義，都感到難以置
信。直到法國陷落了，他們才在空軍參謀部的巨大壓力下相
信，情勢已經跟一次大戰時大不相同了。在這緊急的時刻，
有史以來最偉大的情報勝利救了我們，這個秘密一直保留到
戰後”。這本書所要談的就是這個。這真是同我的認識完全
相同。按“英國的秘密情報局的局長，在傳統上都是英國國
王指派的。”當德國於 1939 年開始製造新研究成功的
Enigma 密碼機時，英國特務就設法竊取得該機之初步模
型，由破密專家加以研究仿製，故當德國於 1940 年二月底
開始使用時，英國的秘密情報局即能破譯了。而英國亦新製
成 X 型密碼機則保密可靠。同時間日本抄襲德機，亦製成
Purple Machine 密碼機（此乃美國人所命名）為美國密碼
專家 Friedman 有了英國破譯的認識而破譯，美國亦自製研
究成功的 Hagelin 密碼機，我所見到中美合作所〔SACO
Sino-American Cooperation Organization〕美方負責人梅
樂斯將軍處的一架 M-209 密碼機就是 Hagelin 系統的，是

否與英國的 X 型密碼機同一型則不知，惟我所知當世密碼機只有此二型而已。日本人亦不能破美國的 M-209，故英美占了情報與保密的優勢，軸心國不得不由強而變弱，終於覆亡。（按抗戰時，我國軍令部技術室王啟賢先生所創制的電動密碼機，似屬於 Hagelin 這個系統者）

在第三章"計畫"內說"現在的人，大多數不是年紀太輕，不瞭解二次大戰時的情況，就是被勝利的宣傳所迷惑。他們看了這本書裏的故事，可能會問：如果我們對敵人的力量和企圖知道得那麼多，為什麼我們沒有把他們迅速地解決掉呢？年輕的一代大概不曉得，在 1940 年時，我們在法國已經一敗塗地，賴以保護英倫三島的，只有從敦克爾撤退下來的殘餘陸軍部隊，以及在數量上跟德國空軍根本不成比例的英國皇家空軍。我們熟悉內情的人都知道，英國的存亡，完全要看空軍能不能阻止德國空軍全盤消滅我們的飛機。空軍一旦無法再起飛應戰，讓德國人奪去了英倫海峽的制空權，那麼海上的皇軍海軍，再也沒有一艘艦艇能夠倖存"。從下面幾章裏，可以看出來超級情報在挽救英國的工作中，扮演了多麼重要的角色。

在第五章裏，開頭即說"我相信從 1934 年到法國崩潰這段時間中，不論在政治或軍事方面，情報工作都沒有受到重視，而現在超級情報終於在英國之役中以優越的成績通過了考驗。……"

末節說"到了 1940 年 8 月，邱吉爾由一次大戰中，獲得的戰爭觀念，都已經被推翻了……"這是說新型情報所形成之新型戰爭也。

在第六章"英倫保衛戰"內說"……對我們來說，面對著三比一優勢（指空軍）的敵人，雷達是我們生存的第一個關鍵，超級情報則是第二個關鍵。戈林（德國空軍司令）到處視察時，發出的密電，自然使我們能夠更清楚他們戰鬥和轟炸機單位的位置，準備在最著名的空戰中迎擊他們。"按雷達是英國首先發明者。

在第八章裏說"從情報的觀點來看，克裏特之戰（Crete Island）也是一場很大的挫折，我們雖然有了那麼詳盡的情報，結果還是不免在希臘和克裏特遭到慘敗。不過，邱吉爾，三軍參謀首長，和中東戰區的指揮官，現在對超級情報的潛力，已經留下深刻的印象，邱吉爾看過我們所能破譯出來的每件有關克裏特的密電，他現在對這個奇跡般的情報來源，愈來愈有胃口，他開始希望我們能充分利用這項情報來源，而戰地的指揮官開始在想，對敵軍意圖這樣明確的認識，會如何影響傳統的戰爭方式。亞歷山大將軍後來在突尼西亞（Tunisia）對我說，超級情報改變了現時戰爭的整個觀念。"這是說英國的將軍們亦開始認識此項新型情報改變了傳統戰爭的整個觀念，但亦有不會用的將軍們在希臘和克裏特島仍舊打了敗仗，所以在國共之戰中，中國將軍們不會用此種新型情報，亦非獨家也。

第九章非洲阿拉敏大捷一章內說"一般人一定以為超級情報在實際的戰鬥中，不會有什麼重要性。（註：這是指戰術性的）可是在最主要的突破戰開始前，超級情報的確使英軍的作戰計畫有了重大的改變。蒙哥馬利原來是想要在北邊靠海的地方進行突破的，他的參謀人員則勸他進行中央突破，因為超級情報中顯示，有一個德國師正在向北面移動，而且隆美爾（德軍主帥）還下令把德軍單位滲入義大利部隊裏，希望這樣能強化意軍，可見中央是隆美爾防線中較弱的一環。此外超級情報還告訴我們，有一艘開往班卡吉的油輪剛剛沉掉了，隆美爾即使是想再把北邊的坦克調回，恐怕也辦不到了。這許多因素促使蒙哥馬利改變了心意，在德軍和意軍之間，進行中央突破。"

第十章內敍述大西洋海戰的事，茲只提兩事，可知德國海軍失敗的根源在此超級情報也。

德國主力艦俾士麥號，雖小但精（限於條約不得超過壹萬噸）英人很頭痛，"被英海軍圍攻時逃脫，已經失去蹤影，不意五月廿五日早晨（1941 年）指揮俾士麥號的陸文將軍以為還有一艘英艦在跟它，對德國海軍總部電陳所遭遇的困難，最主要的就是在海戰中損失了大量燃料，請總部指示下一步行動。他的電訊洩露了他的位置。德國海軍總部叫他把船開往布列斯特 Brest（註：法國海口）到那邊就可以獲得空中和潛艇的保護。五月廿六日上午十點半，俾士麥號再度被我們發現，其餘的已經是大家耳熟能詳的歷史了"。解決俾士麥號是一件大西洋戰場的大事。

"海軍的超級情報逐漸發展完善，我們不但可以譯出德國海軍總部發給潛艇的指示，而且可以從潛艇向總部報告他們所在地的密電中，正確地找出潛艇的位置。不用說，這種情報是非常有用的。不但海軍情報署可以通知我們的船隻避開潛艇，海岸防衛司令部也可以在潛艇進出母港時，派飛機去偵察和攻擊。"

　　"從 1942 年年底開始，我們所擊沉的德國潛艇數量開始銳減，德國潛艇開始在大西洋上接連不斷地摧毀我們的船隊。到 1943 年我們在大西洋上已經陷入非常險惡的境地。幸好在海軍情報署裏負責超級情報工作的鄭寧中校發覺不對，海軍的密碼本於是在 1943 年全部換過，才再度在戰事中占到上風。一直到戰後，我們看到卡爾杜尼茲海軍上將（德國）的日記時，才證實了德國人在這段時間中，確實能夠破解我們海軍密碼。"

　　"德國潛艇宰掣大西洋的情勢，到 1943 年中，終於被打破了。……另外新型雷達的發展（舊式的雷達容易被潛艇探測到，在飛機到達前迅速潛入水中）以及超極情報運用規則的放鬆都有關係，我們現在可以用無線電把潛艇的位置通知海上搜索的飛機，海軍在這時適俘獲了一條潛艇，上面的密碼機和調整的關鍵說明都完整如新……"這又說明主宰戰場要靠情報和保密，乃一新型戰爭也。

　　第十一章"火炬行動"，乃是盟軍登陸北非洲作戰，與此超極情報有關的敍述，茲摘要若干則結語以明其概況：

　　"……艾森豪非常高興，我們現在很有希望達成最理想的行動方式 —— 出其不意。這也是艾森豪頭一次領略到超極情報的妙用。"

　　"我想這次事件使得安德生和他的慕僚確實相信，超極情報在戰術和戰略上同樣有用。"（註：安德生指揮英國陸軍第一軍）

　　"我想隆美爾（德軍主帥）還是覺得他無論如何總要執行希特勒的命令，在他現在準備進行攻勢裏，超極情報扮演了一個重要角色，使蒙哥馬利（英軍主帥）預先知道了軸心部隊有多大兵力來攻擊第八軍集結的梅地寧地方，這裏距離東北方面的馬瑞斯防線大約十五哩，隆美爾設法調集了三個坦克師和兩個義大利師來參加作戰，但是我們已經知道了他們的裝甲部隊主力在那兒，第八軍以密集的反坦克火力打退了德國坦克部隊的衝刺。隆美爾二月廿日（1943 年）的攻勢失敗了。對他來說，這顯然表示非洲之戰，已經不用再打下去了。……」如此使德國名將隆美爾失敗地離開北非洲。

第十二章「壯漢行動」（攻西西里）

「這主要是因為在西西里和義大利的作戰計畫，大半是根據超極情報擬定的。所以在依據這項情報來付論及修訂計畫時，當然應該透過我們的系統來通訊……」，我們的系統是指英國秘密情報局所派赴各軍事基地的聯絡小組所建立保密可靠之通訊系統也。

「所以我們不但由超極情報中，獲知了敵軍的兵力和分配情形，而且也知道盟軍可以達成奇襲的效果。此外，盟軍還因此可以派出了傘兵部隊，阻住趕往海邊的坦克部隊，這是超極情報表現得最精彩的戰役之一」。

「西西里於是在八月十七日（1943 年）正式被盟軍攻克，超極情報又完成了一次重大任務。亞歷山大將軍（英名將）說，超極情報已經把戰爭帶入了新境界，可以說是很正確地描寫出了這時的情勢」，這是說明由作戰經驗，證明出新型情報把戰爭帶入了新境界，而英國兵學家李德哈特所未曾體察出來也。

第十三章「雪崩行動」（攻義大利）

作者于本章末尾說，"回顧起來，在義大利戰役中，我們透過超極情報，對德軍方面各項動態，所獲得的資料，恐怕比吉瑟林（註，德軍在義大利的主帥）在羅馬的辦公室裏保存的還要多。正如我先前對亞歷山大說的，吉瑟林和德國總部及希特勒間的聯繫顯然非利用無線電不可。我相當詳細地從超極情報的觀點，描寫了羅馬的這段戰事，仍是為了讓讀者可以清楚地看出，有了這個戰爭的新境界，不但在戰地的指揮官，而且連邱吉爾（英首相）羅斯福（美總統）和各軍種的參謀部，都可以對敵人的一舉一動，瞭若指掌，好像牌桌上的對手，把牌都攤出來，給你看了似的。"按這個感受，我在 1943 年七月我軍突襲東山島一役中有此同感。他稱為戰爭的新境界，即我所謂新型情報所形成的新型戰爭，不同於傳統型戰爭也。

第十四章"君王行動"，乃準備攻法國

"V1（德國火箭名）第一次在超極情報中出現是在一件命令對某基地加以特種防空保護的電文上。這是我們第一次聽到這個正式的名稱。"

"1944 年四月，希特勒終於下令，在法國的亞敏昂附近設立一個特種總部，來管理 V1 的使用。這個總部命名的第 155 防空團，由華許德上校指揮。希特勒這個命令是發給 66 軍團統帥海勒曼將軍的，所以這個新成立的團部，當然是由他指揮。"

"四月底華許德上校，在一件密電中向海勒曼統帥報告，說已經有五十座發射台準備完竣。邱吉爾因此決定'君王行動'，一定要在六月中開始，拖延下去，對盟軍恐怕不利。在六月六日的 D 日那天（這是盟軍登陸諾曼地的日子），華許德奉命準備在六月十二日開始全力攻擊。不過事實上，到了十三日，英國才受到第一枚飛彈的轟炸。"原來策定六月六日的 D 日是同超極情報有關。

"在 1943 年底，一個對摩根（註：佛烈笛摩根中將，擔任盟軍最高指揮部參謀長，他的任務就是為盟軍的進兵法國，設立一個計畫單位。）那是個再重要也沒有的題目，很清楚地從電訊上傳了過來。這就是朗史泰（德軍西線主帥）對盟軍可能登陸地點的猜測和評價。他根據德國傳統的軍事思想認為盟軍一定會從海峽最窄的地方渡海，所以一定會來攻加萊地區，（Calai 是法國北部多佛海峽最窄的地方），由於這個電文，盟軍訂下了一個很複雜的詐騙計畫，派出一個假的師，駐在肯特 Kent 跟加萊隔海相對，以便加強朗史泰的信念。"按盟軍方面一個龐大無比的電訊謀略欺騙計畫，就是如此產生的。在邱吉爾著二次大戰回憶錄中，有詳盡的紀述，我是十分欽佩英國人智謀的傑作，實在比美國人還要詭也。我於民國 51 年秋季，為了蔣公的命令，必須交卷，擬定國軍反攻時登陸作戰的電訊謀略計畫，呈報國防部的，就是師承此盟軍欺敵計畫的思想觀念也。

3.諾曼地情報戰 Normandy

上節敍述英國人作戰略欺騙之佈置，而盟軍於六月六日在諾曼地登陸作戰，直到六月底，希特勒還以為盟軍主力應在加萊地區由巴頓將軍指揮登陸的。可見情報戰的功效。

"……希特勒就又發出密電給朗史泰，重申他的決定，而且特別加上說目前位置必須固守。"超極情報第一次顯示出，朗史泰和隆美隆已經看出情勢不對，想要撤退了。

　　"⋯⋯第二次朗史泰就被解除了職務。我們收到指派克魯治擔任西線總司令的密電時，才知道朗史泰已經下臺了。克魯治到任後第一件事就是對所有的指揮軍，重覆希特勒固守目前防線的命令。"

　　"我幫狄克生把送給布萊德雷（Bradley）看的重要情報，加以注解，就像我為邱吉爾作的一樣，然後我們練習了一下，要把密電情報，改成為命令，轉給軍部和師部時，應該如何措辭最好。我雖然教了他不少，可是也從他那邊學到很多，我現在才充分瞭解他們的情報單位，要對超極情報作最佳的利用，也不是一件根容易的事。"按布萊德雷乃美軍將領，狄克生是布萊德雷的情報主官，諒都是初次接觸此項超極情報也。

　　"⋯⋯我們發現克魯治（新任德軍西線總司令）是個有條不紊的人。當他接管了朗史泰的部隊時，就把各個單位，好好檢閱一遍，他把檢閱的結果，小心地記載下來，然後把一份清單，發給柏林的陸軍總部和最高指揮部，我們也截收到了這個特別有價值的報告，不但清楚了當前德軍各單位的實際兵力，同時也可以看出德軍的損失，很可能是隆美爾警告過他，希特勒常常會命令一些不能使用或者有名無實的單位去作戰，所以最好還是從一開始，就把情況跟上面弄清楚。這個報告是在七月初發出的，我們發現西線德軍，除了隆美爾在諾曼地的 B 軍團外，還有一個在法國南部的軍團，而且隆美爾在凱恩 Caen 地區的第五坦克軍，居然擁有九個坦克師。面對美軍的第七軍是由聖洛地區的第二傘兵團，以及在謝蔔半島南方的八十四傘兵團構成的，不過克魯治的密電，真正的價值，是使我們知道第五坦克軍中能夠使用的坦克，數量比我們估計的少。」

「我想沒有直接參與世界大戰的人，很不容易瞭解，為什麼敵方的每一舉動我們都要那麼注意。對我們這些透過超極情報系統注視著敵方的人來說，一個將軍的失職，他手下指揮官的為難，補充損失的困難，從元首下來的不准撤退和戰到最後一顆子彈的命令，對我們在估計敵軍的潛能和士氣方面，都是最重要的。二次大戰和其他戰爭之間的不同，就是我們能知道這些事情。不過，我們對克魯治還知道得太少。」這是說有智慧有經驗的軍官，能看出殊多潛在不顯的敵情出來，是可貴的經驗，同時表示二次大戰之所以與過去戰爭不同之處也。

4. 希特勒的奇跡

「……但是他說（希特勒給克魯治的密電說）：為了應付目前的情勢，我們必需採取大膽的行動，劈裂美軍的攻擊行動一定要實行。克魯治必須冒險，暫時把坦克師由凱恩調出。」幸好有克魯治的努力爭辯，我們已經有了三天的準備時間，而艾森豪覺得這簡直是希特勒賜給他的機會，現在準備把向東西橫越法國的全線正面攻勢計畫放棄，利用這個機會，包圍和消滅德軍在西線的主力。這真是個令人難以置信的情景。希特勒竟在幫助艾森豪決定德軍的命運。以下即是敍述此戰爭經過。

「在八月六日，蒙哥馬利果然下令三個軍 —— 英國的第二，加拿大第二軍團，和美國第一軍開始行動，同時要美國第三軍開始繞過德軍南翼。在同一天，克魯治忠誠地執行了元首的命令。他的一再跟希特勒爭論，以及我們迅速獲知他們的密電內容，已經給我們有了四天的準備時間。加拿大軍團司令蓋西蒙中將，已經準備好要率令他的部隊，以高速開向南邊，拿下法雷斯（Falaise），鄧必的部隊向南移到西蒙的右邊，美國第一軍……"

"八月七早晨，我五點鐘就醒來，開始等著攻擊行動的消息，……在黎明的時候，德軍的第四坦克師就衝過美軍前哨設在路上的障礙物，進入了莫丹……然後盟軍飛機就找上了他們……德軍的坦克無法再進了……到了中午，這些坦克部隊只好趕快採取防禦措施。美軍猛烈的炮火一定會使他們有點懷疑，是否中計，……只有極少數的部隊真正穿透美軍主要陣線。"

"到了七日晚上，美軍已經集合了七個師，準備把來犯的德軍打回去。克魯治在下午對柏林總部，提出報告說，攻勢已經被迫停止，半數以上的坦克業已喪失。他接著建議把在莫丹餘留的部隊，調來阻擋英軍對法雷斯的攻勢。希特勒一定很不開心。"

"盟軍最高指揮部原定在八月九日由樸次茅斯遷往謝蔔半島西岸的葛蘭維爾 Granville，但由於超極系統送來的這些重要情報，艾森豪已經先來到布萊德雷的總部，親自主持包圍三支德軍的作戰行動。"

"── 在八月十日克魯治通知總部，美軍已經撲向北邊的阿岡丹 Argentan，而且第一次警告總部他的部隊有被包圍的危險。他這份密電使我突然體會到超極情報對我們的作戰行動有多大的助益。過去四天所發生的事，我們知道得清清楚楚，可是克魯治卻到現在才發現他最害怕的事情已經變成了事實（註：意指被包圍。）"

"難怪艾森豪在戰後會寫信告訴孟席斯（英國秘密情報局長）超極情報的效用是具有決定性的。"

作者下的斷語說 "……無疑的，這次的重大勝利主要是超極情報的功勞。" 又說 "導致法雷斯之役，以及一大半德國西線陸軍被消滅的那些密電，可能是超極情報最大的勝利了。佈雷契萊的（英國秘密情報局在英倫佈雷契萊公園）工作人員，實在功不可沒。"

5.結束的開始

"我回到倫敦幾天後，我們接到希特勒對西線部隊發出的指令，要他們在齊格菲防線前，盡可以抵拒敵軍，最後再進入防線，……（註：在二次大戰前，法國建馬其諾防線 Maginot Line，德國建齊格菲防線 Ziegfeld Line 以相抗，乃戰壕與堡壘所構成者）……德軍在準備完成後，將對美國第三軍作決定性的反攻，—— 這卻是一項對蒙哥馬利和布萊德雷都很重要的情報。蒙哥馬利由此獲得警告，知道在荷蘭還有相當數量的德軍，布萊德雷和巴頓也可以提防德軍發動攻擊。"

"就在這時候，希特勒又重新任命朗史泰為西線德軍的總司令。"

6.總結

"事先讓我們不但獲知敵軍的正確兵力和部署，而且告訴我們對方打算在何時何地如何進行作戰的情報，已經將戰爭帶入了一種新境界。這是亞歷山大將軍 1943 在突尼西亞說的話。他還可以再加上兩句話：出敵不意，是現代戰爭最重要的戰術，使敵人無法達到奇襲的效果，而自己卻可以成功地進行奇襲，則是獲得勝利的要素。”

“既然超極情報提供了這些要素和境界，這種情報是否就是盟國二次大戰中，贏得勝利的真正因素呢？要是沒有軍事力量和準備，再怎麼卓越的情報工作，也不能導致戲劇性的勝利。在 1940 年那些黑暗的日子裏，當超極情報剛開始在佈雷契萊萌芽時，由於法國將領頑固地不肯採信，以致使希特勒在色當（Sedan 法國境）奇襲成功，造成盟軍的重大損失。然而超極情報拯救了在歐洲的英國遠征軍，當英國孤獨地對抗挾勝利餘威而來的龐大德國軍事力量時，我們所求的只是生存，而不是勝利，而在英倫保衛戰中，超極情報協助英國戰鬥機司令部，憑戰略，打碎了戈林企圖消滅英國空軍的企圖。”

作者又歷述各次戰役中，超極情報的作用評估，很具關鍵性的推斷，在此都從略。

“我覺得，超極情報最重大的勝利就是在法雷斯包圍了諾曼地的德軍。由於事先充分地瞭解了希特勒訂下的計畫，和各德軍各單位的兵力，艾森豪和其他美軍將領得以完成了一項最富有創意的行動。巴頓也有了機會施展他的高度機動戰術。這是西綫戰事結束的開始。”

“法雷斯之後，超極情報不斷地通知盟軍指揮官，敵方部隊的弱點，和人員物資愈來愈短缺的情形，使他們能夠儘快地向德國推進，縮短戰爭的時間。這是非常重要的一點，因為俄軍已經由東邊打了過來。若是沒有超極情報，也許我們會在萊茵河 Rhine，而不是易北河 Elbe 跟俄軍會合，他們也絕對不肯再退回去了。"

"對那些一直以為二次大戰贏得很容易的人，也許本書的前幾章，會使他們的看法完全改變，讓他們自己去判斷，如果沒有超極情報的話，我們還能不能贏得這場戰爭。"

歐洲戰場東戰線德俄作戰，俄國是情報老手，可惜密封甚嚴，一無資料，我只從中共的 1976 年六月號中共航空知識月刊第 63 號電子偵察一文內稱"在第二次世界大戰中，蘇軍在加里寧格勒的一次大規模戰役中，曾成功地干擾了德軍的通訊。蘇軍的無線電干擾部隊，壓制性地破壞了被包圍的一個德軍重兵集團同希特勒大本營之間的無線電通訊聯絡，德軍曾二百五十多次企圖與希特勒大本營聯繫，轉用各個不同的波長，發出了各種不同的呼叫，但都無濟於事，得不到增援，最後被迫投降"。蘇俄的無線電偵測破譯情報的作業與保密，我是在抗戰時中蘇情報合作期間聆教過的，那時他們已甚有規模了。諒必對德勝利中，定有過重大的貢獻的。

按希特勒終始在不明敵情的形勢下硬拼，老是發出一大堆堂皇而自信的大指示，給各指揮官，要他們做辦不到的戰事，相對地，英美憑藉豐富的超極情報，對敵情瞭若指掌，發出因勢利導的作戰指揮，置敵軍於控制之下，所以一路來，強勢德軍，卻節節敗下來，直到覆亡，其態勢，正是很像我們國軍與中共作戰，我所看到的態勢，如同一轍，蓋是情報之力之因也。

（六）太平洋戰場 —— 美日之戰

太平洋戰場美日開戰之先，美國先一年已破譯日本新創制之高度保密之密碼機，美國人稱之謂 Purple Machine，是在英國人破譯德國的 Enigma 機之後，我以為美國的破譯專家 Friedman 是先見到英國仿製的 Enigma 機之後，獲得破密的甚大助益。（按英美二國破密機構互通合作，Friedman 曾去英國參觀過此機）最著名的日本給美國的最後通諜長電文，在日本特使遞到前，美國國務院已先看到了。可惜沒有其他情報使用的實務紀錄，揭露於世，只有一本 The Code-breakers，（by David Kahn 1968）敍述美國破密之事及此 Purple Machine 而已。

茲據第二次世界大戰史（英國兵學家李德哈特所著 1970 年）所述者之記載，摘述如下。

1.遠東的漲潮

"總而言之，日本人要發動戰爭時，是享有無比的全面優勢，而尤以在素質方面為然，在開始的階段，唯一的真正危險，就是美國太平洋艦隊有立即採取干涉行動的可能，但是他們對珍珠港的襲擊卻足以預防此種危險。"

"情報也是一個重要因素，但是在一般比較雙方實力的分析中，對於這一點，卻很少有足夠的考慮，（按意謂視情報的份量尚不重）概括言之，日本人在這方面是很內行的，尤其對於作戰地區都事先有長期和縝密的研究……但同盟國方面也享有一種重大的便利，那就是在 1940 年夏季，美國人已經能夠破譯日本的外交電報密碼 —— 這是弗裏德曼上校（Colonel William Friedman）的一項偉大成就。從那時以後，美國人對於日本外務省或大本營的一切秘密電文都能獲知其內容，在戰前的談判過程中，甚至於在日本代表尚未提出其最後通牒前，美國人就早已完全知道了。只有攻擊的正確日期和作戰內容，日本當局不曾事先告訴日本大使。"按日本外交密碼共有四種，Purple Machine 是一種最保密者，且操作方便，故日本大本營軍方亦採用之，其情況正同德國之使用 Enigma 機相類，德日兩機間之關係如何，我未獲資料，惟我估計大體上是同一類型，乃日本抄襲德機者，日本尚無此密碼高才也。以我所知英國之 X 型密碼機，美國之 Hagelin 型密碼機，中國之電動密碼機（抗戰時軍令部技術室王啟賢先生所創制，似與 Hagelin 同一型）惟不知蘇俄用何機。

"雖然美國人在珍珠港還是不免受到奇襲，但他們對於日本密碼的知識，就本身而言，還是一項極大的利益，尤其是他們以後對於它的利用，越學就越精，於是獲益也就愈大。"按李德哈特只知其概略輪廓，未知其運用細節，當然其認識不到如《超極機密》一書之作者溫特鮑瑟姆所認識的新型戰爭，因李德哈特於 1970 年逝世，而《超極機密》一書乃 1974 年出版也。

2. 日本的征服狂潮

敍述珍珠港於 1941 年十二月八日被日本襲擊的事蹟，美國主力艦八艘都被擊沉或重傷，另尚損失巡洋艦驅逐艦及飛機等，損害慘重，日本之所以能一擊成大功者，事前的調查研究及情報工作十分有效，相對的，美國當時雖有雷達顯現機群而疏忽，誤認為自己的飛機，蓋日本得此情報優勢之功也。

　　敍述馬來西亞與新加坡的淪陷一節中說，戰鬥艦威爾斯親王號 Prince of Wales 和戰鬥巡洋艦卻敵號 Repulse 於十二月二日自英國到達新加坡來保衛，都是新式的威力強大的有名戰艦，威爾斯親王號上裝有 175 門高射炮，一分鐘可噴射六萬發炮彈，並且當時世間尚流行一項傳說，稱此項新式戰鬥艦，是炸不沉的，因為艦身結構是分成隔間的，豈知於 1941 年十二月十日中午被日本第二十二航空隊，駐在西貢機場的 34 架高空轟炸機和 57 架魚雷轟炸機所炸沉，英國從此於遠東地區無所作為，實在震驚了全世界。當時我們中國的重慶和成都兩地的偵空工作隊均獲得該西貢日本空軍基地與出動飛機的電訊，自其偵察機先發現兩隻大型艦時，即電知西貢基地，基地即出動大批轟炸機去轟炸成功，炸沉時，日本飛機才看清楚為威爾斯親王號和卻敵號，其間有一個半小時之時間，可是中國雖派有聯絡官鄭介民將軍駐在新加坡英軍軍部，因無準備佈置，無法通知英軍，只能於重慶當地，告訴英使館而已。英使館起先還不相信，以為是中國人瞎說造謠，隔不幾個小時英使館才知此項情報是正確無誤，還表示謝意。其時中國曾派遣一個偵空工作隊駐香港協防已有一年多，如派駐新加坡，則可救此二艘主力艦矣（按派工作隊駐新加坡，亦有成議，惟日軍進展太快，不及派也）

3.太平洋的潮流轉向

　　珊瑚海會戰一節中說"美國的情報（這是同盟國方面的主要優點）已經發現了日本計畫的主要線索，於是尼米茲（美國海軍上將，為太平洋海軍主帥）將軍也把他所有一切

能動用的兵力都向南方運送 ── 兩艘航空母艦，約克鎮號
Yorktown 和萊克辛頓號 Lexington 從珍珠港出發，載有飛
機 141 架（戰鬥機 42 架，轟炸機 99 架）另有兩群巡洋艦
擔任掩護的任務。（其他兩艘航空母艦企業號和大黃蜂號在
空襲東京之後，剛剛回來（回到珍珠港），也奉命向珊瑚海
趕去，但是到達太遲，未能趕上會戰。」

　　「1942 年 5 月 8 日上午，雙方的航空母艦部隊終於交
手了。雙方實力十分接近，……結果，美國在飛機方面損失
較輕：74 架對八十餘架。美國在人員方面的損失為 543
人，而日軍則超過一千人，但美國卻損失了一艘重型航艦，
而日本則僅損失了一艘輕型航艦。不過比較重要的是，美國
人還是阻止了敵人達成其戰略目標 ── 攻佔新幾內亞的摩爾
斯比港（Port Moresby）。現在美國人憑藉其優勢的技術，
迅速修復約克鎮號，使其能勉強如期趕上次一階段的太平洋
大戰，而日本方面在珊瑚海會戰中負傷的兩艘母艦，卻未能
在第二次更具有決定性的會戰中登場。（按指中途島會
戰）。

　　珊瑚海會戰是有史以來，第一次雙方艦隊，在彼此不見
面的情況下交戰，其距離從戰艦的最大極限約 20 哩，伸展
到航空母艦彼此相距約一百餘哩。不久我們就可以看到一次
更大規模的海戰 ── 那就是中途島會戰。」

　　這是說美國尼米茲上將憑藉優勢的情報來指揮作戰，並
借優勢的技術能迅速修復受損的航艦。

4.中途島會戰

　　「日本大本營於五月中動用了二百艘艦艇，其中包括八

艘航空母艦，十一艘戰鬥艦，二十二艘巡洋艦，六十五艘驅逐艦，廿一艘潛水艇，還有 600 多架飛機。美方尼米茲上將只勉強集中了 76 艘艦艇，而其中有三分之一是屬於北太平洋的兵力，根本就不曾參加會戰。"

"在美國方面，尼米茲的主要煩惱即為日本人的兵力優勢。自從珍珠港事變之後，他已經沒有戰鬥艦可用，而在珊瑚海會戰之後，又只剩下兩艘適合於戰鬥之用的航空母艦——企業號和大黃蜂號了。不過依賴一種驚人的努力，它們又終於增加到了三艘 —— 因為約克鎮號只花了兩天的時間，就修好了，而據正常的估計應該需要九十天"（按這二天與九十天之說，是否有些誇大，存疑）

"不過尼米茲也有一個巨大的利益，足以抵補兵力的劣勢，那就是在情報方面的優勢。 —— "

"這個六月四日的會戰，是海軍歷史上所僅見的一次，其命運的變化是如此的奇特而迅速，同時也證明在此種運用長程海空戰鬥的新型會戰中，機會的因素是相當的大。"我按這恐怕不能說機會的因素，似可說情報的因素相當的大也。

"總結言之，1942 年六月的作戰對於日本人而言，是一次慘重的失敗。他們在中途島戰鬥中喪失了四艘航艦和大約 330 架飛機，大部分都是和航艦一同沉沒的，此外還有一艘重巡洋艦 —— 而美國人的損失則僅為一艘航空母艦和大約 150 架飛機。在美國方面，主要的兵器即為俯仲轟炸機， —— 成為強烈對比的是，魚雷轟炸機有百分之九十被擊落，而陸軍的巨型 B-17 轟炸機，證明對艦船的攻擊是沒有太大的效力。"

　　實在說來，日本山本五十六大將和南雲中將等指揮主帥，都是在不明敵情下作戰，有些瞎闖的味道，而美方指揮主帥是很清楚瞭解敵艦的位置和企圖，所以能造成兵力的局部優勢，動即得利，相對的日本多餘的兵力，根本就派不上用場，南雲中將指揮的第一綫艦隻戰敗了（四艘母艦全部沉沒），山本大將軍的艦隊以事無可為即回航了。此役的美海軍善用電訊情報之智慧精彩處，李德哈特作者就未曾深入體會也。

　　其次，在中途島戰役（1942 年六月）以後的西南太平洋地區的新幾內亞島 New Guinea，瓜達康納爾島 Guadalcanal 等地區的幾次會戰，歷時半年，雙方都損失重大，不過煞住了日軍的進勢。

　　1943 年五月華盛頓"三叉戟會議"Trident Conference 中決定同時採取兩條路線一條是麥克亞瑟 Douglas McArthur 為主帥的西南太平洋路線，一條是尼米茲指揮的中太平洋路線，惟二線最後都以菲列濱附近為會合點。

5. 日本在太平洋的退潮

　　"山本五十六海軍大將（日本聯合艦隊總司令）企圖扭轉日軍在空中的劣勢，他把第三艦隊的母艦飛機，從特魯克 Truk Island 調往拉布爾，（Rabaul 為山本總司令部駐地），希望用以對聯軍基地作不斷的空襲以消耗聯軍用的空軍實力。這個在四月一日開始的消耗作戰，結果，在十四天的戰鬥中反而使日軍損失比防禦者幾乎多一倍的飛機，與執行攻擊的駕駛員所作的樂觀報告，恰好相反，接著山本本人在前往布幹維爾島 Bougainville Island 視察的飛行途中，

因為美國情報機構事先獲得了消息，遂遭到美國飛機的狙擊
而送命。接替他出任日本聯合艦隊司令長官的古賀峰一海軍
上將，是一位庸才，遠不如山本那樣的可怕。”按當時我在
重慶，中美合作所 Sino-America Cooperation Organization
SACO 的美方負責人梅樂思將軍 Milton E. Miles 曾面告
我，美方偵譯得日軍的密電，那是說 GF 長官自拉巴爾基地
Rabaul 巡視蕭德蘭島 Shortland Island 前綫去慰勉官兵，準
備儀隊，隆重歡迎儀式等事，美方不知 GF 代號為何人。惟
鑒於盛大歡迎，諒必是高級人物，因之擬具襲擊行動計畫，
於 1943 年四月十八日晨出動狙擊成功。東京方面於五月廿
一日方始廣播發表山本死訊，美方才知擊斃者竟是山本大將
也。梅樂斯將軍見告時，亦表露對山本為可畏之勁敵，蓋他
原是策劃指揮襲擊珍珠港成功之主持人，亦是日本第一海軍
將才，自日本山本大將去世後，其西南太平洋和中太平洋兩
路，多次作戰，美方著著進展，但書上都未提及美方從電訊
情報中獲得多少利益。

　　在第七篇低潮（1944 年）的第三十四章“西南太平洋
和緬甸的解放”內說“馬裏安納群島 Marianas 的攻佔 ——
菲列濱海的會戰”一節內說“麥克亞瑟和尼米茲的位置在可
以互相直接支援的距離之內，期能一舉收復菲列濱。”

　　“由於兩艘巨無霸式的戰鬥艦的完成，使日本海軍將領
的自負和自信都提高了不少，‘大和’與‘武藏’要算是世
界上兩艘最大的戰鬥艦，兩艦的排水量超過七萬噸（按美國
的戰鬥艦是三萬多噸），裝有九門十八吋炮。在世界的軍艦
中，只有它們裝有這樣多的十八吋炮。反之，日本人對於他

們的航空母艦部隊及其所需要的飛機，卻不太注意，幾乎毫無新的發展。這也正是歷史上所常見的慣例，儘管他們在戰鬥開始時，曾經獲得偉大的成功，（按系指日機炸沉英國主力艦事）但他們對於其教訓的應用，卻遠較對方遲緩。"按李德哈特的評語很對！日本將領的觀念認識，呆板而遲鈍，遠不及美國將領的優秀，亦即是落伍與進步之分別，此亦正是我們中國國軍將領所犯的毛病也。

　　1944 年 10 月登陸菲列濱，其多次海戰，茲不贅述。惟作者有以下二項評估，是值得注意的。（1）"經過一場激烈的夜戰，日軍南面支隊的攻擊終於被擊敗，大部份應感謝美國雷達所供給的夜間描准，那是遠比日本海軍的為優……"按這亦是情報優勢，其原因為美國的電子工業高出日本甚高也（按我曾親見日本的雷達機，粗率低效，僅堪使用而已，且日本製造不出高頻率的電子管，比美國差甚遠。（2）"雖然是四個分別的和獨立的行動，但被總稱為雷伊泰灣會戰 Leyte Bay，它要算有史以來最大的海戰。全部參加的軍艦為 282 艘，另外加上數百架飛機……" "這次會戰（雷伊泰灣會戰）的主要價值是擊沉小澤的四艘航空母艦。沒有任何母艦的支援，六艘殘餘的日本戰鬥艦也就變得孤掌難鳴，所以此後它們對於戰爭即再未發生任何積極的作用。雖然海爾賽 Halsey（美艦隊司令）的向北追擊，曾使其餘的美軍暴露，在嚴重的危險之下，結果卻反而證明他並沒有錯。此外它也揭穿有關戰鬥艦神話的虛偽，並證明出來把信心寄託在此種過時落伍的巨大怪物身上，實在是愚不可及。（按海爾賽的航空母艦飛機擊沉了武藏號，一共中了十九顆魚雷和十七顆炸彈）這種巨艦在第二次世界大戰中的唯一重要價值即為對海岸的轟擊，很夠諷刺的，這種任務在過去的時代是被認為不適當的，和對其本身具有太大的易毀性。"因之，我下另一個評語是假使當時不造太和及武藏兩艘巨大戰艦，而造幾艘航空母艦的話，日本海軍必可獲得較佳的戰績，所以日本海軍命中註定的噩運，還是建造此兩巨艦時種植的，亦認識不足，落伍之過也。

此後主要戰役為 1945 年四月進攻沖繩島，太和號亦於四月七日下午被擊沉，直到八月十四日日本宣佈投降，均未提及電訊情報之作用。

雖然美軍所使用電訊情報之成就，李德哈特未能如英國作者溫特鮑瑟姆所體察到之深入，但他是兵學家，對於戰爭之來龍去脈與成敗得失之觀察有正確之研究，殊屬可貴而不可多得也。

不過總括而論，美軍自珍珠港事變後，其海空軍兵力顯然比之日本，處於甚大之劣勢，而終於反敗為勝，李德哈特固歸因於工業技術之優勢與情報之優勢，但尚未能更進一步認識得必須先贏得情報與保密之無形戰爭，才可贏得有形的武力戰爭之新原則也。

6.結語

國民黨與中共之明爭暗鬥，曆二十餘年之久，一路來中共明的力量終始不及國民黨遠甚，但暗的鬥爭 —— 即情報與保防的特務作為， —— 則一直勝過國民黨，這不能不歸因於蘇俄乃特務老手所賜也。（民國廿一年，力行社特務處處長戴笠創辦杭州特務訓練，就是聘請了留俄特務專家們主持的）在初期（民國 19 年）暗鬥中，共諜錢壯飛之滲透中央調查科一事，實質上十分嚴重而國民黨方面竟淡然處之，只當無此事變，諒臭事不便聲張，而形成冥頑不靈，惟當時國民黨對於特務的認識是程度不夠，怪不得誰。豈知後期（民國 36 年）西安綏靖公署對於西安測向台之被夜襲及清澗（陝北）測向台人機之被中共破城擄去，以及其無線電訓練班主任戴中溶之為共諜，實質十分嚴重，而亦淡然置之，若無其事者。冥頑不靈得可怕矣。歷時廿載，中共鍥而不捨地贏得無形戰爭，國民黨從十倍以上之絕對優勢兵力，蝕虧到徐蚌會戰時之二比一之比較優勢，國民黨竟不明其所以，不知其故也。迨劉斐之出賣通共，以致徐蚌會戰之主力被消滅，則共軍變為大優勢而大陸盡失矣。故大陸之失，失在情報與保防，蔣公之敗，敗在毛周聯合用間也。

　　補注：1988 年 5 月 2 日一期"美國新聞與世界報告"雜誌上有一篇題為"何梅尼的下一著棋"（何梅尼為當時伊朗強人）的長文內有一句話"西方國家無法打敗他們不瞭解的敵人"，實深得個中三昧的高見。以西方英美等國家之武力，財力，政治力如此之大竟無法打敗力量相差甚巨之中東國家者，在"不瞭解敵人"一要點上，可謂知言而能證實我的認識為不誣也。

1988 年五月二日註於淡水

第五章　臺灣之不失

　　以上我從多方面事實來闡明大陸之失，失在“情報與保防”之無形戰爭上，相對的，我接下來敍述“臺灣之不失”更簡單明白的亦系於“情報與保防”無形戰爭之成就上，蓋其理一致也。這大都是我所見所知與親身經歷的實事，才得識個中玄妙而可以證實的一項歷史研究。

（一）我們撤退來台的背景

　　民國三十七年十二月國軍放棄徐州，三十八年元月二十一日總統蔣公宣佈引退前，任陳誠將軍為臺灣省主席，而我們技術研究室則得指示“精銳主力應撤到臺灣集中”，故我偕同副主任林國人等部分人員來台，另由副主任金戈，冉一鶴等部分人員則隨國防部撤退去廣州。當在南京時，老長官徐次宸（永昌）先生曾語我“要救中國，只有委員長有希望，我們仍應擁護領袖”云云，我深有同感。其時，蔣委員長之威信已下降，若干同志自願遣散，不來臺灣，若干官員，以能逃赴美國為第一策，逃香港者次之。但我抱定宗旨，不計前途為何，盡心來台建立情報，為救亡之用也。蓋在抗戰時期，曾與戴高樂將軍的自由法國（流亡在英國倫頓）派駐越南的專員（原稱總督，自由法國改稱它為專員）派來戰時首都重慶之代表有業務上接洽，乃深知一個流亡政府要複國的基礎為在建立武力（包括遊擊）與情報二事。我們要撤守大陸時，在香港有所謂第三勢力的活動，又在關島受美方支持的蔡文治之活動，大都是進行對大陸情報工作的。武力還談不上。按蔡文治將軍於抗戰時任軍令部第一廳的作戰處長，有才幹，故美國人要培植他，因美國於 39 年 8 月間發表白皮書，即公開表示放棄臺灣蔣公的國民黨矣。不過我們的情報豐富正確，與美國中央情報局合作良好，故後來美方將蔡部的電訊偵收人員亦一律移交給我們了。

　　陳誠任臺灣省主席後即奉委員長電示實行出入境證制度，並交由省保安司令部彭孟緝副司令嚴格執行，陳主席還應當時在南京立法院院會之質詢，堅持其必要之理由，中央日報有此報導。

　　六月蔣公抵臺灣，臺灣省改革幣制，發行新臺幣（即現行之台幣），當時民主刁疲，物價上漲，政府人員官兵雲集，而收入有限，乃宣佈以大陸運來之二百萬兩黃金為準備金而發行新臺幣二億元以維幣信而渡難關，可見那時窮困之狀況。

　　八月蔣公成立總裁辦公室於陽明山，進行黨務改造，不久改組秘密情報組織，設行動委員會。以參謀總長為主任委員，蔣經國將軍副之，蔣並任國防部總政治部主任，情報與保防業務仍由保密局（屬國防部）與調查局（屬內政部）分頭進行，惟逮捕之權屬於保安司令部，所以統一事權也。同時，省保安司令部副司令（司令名義上為省主席兼攝）彭孟緝委由參謀長李立柏主持肅奸任務，李立柏公明勤慎，協同毛人鳳，季源博二局長協力進行，故社會上一片共謀混亂局勢，得以逐漸有效清除。當時共諜猖獗情況，與上海類似，如最大產業機構台糖台電等已喊出保廠護產口號以等候共黨來接收，人心惶恐，可見一般。我還記憶得有一次行動委員會開會，由主任委員周至柔主席（周參謀總長兼任），我亦參與末座，當時彭副司令有逮捕之權，擔負重責，故發言較多，主要是呼籲請總長支持，以利戮力辦事等意，保防加強，是為一有力措施。

八月三日傍晚蔣公（次日即飛韓國唔李承晚總統）輕車簡從，突然來淡水海濱蓬萊閣海水浴場技術研究室巡視鼓勵，隨詢工作情況，我當答稱除研究工作在淡水外，其他電訊偵收部門分在士林與新店兩地，乃奉指示"淡水不妥當，遷往新店集中"云云。按蔣公一言一動均有其深遠見地，蓋（1）淡水海口與福州間水程，一夕潮汛，即可抵達，當時保密局的爆破隊，在軍方主持下，曾在淡水海口演習水中爆破以阻敵登陸，即在本室辦公室之海邊，故不夠安全也。（2）當時蔣公心目中盤算一為聯合菲韓為反共陣線，一為保衛臺灣之安全成造一個局面，所以百忙中，尚來本室視察，需要情報來用也。

八月份，成立東南長官公署，由陳誠兼任長官，以應時勢之需要，原來省主席不夠統率臺灣以外地區軍政之份量，急須如何收容整理陸續由大陸退下來之部隊及如何籌畫抵禦共軍之來侵，此舉乃加強政府組成也。我還記得陳長官在其信義路的官邸召開過一次軍事會報，我以國防部第二廳副廳長身份應邀出席，公署之參謀長為張秉鈞將軍，張參謀長於抗戰時任軍令部第一廳廳長，主持對日作戰計畫者，對軍事學深有研究，後來曾召我去講解共軍進侵福州的電訊偵測情報，認為共軍幾路南侵，及其部署位置之情報是比地面情報更為合理正確。

> 九月二十八日總裁辦公室第六組唐縱主任在草山（現為陽明山）召開一次情報會議檢討局勢，我乃得知（1）對共方各情報單位都撤退到臺灣來不久，故均未及向大陸佈置工作，共軍動態不明瞭，（2）幸自十月份以後至次年二，三月間臺灣海峽之東北季風強勁，風浪大，不適於渡海作戰，故可有五個月之時間，作各項防衛措施，足見當時倉促無備情況之一斑。

八月份美國發表中美關係白皮書，公開指責國民政府，將臺灣劃出於其太平洋防衛線之外，同時間，美國駐台之外交官員向其國務院報告稱臺灣將于數周內失陷云云。在中共看來，臺灣不啻已是囊中物了。

十月一日中共在北平成立中華人民共和國，一面倒向蘇俄實行它的共產主義，獨裁暴政。

其時由彭孟緝，李立柏等留日將軍們策動密洽日本軍事家白鴻亮將軍等來台組織實踐學社，開班講授軍事學術，其目的為防衛臺灣之用，並聘得日本軍事顧問數十人，他們對於臺灣之兵要地理確有獨到研究，又傳聞日本根本博將軍亦召集日本軍人數百人來台組織敢死隊參加作戰之說。以我觀察，蔣委員長對他們確甚為重視與信任。蓋日本陸軍之強，為世人所共知。我曾與白鴻亮總教官面談過一次，深覺其學有研究，實心任事，且日本軍人自有其優良傳統，忠勇服從，切實負責，為國軍所不及，故大家對他亦頗為尊敬.彭副司令係兼任臺灣北部防衛之責，與白顧問團緊密合作，氣象甚旺，確是當時之一股實力，惟一般人卻未知也。按中共未及侵台，白團亦未顯其用，白鴻亮將軍後來歿於臺灣，蔣公對他一直極為禮遇。

中共自滬杭入閩之共軍，八月中旬佔領福州，十月十七日攻陷廈門，十月二十四，五日共軍以八個團之兵力于金門北岸海峽最窄處渡海來攻，登陸古寧頭，適湯恩伯將軍自上海一路撤退到了金門，即起而應戰，胡璉將軍亦即是受命增援，趕到接任指揮，盡其所有兵力抵住，適潮汛退，敵船擱淺不能動，既無後援，亦不能撤退，又經少數坦克車趕來加入衝擊，敵勢頓挫，胡將軍趁勢殲滅敵軍，造成大捷。軍民振奮，這是一個大轉機。以我觀察此乃國軍未被共諜滲透，而胡璉將軍與該部隊，亦有歷史淵源，軍心穩固，上下相信，故能奮勇作戰之故也。我國軍隊講歷史淵源關係，乃是事實，胡璉屬十八軍，十八軍乃是陳誠的基本部隊，以胡將軍之事功，聲望與才能（他是公認為陸軍中一流人才）而竟只任到陸軍總部副司令為止，即轉任駐越南大使，似不無與淵源有糾葛關係。此或因蔣經國副秘書長有以使之，我只是在此敘述這隱私不顯之事實。

十一月行政院由廣州遷重慶（並不是直遷臺灣），代總統李宗仁托言就醫，赴港後去美，行政院長閻錫山電請蔣公指示，蔣公乃由台飛渝支撐西南大局，到重慶時尚有十萬市民列隊街頭持國旗,放鞭炮歡迎,當然必引得中共注視。我亦於十一月二十三日從臺北飛柳州,指示柳州工作隊隨綏靖公署撤離。次日,飛重慶到浮圖關(即復興關)國防部第二廳,其時廳長侯騰將軍遲留香港,(因與美國人有情報合作事務)只遣副廳長沈蘊成及處長仲偉成等維持局面,看來只是一個殘局。川東黔江彭水一線守將似為羅廣文兵團,委員長蔣公曾派蔣經國先生前往前線慰勞,也未能使守將決心抗敵,以致門戶洞開,我知局勢甚危,乃於二十五日深夜前往山洞林園委員長行館,面晤俞濟時局長託呈蔣總裁一份報告,是為請求撥派飛機撤退人員電機來台,當承告現在要運空軍及兵工廠等器材甚多,及飛機不夠分派等實況後,但仍允為請求總裁,其時深夜沉寂,行館很是蕭條,共軍斥候已達南溫泉,重慶已是兵荒馬亂,實在淒涼,而蔣公尚坐鎮林園,力支危局,以掩護政府撤退人員器材而撐至最後局面,感念至深。二十七日俞局長電話通知批准兩架飛機(未及撤退者轉往成都)囑去接洽等情,我乃於二十九日清晨 5:30率領人員搭機直飛臺北,蔣公於三十日清晨由渝飛成都。

下午重慶即陷落矣,惟成都亦不穩,川軍將領劉文輝暗中通共,雲南主席盧漢亦投共,西南長官公署由胡宗南將軍主持,亦只能維護蔣公之安全,十二月七日中央政府遷設臺北,蔣公據 76 年九月傳記文學上嚴浜存發表 "臺灣之艱危時期" 一文,稱隨政府來台的陸軍六十萬人均為雜亂的殘餘部隊,空軍的四百架飛機多半不堪使用,海軍艦艇五十艘,只半數可用云云。

蔣公於十二月底飛離危城,留顧祝同總長在成都暫維殘局，不久成都陷落，最後根據地西昌，亦於二月淪陷，公署參謀長羅列將軍打遊擊，盛傳成仁，而舉行祭奠，豈知羅將軍竟化裝逃出竹幕，一年後重現於臺北，甚為傳奇，我曾于胡宗南將軍處，唔見羅將軍，胡先生特為我介紹曰此乃今世之紀信也。按西昌撤守前夕，胡長官與參謀長羅列，秘書長趙龍文等會議，依照蔣總裁之電報指示，三人各堅持自己留西昌，打遊擊戰，羅趙二人均主張胡應回臺灣，為國效力，要比他們二人貢獻大，趙且備有遺書托胡帶回臺灣給趙夫人，羅則稱他為正規軍人，應由他留下打遊擊，最後由胡裁定羅留西昌繼續抗共。按紀信乃漢室忠臣，項羽圍滎陽事急，紀信偽裝高祖代出降，高祖因而得以脫困，所謂今之紀信者就是意指代主將去替死之忠義智勇行為，可作模範，故敘其事實。惟後來胡先生病故時，蔣經國秘書長去向胡夫人要回蔣公給胡之全部書訊電文一事，就不知原因何在。

　　八月間美國駐台外交官向其國務院報告稱臺灣不過幾個星期即將失去。九月間國防部第二廳副廳長鈕先銘將軍坦白來告，假若中共用極多之機帆船作人海戰使用，則似無法阻其登陸為慮云云，可見當時情況之危急。我於民國 68 年冬見彭孟緝上將時承面告當時彼兼任臺灣北部地方防衛指揮官，也認為共軍可以用機帆船來登陸。

（二）蔣公在台之作爲

　　大陸形勢最後無救，不能不指出李白的桂系，二十年來，他們仍與蔣公異趣，不能團結一致，又若干親近大員相率投共，是一項大教訓，所以怪不得蔣公在台要用最可靠的親信人物，以實行他的意旨：第一為改造黨務，成立改造委員會，俾獲新生力量。第二為整頓軍政創廉能政府。任陳誠為行政院長，蔣經國任總政治部主任。訓練新軍，則委之留美之孫立人將軍（孫或以親美色彩過濃，後來遭致蔣經國主任之暗中傷害），保安任務委之留日之彭孟緝將軍。同時並將海南島與定海之國軍撤回以鞏固臺灣防衛力量，這些都是很適當的措置，雖是困難重重，但有些新氣象，公認為有些作為也。

此外，於三十八年十月二十六日下午傍晚，總裁在陽明山第二賓館召見技術研究室幹部同志，對我與林國人葉宗元等十人，慰勉有加，並說"我仍舊直接來領導你們"，"待遇可以特別設法提高些"著令擬縣辦法呈報，這次召見，大家都體會到領袖愛護鼓勵之意旨，予本室以最大的精神力量的支持。同時間奉到總裁批示發給工作獎金八千銀元。稍蘇經濟之困窘。（本室因伙食費不繼，曾向保安司令部鈕先銘副參謀長借調現款維持開夥，可見窮困之狀）。同年十二月份起又蒙總裁批准加發每人技術加給百分之二十的津貼（額定薪水的百分之二十，大約與當時文職人員薪給相等）。同年十二月二十五日又領到總裁特發本室特別費新臺幣 20 萬元（當時規定黃金一市兩值新臺幣 280 元，美金一元合新臺幣的四元，當時銀行發行額只二億，此款已占千分之一。當時大家窮困，已可稱鉅款了），此項撥欵非本室請求，係總裁自動發給者，欵領到後，有人建議分發給大家，我則想如何使工作更得益的辦法，首先把它定為基本金，使之生息以應工作上及生活上之所需，來穩定大家共同之事業。按：總裁之此項作為很明顯是一項有慧眼之遠見，情報事項固不同於一般之庶政，總裁預見電訊情報之優越處，而一反傳統上著重地面情報之觀念，這是隨時代進步的觀念，我亦得提其時輔助總裁處理情報事務之唐縱先生看不見的功績，總裁的大力支持，實為異數，其高瞻遠矚處，更為人所不及，後來於民國 48，49，50 年三次的國軍軍事會議席上，蔣公以統帥身份，講評全國軍事機關優劣時，稱譽本室績效優異者，連續三年三次，其他為空軍總部及警備總部等亦獲嘉獎。但三年中一二次而已，此可證蔣公當年對本室之期許，是為睿智矣。按情報者古為雞鳴狗盜，今為偵探包打聽之流，一向在軍中為不上臺面者，今突然打破傳統，竟於全面軍事會議席上，忽露頭角，可稱異數。可是我很慚愧，我自已覺得除了 47 年八二三金門炮戰一役，確有正確情報外，蔣公三次嘉獎不知何所指也。

　　同時，我亦看到二個要點，一為臺灣四面環海，將來的情報工作，正是電訊情報發展的天下，當時我曾向幹部同志宣稱，我們將有十年好運，一為中共擴展得太快，保密必有疏漏，我們情報作業必有收穫。所以我信心很足，幹勁亦足。工作得積極進取，收效亦快，實非其他機構所可及也。

　　39 年初，我當然首先要偵知中共攻不攻台，何時攻台，及我們如何阻滯其攻台。一月間即密切注意這個問題，研究如何能延遲中共攻台的準備及破壞其工業生產，尤其我偵知 38 年共方物價暴漲，通貨三次貶值，故經濟是它的弱點，因之，我要把中共的兩大煤礦，三大鐵路橋梁，四大電廠和十九艘大輪船，研究清楚其對經濟的及軍事的直接影響，故報請總裁辦公室派機去轟炸，我們電訊情報可以隨時供給這些轟炸目標的資料。例如各輪船的行蹤，何時由何地發航，何時到埠，停靠什麼碼頭，煤礦只要炸毀其發電廠，無電不能馬達抽水，全礦即遭水淹而停產，京滬及長江一帶精華地區的動力用煤百分之八十要靠這二個大煤礦供應的（淮南煤礦其出口為裕溪口及華東煤礦其出口為浦口）至於鐵路大橋其目標十分明顯，我空軍嗣於二月六日炸中上海楊樹浦發電廠，破壞力達百分之九十，又南京及閘北（上海）二個電廠也同時被炸一部分，促成上海工廠停工，物價飛漲，人心恐慌，其嚴重情況，竟超過我原來的估計（註：傳記文學雜誌 76 年 7 月號，關國煊先生著述潘梓年，潘漢年兄弟一篇文章內稱 "二六轟炸（國機轟炸上海楊樹浦發電廠）後陪同陳毅（上海市長）至現場視察慰問，立即組織上海人民冬防會"。惟錢塘江大橋被炸著後，中共竟於二十小時內經簡單搶修而能勉強通車，淮南煤礦未炸中其電廠，某一大輪泊九江某碼頭，也惜未炸中，僅炸傷了旁邊較小的一艘。此是我們電訊情報的運作，開始發展出一條新路線，就是要普通知識和專門知識，一齊運用上去，才得其成效，與過去傳統式的條列的原始資料迥不相同，這是一大進步。但此項有效阻敵的轟炸計畫，因蘇俄空軍飛機於二月底進駐上海，南京，徐州而未能繼續實施。

　　我現在來談談情報的問題，這實在是與學識和學術有關，我國在這方面不免甚為落伍，但此乃有關國家興衰之大事，我現把事實真相寫出來，以幫助大家明瞭事情內容。

　　我國八年抗戰，情報機構還算興盛，計有中央黨部調查統計局，軍事委員會調查統計局，軍事委員會國際問題研究所，軍事委員會密電檢譯所（後改組為技術研究室）與軍令部第二廳，除了第二廳有一群留日軍事專家憑籍其對日軍軍制專識，收蒐日本文書與廣播，正確研明其能動員之兵力限度與侵華之兵力及其番號外，都是一條一條條列式原始資料，不作研究，統統送給委員長侍從室第 2 組綜合審核，擇要加簽註呈委員長去核閱體會。至於國際問題研究所王芃生主任乃日本通專家有何研究專論，則我不知，我只知王主任有通日本人之路線而已。所以遠不如美國式的須經幾百專家研究，既有靜態的國力評估（包括人力資源，生產軍備等諸多專案）更有各項專題研究，情報分析以供主帥或總統裁決，以求事功。我於抗戰時期，曾任軍統局第四處處長兼第二廳第四處處長又兼技術研究室副主任代主任等職務，只是從事于開拓電訊情報之發掘与蒐集，實未入情報之門檻，有一次，我聽了中美合作所美方負責人梅樂斯海軍少將（他的文學校是學電機的）告訴我說聽到幾個日軍兵軍艦無線電呼號，測定在長江南京與九江之間，他研判乃為護航其運輸船隊到九江，為發動進攻江西之前奏。其護航行進有其陣式，因之通知陳納德將軍派飛機去作有效轟炸。云云。又一次日本聯合艦隊總司令山本五十六元帥因美軍情報研判精微，遭致飛機襲擊而殞命，都很引起我的興趣。復於抗戰勝利還都後，有一次與徐部長次宸老長官閒談，他突然問我：你在軍令部八年來，知不知道那一個情報頂好，我竟茫然，惟暗忖所有密電情報都送給軍統局去了，送到第二廳的都是些明碼電文，那來什麼好情報呢？故直答不知，他說那是日本商船隊運輸物資的情報最好，因為那是助成判斷日軍是南進的云云，（當時日軍南進或北進，是世界矚目的大事）啊呀，我十分自慚學識不夠，又連帶悟及民國三十年秋冬時節蔣委員長囑戴雨農局長要我們廈門電臺派人去看看廈門港內有無日本軍艦的情況，亦所以求證日軍南進之事耳。當年連戴先生都不知此情，只知奉命行事而已。真是令我大澈大悟，得益非淺。再舉一事例，民國三十年十一月底我們截收到日本東京外務部電臺發給香港領館一份密電，囑其將機要密碼等毀滅，只留最普通的 LA 密碼一種繼續使用，聽候後令云云，當時此種密電情報經侍從室第六組專員邵毓麟先生（乃日本專家，後任駐韓大使）審閱，不以為意，照例棄諸紙簍以待焚毀者（密電情報均焚毀不留檔案的），經組長唐縱先生復審，以為可能與日軍南進有關，加註後呈委座核閱，乃奉批示通知羅斯福總統，事實乃是日本派特使往美國辦交涉，交涉不成，即發動戰爭與偷襲珍珠港也。當年大家無此種經驗，唐先生能細心觀察到已難能可貴。他形容他的工作是沙裏淘金，所以我一到臺灣，於三十九年一月間即整理出上述情報去轟炸共方要點，正是學得乖巧，初作創試也。不過美國人研究情報也有大毛病，他們往往以自己美國的尺度來衡量對方，所以往往偏差了，如抗戰時認中共只是土地革改者，以致美國馬歇爾特使，他本來是反共者，來華調處，卻去護共了。1960 年初，我們發現中共於西北部署作核子試爆，因合作關係，這情報資料亦送給美國中央情報局，該局慎重其事，送請國務院情報研究處的中國通專家研析，認為是人造雨的試驗，豈知二三年後中共宣佈原子彈造成了。這些是美國的缺失。我們的總統蔣公有高度修養〔研機於心意初動之時，窮理於事物始生之處〕，則研析事理與情報，自有獨到之處，非美國式的物質觀可及。至於蔣經國副秘書長（總統府國家安全會議秘書長乃是情報總負責人），則往往是以一己的政治術觀點來衡量情報，故不免甚為偏失。（經國先生在任總統期間對中共之政策及處置，時遭批評和非議者仍是起源於此項偏失也），故情報者乃國家之大事，實非易事，我所以作此說明也。

　　我再敘述二個故事，足見情報意識的成熟與否是多方面的。一為賴名湯將軍於民國四十年代初期任國防部第二廳長時（後來任參謀總長），他對我叮嚀地說，同美國人情報合作，不能盡把底牌都給了他們，要留一手，才可吊得住云云，這是他的好意，他曾當空軍駐美武官，這是與美國人對手交往之經驗之談。但我思考後，認為應多多供給情報給美方，不必留一手，方可使美方多增加對中共事物之所知所見，才能與我們形成相同之觀點，這才是我們國家之最大利益。我並以此見解告知蔣經國主任，蔣後於某次情報局周會上講話時，曾提示過此見解。另一事為民國 47 年八二三金門炮戰前，參謀總長王叔銘將軍憑二項片斷情報資料：（1）共方平潭島運到若干數量糧食，王總長認為是平潭島增加部隊了。（2）共方平潭島徵集許多貢竹，王總長認為是編制竹排浮海載具之用，故以為共方將來攻馬祖了。其時第二廳杜副廳長龍潭（乃係負責共情研判者）來告訴我，我即稱我並不認為如此，蓋平潭島本地全年糧食生產，不足供全島三分之二之需，地方誌書所載即有此說，不能認為增兵之證。又貢竹殼薄，不合做竹排之載具，此乃農家常識。杜乃慫恿我同去見總長，諒那時正在開會討論此項共軍動態，我也以為這不是我的職責，而婉辭之。不意，次年國軍軍事會議席上王總長作工作報告時，坦認錯判共軍來攻馬祖一事，由他自己負責，至於海軍調動兵船赴援馬祖遲誤一事，另有處分云云。我才知悉此項錯判情報之故事。按王賴兩位空軍上將都有盛名，可見情報之認識是件不容易之事。

　　因為這種電訊情報是一種較新的事物，所以多數國軍將領在那時代尚缺此素養而不知善用它，不過總統蔣公深有認識，十分信用，久任參謀總長之彭孟緝將軍，亦能善為運用情報，所以在臺灣危局中能安定下來。茲再敘述二個故事，以見其端倪。大約在民國 45 年左右，有一次，蔣公突然召見我，單刀直入的只問一個問題，他說若是我們把敵人的有線電路炸毀，會不會可以增加無線電情報，我答當然是的。蓋當時蔣公正在獨自研究如何進攻敵人之策略。又有一次是民國 43 年九三炮擊金門，連續五個小時之久，九月五日的上午又發現中共飛機進駐福州機場，當時形勢緊張，中外人士相率以為中共將有軍事行動，美太平洋艦隊總司令史敦晉上將且指揮航空母艦進入臺灣南端海域陣地，以備支援或馳救等等。事後，彭參謀總長面告我，當時總統蔣公問他，你看共方什麼樣？彭答稱，共方不會有行動，蔣公問，何以見得，彭答，我看技術情報，共軍部隊平靜無事，所以不會有事的，蔣公頻頻頷首稱是。後來事實證明確是為如此，這可見善用情報之巧妙。

（三）對蘇俄供以假情報

　　現在我仍承上文，敘述臺灣危局中的重要作為，破獲大量共諜之事，且破獲一蘇俄間諜電臺，我幸而靈機一動，進行繼續保持正常通訊，但資以假情報，竟達六個月之久，達成目的，十分巧倖，此不能不歸因於有此情報認識的能力和智識，所以我要多敘述些情報故事。話說民國三十八年時，共諜已大量滲透臺灣，普遍滲入於陸海空三軍，孫立人新軍，政府機關，公營生產事業，及文化事業中，以致社會上人心浮動，呈現出十分脆弱狀態，一如在大陸失敗時的陣前起義，保廠保產等事像，都已翻版出現。幸治安當局認真肅奸，以我所知的幾件較大案件，計有：

1. 38 年十月三十一日至三九年二月十六日止，先後破獲中共地下組織臺灣工作委員會蔡孝乾等十五人。

2. 39 年二月十八日破獲國防部參謀次長吳石通共案十人。

3. 39 年二月二十八日破獲中共黨中央社會部潛台共諜洪國式等十六人。

4. 39 年五月八日破獲中共黨中央社會部共諜於非案內蘇藝林等三十二人，於非本人在逃。

5. 39 年五月二十六日破獲台糖總經理沈鎮南等叛亂十四人。

6. 39 年六月破獲中共黨中央社會部潛台共諜陸效文等十一人。

7. 39 年七月破獲中共華東軍區海軍部潛台共諜戴龍一人。

8. 39 年九月破獲中共華中軍區社會部共諜魏天民等策

動我國防部中將參議李玉堂等叛亂十一人。

9. 39 年十月破獲中共福建省臺灣工作委員會李裏光等
叛亂六人。

另浦薛鳳先生所著“台省的四任秘書長”一文（傳記文
學第 254 期）內稱“在此時期，凡在臺灣潛伏活動之間
諜，無論其為聯絡通訊，或煽動，或搖動，甚且包括知情不
報份子，一經偵破查獲，無不迅速審判，處以極刑”。計先
後發生下列各案，均曾轟動一時，如曾任參謀次長之吳石，
曾任兵站總監之陳寶倉，曾任陸軍上校之聶曦，以及女間諜
朱諶之，均因觸犯懲治叛亂條例，依法判罪，執行死刑，同
年五月初臺灣電力公司總經理劉晉鈺因其子回台勸其父攜貳
而知情不報，竟爾伏法…台糖公司之總經理沈鎮南及人事室
主任林良桐亦於 1951 年一月十一日處死……同月二十六日
共諜戴龍諸人伏法。1952 年一月二十三日省黨部副主委李
友邦犯叛亂罪受到極刑云云。又新萬象月刊亦多揭露共諜之
記載，另外還有郵電交通機關，各學校及文化事業內均潛伏
共諜不少。且有駕飛機駕船隻去投共者不勝枚舉。後來據彭
孟緝上將（當時的保安副司令主持肅奸工作）面告，破獲共
諜先後約在百件以上云云，可見其多。當然尚未破獲者，亦
不敢活動了。

又據民國 50 年五月二十五日臺北新萬象月刊第 63 期
“出賣黨國斷送大陸的特大號共諜淺憶”一文內“劉為章獻
地圖一節”內稱“毛澤東於會中說，這一位對淮海會戰（即
我們稱徐蚌會戰）有特殊勳勞，特殊貢獻的同志，不是別

人……就是今天在座的劉同志劉為章，……劉同志利用他在國民黨國防部的地位，把敵人的作戰計畫，早十二個鐘頭之前，送達我們手裏，然後才下達給國民黨的軍隊，使我們得以從容部署，給敵人以毀滅性的打擊。明白的說，這一次淮海會戰，兩方對戰，是一個計畫他們準備怎樣來挨，我們就準備怎麼樣來打，他們準備怎樣來送，我們就準備怎樣去吃。因此之故，我們擊潰並消滅了國民黨一百萬最優良的軍隊……"云云。按劉為章即劉斐，任國防部參謀次長，主持作戰計畫者，他的辦公室在國防部內，靠近蔣委員長官邸甚近，蔣公可以隨時步行前往研究指導，這個軍事最機要的地方出了毛病，怎能有救，所以在臺灣，中共仍向參謀次長吳石下手，是有它的因源的，但是此次被破獲了。（註：劉為章獻地圖，早十二小時送給中共云云，我另有證，是確實的），又大家所熟知的"陣前起義"的事例不少，如江陰要塞司令戴戎光之通敵，中共得以帆船渡江南侵，使長江天塹竟變成一條河溝而已，所以在臺灣，中共派遣黃埔軍校一期徐會之來臺北會見彭孟緝將軍，彭當時任保安副司令兼臺灣北區防衛指揮官，向他遊說投共，彭只得報明蔣總裁，以黃埔一期老大哥，不便處置，而交保密局處理，共方此項企圖又未成功，（此事乃彭將軍面告，市面上未有傳聞），又技術研究室原為機要室毛慶祥主任所轄，已有共諜混入，既竊密電本，又竊密電情報，對中共來說，極有重大效益，我自卅六年接任以來，即察覺有內奸存在，而查不出來。當卅八年初，該室自南京撤退時，有某收發員突然不見，故來到臺灣時，已無共諜在室內，中共乃派女共幹誘惑該室統計機技術員叚光洪（四川大學出身）提供資料，旋即破獲，又有我同鄉友人包文甫者，由香港來函要求入境來台，我不加理會（如准其來台，徒然犧牲，但他們（如徐會之）竟不懼犧牲，想來認為遲早臺灣是守不住的），故亦未能滲透，凡此心臟要害部分未能如大陸時期之受共諜殃及，此所以實質上大不同於大陸情勢。這都是保防之功效。

另外我們的通訊保密也有很好的進步，這是有重要的成果的，第一，國軍的密電碼已通行亂數加碼，雖非絕對的一次一密。即使有片段式的重複少數幾次的錯失，中共那時尚無此破譯之技術能力。（惟後來我們總政治部及第二廳與其金門馬祖分枝機構之無線電通訊仍不保密，洩密甚多）。第二，在 39 年五月間主動撤退舟山群島之國軍，事前計畫周詳，嚴格控制陸海空軍及徵用商輪之通訊，故敵人不知國軍之撤走，待敵人察覺撤退之實際行動加以襲擊時，只損及末尾最後一批少數部隊。當然另外如新聞發佈，港口機場郵電等檢查，均配合得十分有效。

於此時際，我們與 39 年 3 月 1 日晨（即二月二十八日深夜）破獲蘇俄間諜電臺，其事詳情已見於附錄，不在此贅述，當時我於破獲該諜台後，當場說服了汪聲和夫婦之後，由他們繼續維持與對方海參威及赤塔之秘密通訊（測定該兩台方位時，其示向度十分穩定明顯。）我當場查閱了遺留下來的來往電報及譯得截收的密電後，乃知俄方要知道：（1）軍事方面：a.臺灣防衛 b.新軍訓練 c.美籍機師 d.日本顧問 e.空襲大陸等事。（2）國際方面：a.美援 b.遠東國家之企圖。（3）俄方似對侵台時有所顧忌之事等等，這些資訊即引起了我的靈感，以為有機會輸送假情報給俄方以遲援其攻台之時機，俾能渡過今年三月份以後到十月份之間的半年臺灣海峽危險期就好了，因這段時期台海風浪較小，最適合於渡海作戰，過了這時期臺灣海峽正值強勁東北季風期，渡海用兵，不是其時，我的計謀進行得很順利，憑我入門不久的情報認識，親自擬寫去電的假情報，由司令部劉醒吾所長交汪聲和按時發去。當時任省政府秘書長的浦薛鳳先生于民國 72 年 7 月號傳記文學雜誌上發表"台省的四任秘書長"一文，亦回憶起這個案子。他說"，……另一方面，鞏固臺灣，亦必須消除潛伏各地各界之間諜。惟有為此，才能減少危機，增加信心，而獲得穩定。是年（1950 年）二月二十八日深夜，臺灣省治安機關查獲汪聲和裴俊夫婦寓所之秘密電報通訊設備及密碼，汪裴夫婦乃供出俄諜李朋住址，遂亦予以逮捕。俄方來電所欲求知者乃為我方兵力配備以及有無美國或日本之飛機及其數量之多寡。我方因而將計就計，運用反間，誇大情報虛列數字。遲至九月二日國防部總政治部始行公佈破獲蘇俄間諜案件，大快人心云云"，可為是此案之正確說明。

　　按三十九年二月底蘇俄空軍部隊，開始進駐徐州，南京，上海，都是螺旋漿飛機。中共海軍的建立，亦要靠蘇俄的援助與訓練，當時中共是一面倒向蘇俄，所以中共的攻台，必須用海空軍，故蘇俄自然有它的決定性的參預分量，而從蘇俄發來的電訊中，可知蘇俄很顧忌臺灣有日本顧問與美國的空軍方面的援助，如果蘇俄弄不清這一情況，或以為臺灣已有了日美空軍人員與美國噴射機，（當時噴射機剛剛

發明使用），它是不敢來進犯的，因為第一，渡海攻擊，其
海軍艦隻與運輸船必須要有制空權，日美的空軍人員與美國
的飛機向來是有名的，蘇俄要審慎的估計勝負問題，這是現
實的大事，第二，必須要考慮日本與美國的問題，究竟此中
牽涉到多少深淺程度，這是遠端的大事，因此蘇俄必須要依
靠情報來澈底弄清楚。按美國國務院雖然於 38 年 8 月間發
表白皮書，那是官方文章，抗戰時期，日美未宣戰前，我國
不是仍有美國陳納德將軍的志願飛虎隊空軍部隊嗎。

　　二月份蘇俄來電四次，歸納起來為兩點：（1）李朋
（諜員）供給的情報甚為正確，此可見蘇俄方面已有其情報
基礎。（2）蘇俄要調查臺灣的情報要項為。（a）臺灣兵
力及防衛（b）日籍顧問（c）美籍飛行員（d）臺灣獨立民
主運動等，顯然全為侵台之用的。其時日籍軍事家白鴻亮
（原名為富田直亮）根本博將軍等在台招聘日本軍事人員數
十人研究兵學作戰及地形防衛等，並協助參謀作業與兵學訓
練，又傳聞有組織數百名敢死隊者參加對敵海岸登陸作戰，
且亦有剛卸任不久之前美第七艦隊司令柯克上將常留住臺灣
為蔣總裁之嘉賓，這些均為大眾所周知之事。不過諜員李朋
先祇先向我海軍，新軍訓練，及沿海防衛方面，搜集情報送
去，而尚未及調查我空軍，美援，美籍飛行員與日籍顧問等
事就被捕了。如此正好由我來供給此方面情報了，真是很巧
倖。我於是很審慎地適時來構造假情報去給蘇俄，其來去電
文不在此贅述，其重要者如四月二十八日我去電說有美軍顧
問及柯克上將似有從事秘密活動等意，又五月二十九日去電
意示美空軍之噴射機已到臺灣，當時蘇俄抵達滬寧之飛機則

為螺旋漿者，決非噴射機之對手，七月十日與二十四日蘇俄兩次來電激勵汪聲和（諜台通訊兼譯電）而申說其解放全中國領土之意圖（韓戰於六月二十五日發生）。又七月三十一日蘇俄來電不讓汪妻赴香港，並允於二個月內送錢來台接濟，換言之，一時尚不攻台解放，而十月以後臺海東北季風強盛，不宜渡海來攻了。又七月三十一日美軍總司令麥克亞瑟元帥來台，故自此之後，其情報要求，亦變為調查臺灣有否出兵南韓為重點，這一切都與事實符合而合理的。綜觀其來電，到八月十四日為止，蘇俄一直沒有弄清楚美、日軍人與飛機究竟有沒有來台，拖延了半年時間，在我的謀略作用的目的而言，已充份達到了阻滯中共于台海平靜時期來攻臺灣之時機。

　　本案於民國三十九年三月發生，我於民國 52 年 12 月份整理記錄，加以審察，敘明一切來龍去脈，研究明白何以促使蘇俄先發動韓戰的原因，後來于 1978 年邵毓麟大使的使韓回憶錄內，多處敍述南韓之被共黨滲透及保防無效等情，適足以佐證我推論的正確，而實情也確實如此，復於 1980 年二月梁敬錞教授發表二篇大文於中國時報的 "韓戰三個歷史關鍵問題" 與傳記文學的 "韓戰爆發之謎與中共參加韓戰之秘密" 更詳實地憑資料來解析蘇俄史大林方面的侵略歷程。他說 "1958 年夏間，共產國際遠東進程表中，顯有兩椿大事，正待展出，一為中共七月間進攻台澎，一為平壤八月間解放南韓…但六月二十五日韓戰忽然爆發，解放程式顯見變更"，（我們的情報是至遲七月下旬攻台，與共產國際遠東進程表所擬的正相符合），而梁先生歸結到，"史大林何以被人導引作此錯誤決定"，史學家發掘檔案資料，把隱秘的侵略事項，弄得更清楚了。同時沈雲龍教授在同期傳記文學月刊上發表"偵破俄諜案與韓戰爆發"一文，補充破解了梁教授遺留下來的謎，亦肯定了我們反間情報戰之成功，而臺灣免了一場慘禍。我故複于 1983 年夏寫了一篇"我們臺灣是如何渡過民國三十九年的危機的"長文（此文尚未公開發表）。

這些敍述，並不是說當年 39 年的臺灣危機只靠此項假情報的運作即能獲救的，其他重要事項，如最先蔣公決定的臺灣出入境管制，蔣公支撐大陸西南殘局，即有減輕受脅壓力之作用，再加上在台的堅定反共精神和加固保防陣營，蔣公與日本軍人及美國柯克上將之交往，治情機關破獲甚多共諜組織等基礎上，再加上這個反間假情報之妙用，自然地使蘇俄對台情況不清楚，而且還有所顧忌，但相反的那時南韓保防差，被滲透得十分厲害，簡直是千瘡百孔，那當然使蘇俄先向千瘡百孔處下手了。若是臺灣當時保防差且被滲透得千瘡百孔而南韓保防得嚴密無機可乘，則蘇共必然先向臺灣下手了。現在是臺灣與南韓在情報保防競賽中，臺灣優勝而免了一場大慘禍，此項情報保防對於國家命運有如此大的作用關係，不易為人所知，這正是為何我要闡明發揚者也。

韓戰一爆發，美國即奮起應戰並將臺灣海峽中立化，蘇俄失算，中共遭殃，臺灣苟安，至民國 51 年秋季國軍秘密籌備已久之國光軍事演習（實質登陸廈門，應為軍事反攻大陸之開始）亦無形停頓，想來是因不為美國政策所贊成？從此臺灣發展經濟建設，而臺灣不失矣。總統蔣公於民國 64

年四月五日逝世，享壽 89，遺囑國人，實踐三民主義，光
復大陸國土，復興民族文化，緊守民主陣容，從而演變到今
日臺灣之政治安定，民主進步，經濟富裕，民生利樂;中共
雖統治大陸達四十年，而專制暴政，摧殘文化經濟落後，民
生困疲，今年臺灣之國民所得將達 5000 美金，大陸之國民
所得恐不會超過 400 美金，故共產黨之禍國已極明顯，而
38 年時我認定，要救中國只有委員長之信念，亦得獲證
也。（註：這些評語都在大陸改制為改革開放之前）

（四）結　語

　　總統蔣公於民國 38 年元月二十一日宣佈引退時，即已
規劃到若干重要部門撤退到臺灣來，技術研究室就是奉到指
示將主力撤來臺灣的。下野前且任命陳誠為臺灣省主席，並
實施出入境管制，可謂高瞻遠矚。38 年十一月支撐重慶，
十二月支撐成都，如彼時中共能看透時機，以人海戰術渡海
侵台，趁蔣公不在，防衛亦無準備之情形下，中共不須犧牲
數十萬（韓戰中犧牲六，七十萬），不愁臺灣不下，可是被
蔣公支撐大陸最後據點而轉移了中共戰略目標（38 年十月
二十五日中共攻金門，一次登陸一萬多人，而無增援，我國
軍適時增援二次，才得古寧頭之捷，如中共亦增援二次，則
恐國軍終不能支持了。

　　臺灣治情機關之大力破獲中共地下活動，不但在一般社
會團體間肅清共諜，尤其國防與機要之心臟部分未得滲透，
故中共已沒有如在大陸時期的多種滲透與情報之利。渡海攻
台，共黨當然要尋求最捷徑之途徑，如陣前起義，如獲悉國
軍作戰計畫等，但這種資訊已均不可得（此種共諜均已捕

獲）。即使尚有部分共諜仍未破獲，如新竹空軍眷村內之秘密電臺亦以情勢緊張而停止工作，不敢活動（空軍內有共諜未破，但只能靠接聽中共廣播電臺密碼之指示，而以秘密郵信或專員經香港回復之一法）故形成臺灣封鎖消息甚嚴，保防有效，於是對臺灣之實情現況，即中共亦未能有效蒐集，所以可見在台之蘇俄諜台所供之反間情報，是非常可貴的了。

　　故臺灣之不失乃在保防之功與情報運用之妙，正與大陸之失，同一理論，成一合理之對比焉。

第六章 現代世界間諜活動
頻繁而且擴大

　　與二千年前列國戰國時代之活動，可相比擬，更提高至國家層面，當知我國自有大統一之局面以來，不齒雞鳴狗盜之觀念為不合於鬥爭時代矣。

　　這個醜陋而見不得人的活動 —— 特務間諜越來越盛，亦越來越在世界舞臺上大獻手身，登上世界級重要新聞，譬如1985 年的美國在俄京莫斯科的大使館警衛人員，都是特別從優秀的海軍陸戰隊選訓出來的幹員擔任此項安全工作，年輕小夥子難免在當地交上俄國女朋友，並帶進大使館裏來，據稱女的是蘇俄 KGB 的特務，竟在館內裝上竊聽機，使蘇俄特務能偵聽到館內人員的談話云云。這樣一個事弄得國家元首閣員們一致關注大聲疾呼，變為國際間大事，熱熱鬧鬧的頭條新聞，世人無不矚目，好敏感好警覺，所以我將其新聞報導都一一剪貼收集起來，以覘一般情況，好像要比過去更為重視者也。這正是我所深深感慨我國（1）1930 年共諜錢壯飛滲透中央黨部調查科（2）1947 年共軍掠奪清澗測向台及共諜戴中溶滲透西安綏靖公署（3）1966 年一月自馬祖接運中共海軍起義人員七人的飛機竟糊裏糊塗的全部失蹤等

諸事，一貫的大家都噤若寒蟬，視若無睹的懵懂遲鈍情況，
誠直顯其優劣程度矣。不過全世界各區域現有一百二十餘國
全有鬥爭。間諜情報所在都有，但只有列強各國才有些報
導，亦甚簡略，惟美俄兩個現代超強國家，才有夠刺激的諜
案報導，茲憑我所知概述於後以見一般。

（一）現代間諜發展到間諜飛機與間諜船

我記得於 1950 年時代蘇俄駐澳洲大使館的一位譯電員
投奔自由，美國驚喜莫名，不久蘇俄駐加拿大的大使館，亦
逃出一名譯電員，美國認為是西方國家之重大勝利，很像蘇
俄逃亡者將接踵而來，共產統治出現大紕漏的樣子，惟事實
上並不然，只因譯電員事關機要，顯得其主要性，有益於破
密技術與破密情報，所以當時亦成頭條新聞也。豈知美國電
子偵測技術進步發達，據 1964 年四月二十一日電子雜誌
Electronics 上載 "The Silent war-Electronic Spying" 一文
透露若干 ECM（Electronic Counter- Measure）電子反制
的主要技術問題，作者 John M. Carroll，其中稱美國以飛
機從事電子偵測工作，"各國政府都不願談到有關電子偵測
的事情，甚至也不承認其存在，但電子偵測確實存在，每當
沿鐵幕國家邊緣地區有飛機被擊落時，多半就是以電子偵測
技術來收集情報的。自 1950 年起美國飛機沿鐵幕邊緣被迫
降落或擊落者已達 26 架，共計損失 108 個飛行員"。按凡
是海空軍基地飛彈基地及邊防要地軍事設施均裝有各型雷達
及其相輔的電子電訊設備，如全被偵測明白，既獲得其戰鬥
序列，及其指揮運用系統的情報，乃得實施電子反制（即電
子作戰），故電子偵測工作乃是國防重要機密作業也。

又稱"電子情報最近都成為大新聞，第一件是一架 T-39B Sabrelines 飛機連同三個空軍軍官在東德上空被擊落，此型噴射教練機是為特種雷達訓練用的，而未知乃專為從事電子情報者，其次一架為 RB-66 Destroyer 電子偵測飛機亦在同一地區被擊落。此後有報導稱 RB-57 Camberras 飛機在中國大陸作高空偵查。最後詹森總統宣稱 A-11 型飛機製造成功，該 A-11 是高空超音速雙引擎機，足可代替 U-2 機深入蘇俄內陸，此外用作電子情報偵察的 Samos 照相偵察衛星亦射入空中，循兩極軌道飛行"。

1961 年夏季，美國中央情報局駐台情報機構，其掩護名稱為 NACC（Naval Auxiliary Communication Center）的電子情報處給我作一次電子情報工作簡報時，曾說到有一次 P2V 電子偵測飛機於夜間飛臨北平之南，遭遇到中共飛機攔擊，敵機是用雷達追蹤自動操縱射擊的裝備，但 P2V 上裝有電子反制設備 Electronic Counter-measure Equipment 誘使敵機雷達幕上顯示出目的機（即指此 P2V）向下斜飛去，中共機乃追蹤射擊，當時 P2V 上人員于雷達幕上看到敵機向下飛去，後來消失了，諒是敵機觸地粉碎了，而自己飛機則脫離厄運，安然歸來云云。這就是電子偵測情報作業中的欺騙假像 Decoy 的功效，稱為電子反制 ECM 也。

此項電子偵測的飛行工具的重要發展是 U-2 的高空偵察機，按 1955 年 7 月 21 日高階層會議席上美總統艾森豪向蘇俄頭子提出開放天空監視計畫（美蘇雙方武器裝備之限制協定，需要監視其遵行）蘇俄不接受後，美國乃憑藉其科技之發展，於無聲無嗅中，成造 U-2 機秘密偵察監視蘇俄領土達數年之久。U-2 機飛行高度，超越任何雷達及防空武器之上，其功效計有 1）照相偵察 2）紅外線偵察及照相 3）電子及原子塵偵察等，四年來飛入蘇境鐵幕高空達 150 次，蘇俄的最現代化的國防武力的整個情況均暴露於 U-2 機之下，是一項偵察利器，不虞被擊，即使飛機發生事故，亦裝有自毀犧牲設備，不虞洩露此機機密的，豈知 1960 年五月一日自土耳其的 Anada 起飛作列行偵俄飛行任務中，竟被蘇俄擊落，且俘獲其飛行員，蘇俄頭子赫魯雪夫當然非常暴怒，公開宣佈擊落 U-2 間諜飛機事件，且原約定五月一日與美總統艾森豪在巴黎開高階層會議，亦正正有辭，當日拒絕參加開會，迫得美總統十分尷尬狼狽（因為美國先還不相信竟被擊落且獲活口）隨後不得不公開承諾停用 U-2 機再去侵犯蘇俄領空，造成當時蘇俄之無上聲威，震驚全球了。

U-2 高空偵察機之後，仍然發展出更進步的更精巧的偵查機如 SR-71A-71 等，直到衛星偵察來接替（諒進步的高空偵察機仍有其需要）。

同時美國裝備電子偵察船去接近共產國家的海岸，收穫雖豐，可是於 1968 年北韓竟掠獲得一艘沒有武力護衛的電子偵察船 Pueblo 號，造成美國重大傷害和外交困境，代價不小。

（二）間諜衛星

人造衛星是 1957 年十月蘇俄先放射一枚史潑尼克 Spunik 人造衛星於太空中，能環繞地球而行，開一新紀元，美國繼於次年一月放射一枚，"探險家" Discoverer 人造衛星成功。因此美國推進初期的三種偵測衛星。

1.萬達斯衛星 Widas 是飛彈防禦警報體系 Missile Defense Alarm System，它是用紅外線儀對敵人飛彈施放後所發出的熱能，在數分鐘內，即可獲得反應而偵知了，於1960 年五月完成。

2. 泰洛斯衛星 Tiros，Television and Infrared Observation Satelite 乃是電視攝影和紅外線偵察衛星，於1960 年八月曾將所拍攝的華盛頓市區照片公佈，刊出於報紙上，甚為清晰。我當時適在美國，乃親見者也。除此之外，尚裝有磁帶答錄機及其他輔助電子裝置，向地球傳送數以千計的天氣雲層照片。（按答錄機當可錄下電子電訊訊號之電子偵察）

3.薩姆斯衛星 Samos 於 1969 年 1 月進入太空軌道 300-350 英里高空中，所攝得的照片，可以作地圖之用，並偵察出地面上軍隊移動，軍事物資結集及軍事基地建築等事，軍方人士表示 Samos 可用來填 U-2 停止飛行後的空缺云云。

據 1962 年八月英國的權威航空雜誌稱美國空軍於過去九個月內已經發射了 20 枚秘密的空中間諜，計薩姆斯偵察衛星 6 枚，萬達斯飛彈警報衛星 1 枚，另 12 枚為裝有萬達斯及薩姆斯裝備的 Discoverer 探險者衛星，另 1 枚不詳云云。

又據 1964 年十一月三十日 "美國新聞與世界報導" 雜誌所載，則又比 1960 年的進步多了，稱 "過去四年中，美國的間諜衛星幾經掀開了遮蔽蘇俄與中共的重要機密之幕" 云云。此項軍事偵察衛星發射甚多，均是保密，但非官方消息亦有用流傳。

　　嗣後美國軍方發射各種偵察衛星甚多，惟均予保密，蘇俄亦同樣發射甚多衛星，故在太空中，美蘇雙方衛星在太空中活動不下數百枚之多。又美國曾宣稱發射太空平臺 Platform，此站上留住數人，其工作當然是探測與監視地球上的自然的與人為的活動，或外太空的星球與輻射，其住留人員，可每幾個月由太空船 Spaceship 載人來調班，但自去年初美國太空梭 Space Shuttle 的 booster 內燃料洩漏爆炸失敗後，其太空進行計畫受到滯後。相反的，蘇俄早已有一個太空站在運作中，似蘇俄已領先，但美國仍聲言決心進行星戰計畫。並聲言其太空站可以偵察得敵人飛彈來襲時，能立即反應而予以擊毀，其擊毀方法或用飛彈或用雷射 Laser，則未明言，其為國防利器已極明顯。

　　按我曾於 1960 年 4 月應中央情報局之邀訪美時，參觀有名的 Signal Corp.陸軍的通訊兵司令部所屬電子偵測部門，曾親見其新發展完成的一套電子偵測分析儀及測向機等裝架在一架特製大卡車上，曾供應二組給北大西洋公約總司令部的情報處在西德國境內高山上，偵察東歐國家的雷達電子訊號，可辯明各種雷達，配備在空軍和飛彈的各種用途，當然大得其利，隨後即進一步裝在飛機上，船上和人造衛星上了。

（三）美國情報事業走下坡

　　美蘇兩國互相偵察較量，既神秘又複雜，亦更嚴格保密。美國雖於科技之精巧取勝，然蘇俄仍可以古老方法之間諜滲透獲利焉。1960 年九月古巴發生政變卡斯楚 Castro 成立共產政權，後美國中央情報局於 1961 年四月支持古巴難民遊擊隊去突擊豬玀灣 PigBay 事項失敗，失敗原因在未動用美國武力去支持難民突擊是失算也。局長杜勒斯 Mr.Allen W.Dulles 不久即去職，五月一日美國 U-2 高空偵察機被蘇俄擊落，生浮其人員，迫得艾遜豪政府十分狼狽。又據辭海附錄 "中外歷代大事年表" 稱 1960 年九月 "美總統艾森豪二十三日對俄酋赫魯雪夫在聯大演說，斥為完全是歪曲事實，惡意破壞聯合國組織及煽動殖民地區叛亂云云。據余記憶此次赫酋大發狂言，直稱他要埋葬美國，又 1959 年赫酋訪美與中情長杜勒斯對話時亦大肆囂張，竟直言你們所收集的機密情報統統輸送給蘇俄來了，又收下了情報買賣的不少金錢云云。大下美國的面子，蓋因不久前六月初美國最機密重要的國家安全局 NSA National Security Agency 內部有二個密碼部門研究員 Bernon F. Mitchell 和 William H. Martin 竟人不知鬼不覺的溜出美國經墨西哥而投奔蘇俄突然在莫斯科公開露面，赫酋的意思說你們美國所獲的情報，因破讀了美國密電，所以是代蘇俄去收集也。此事震驚世界而大損美國權威，竟讓赫魯雪夫大出風頭，不可一世了！

　　1961 年 11 月甘迺迪總統任命馬康尼 McCone 接替杜勒斯充中央情報局長，1965 年四月馬康尼辭職，由詹森總統任命聯邦海軍退役中將 William Raborn 接任局長，只幹了一年，由赫姆斯 Helms 於 1966 年 2 月接任，當時越戰問題搞得美國焦頭爛額，以我所見到者，根本毛病出在美中央情報局嫌越南吳廷琰政府，以吳總統被害所引起。當年我與美中情局，我與越南總統府政研室即情報主管都有合作關係，故暗中察知。1972 年美國大選之後，尼克森總統任命經濟專家斯勒辛格 James Schlesinger 接任中情局長，自 1973 年 2 月至 7 月，只任幾個月即轉任國防部長，而由柯比 Bill Colby 接長，可是 1973 年中即發生水門案件之調查風波，這是因為尼克森競選總統時曾竊聽水門大廈民主黨競選總部的電話，中央情報局予以協助，事屬違記犯法，乃大受國會之譴責與民眾之反感，終於使尼克森於 1974 年 8 月辭去總統職位，並清算了中情局，稱有二百八十三件可能不合法，或不合上級指示或上級命令之事件。1974 年 12 月，紐約時報特別報導，作了一個年終檢討，堅稱歷年來中情局所犯的錯誤 "非常多"，於是受到國會多方限制與打擊，俄的指望也。當時尼克森總統和季辛吉（Kissinger 白宮安全顧問）乃宣導 Detente 政策（中譯為和解或低溫政策），幾年下來，美國人才發覺而大喊蘇俄全力擴張，軍力亦超越美國了。後來福特總統於 1975 年指派布希 George Bush 充任局長來做補縫工作，到了 1976 年國會及社會大眾對情報事業的瞭解才開始彌補起來。布希局長只任職一年（Jan.301976-Jan.201977）卡特 Carter 於 1976 年 11 月當選總統，他同副總統孟達爾 Mondale，任命 Admiral Turner（卡特總統的同學）於 1977 年 3 月 9 日為中情局局長，曾賦予它審核美國全部情報機關年度預算之權，再送國會核准規格，他只懂得從科技上發展情報收穫而不懂得秘密作業的鬥爭，當然非蘇俄的對手，隨總統四年任期而沉浮。不過卡特總統倒有一句名言 "情報乃為和平用途"，是打破千百年來的傳統，認為情報只為戰爭之用也。1981 年雷根

Reagan 總統任命 William J.Casey 為中情局長，他是情報老手，二次世界大戰時的戰略局（OSS, Office of Strategic，是中央情報局的前身）他擔任秘密行動工作（Clandestine Operation，軍事突擊），雷根競選總統時的 Campaign Staff Director and Chief Transit Planner 是總統的親信，這是一個成功的情報首長的重要條件也。雷根總統第一任期四年內力主增強美國國防武力，恢復了失去多年與蘇俄對比的權威，計畫達到 600 艘戰艦，可惜於第二任期內發生了暗中賣軍火與伊朗及助尼加拉瓜中美洲國家游擊隊的錯事，因為都是秘密作業引起軒然大波，遭國會查究清理，幸白宮安全會議職員諾斯 Nolls 中校敢於承諾，尚未公然牽入雷根總統本身，而中情局長 Casey 是暗中知情者或有若干關係者，竟適時於 1987 年初逝世，尚未遭到被國會查證，否則雷根總統又非辭職不可了，雖然為此，雷根為日中天之聲威，已大為跌落矣。

　　上文所述赫魯雪夫大出風頭之後，美國又遭越戰之挫敗，繼又遭中東國家伊朗扣押美國大使館人質數十人，秘密派直升機武裝營救又失敗，超強美國竟屢受困於次等國家致一籌莫展，國威大損（伊朗扣押美國人質事件發生於卡特總統任內），而轉入被困於中東北非回教小國之恐怖暴力時期矣。其著者為 1983 年黎巴嫩（中東小國家）首都貝魯特之美國陸戰隊軍營被自殺炸彈卡車沖入轟襲，死者二百餘人而無從還擊（因不明禍首）大受困惑矣，大遭非議。歷年來美國人民經多次恐怖暴力侵害，直到 1985 年 10 月在地中海發生劫義大利大客輪 Achille Lauro 而害殺美國人 Leon

Klinghoffer 坐輪椅之遊客一事，美國才大打出手，立予反制反擊，且逮捕到真凶，並懲罰有責國家還以顏色。歷年來的下風，大舒自由世界人士的一口氣，這些傑作奇跡，都是情報與行動的效果也。迨至美國 U S News And World Report 雜誌封面直喊 "Will Americans Still Be Terrorist Target" 美國人仍是恐怖份子的目標。

（四）雷根總統接任後，美國面對恐怖集團的反擊，顯見其效果

這次美國的反制，快而有效，十分神奇，當劫船主凶登陸埃及，已搭上飛機，逃離開羅 Cairo 赴北非洲突尼西亞的首都突尼斯 Tunis 時，於其飛行途中，美國出動地中海的六萬噸航空母艦 Saratoga 號派軍機攔住，迫往西西里島上空降落於 Sigonella Naval Air Station,機上巴基斯坦人六人，還有埃及人均被擒。主凶為 "Mohammed Affas leads an especially militant faction of the Palestine Liberation Organization PLO. He actually planned the Achille Lauro hijacking. The hijackers boarded at Jenon, Italy." 欣喜的美國國防部長溫泊格 Caspas Weinberger "It was a remarkable feat，we had very good intelligence"，他說是歸功於情報的卓越也。

接下來，美國反應得更強烈的一次，是 1980 年四月間對北非洲利比亞 Libya 的大規模空中攻擊，茲扼要的抄錄報導的原句就可以明白而實證了。（一般性敍述情報故事，未免誇張而有神秘色彩，已是下品矣）。原來美國自密電情報獲知利比亞頭子，從事恐怖行動的強人格達費 Gadhafi 指使

其牙爪自東德進入西柏林去一家美國軍人經常遊息的酒家轟炸美籍人士而遭到傷害，做得機密，雖然轟動，但毫無佐證可尋，但美國知故，乃出動地中海第六船隊的航艦為主的海空軍臨近利比亞，用電子情報，雷報情報，監視利比亞的海軍動態，用電訊情報掌握利比亞來襲的突擊快艇，予以擊沉，發射無人飛機引誘利比亞地對空飛彈發射出來，同時用雷達電子偵察，確定來襲飛彈彈道與其雷達電波，使乘波飛彈循其路線去炸毀其飛彈基地後，合著自美國陸地飛來的美重轟炸機大批炸彈擲到其首都 Tripoli 格達費 Gadhafi 的總部完成襲擊，格達費的命亦險送掉，因他已避走矣。全部成功的作業，完全依據情報的電子作戰也。

雷根總統 1986 年三月十五日的公開警告聲明 "I warned that there should be no place on earth where terrorist can near and train and practice their deadly skills. I meant it. I said that we would act with others if possible, alone if necessary, to ensure that terrorists had no sanctuary anywhere. Tonight, we have." President Ronald Reagan, 15 march 1986。直說利比亞為恐怖份子隱匿之庇護所也。

又報導原文稱 "In answer to a loud attack prepared with the convenience of Libya in a Berlin disco frequently visited by soldiers, combat aircraft of the US navy and air force on the night 14-15 April 1986 carried out a combined reprisal said against Libya. This airborne attack against selected military targets and terror of training and logistical installations in the neighbourhood of Tripoli and Benghazi differed both in its political and military aims from the preceding" freedom of navigation operations.

 "By this operation the Reagan administration understood that state-supported and fostered international terrorism was on par with an act of war, thus giving the USA the might to defend themselves"

　　這是說美國於四月十四五日出動海空軍攻擊利比亞二大城市乃是答復西柏林一個炸彈殺害美國軍人的事，並稱美國政府有權自衛也。按此二大城市 tripoli 及 Benghazi 系分據利比亞的西德拉海灣，利比亞自定此海灣的海域界線超過國際公認的 12 海里，妨礙公海的 Freedom of navigation operator，美利兩國早已發生對抗的爭議，惟稱此次海空攻擊不為此，而為西柏林一彈之恐怖事件也。

　　美國自地中海第二船隊出動的海空軍及自英倫國土上的美軍遠端重轟炸機及電子作戰裝備均為精銳戰具，加以正確情報估算，所以使對方無從還手，十分勝算，其海空操作，全是專家技術，從略茲引述原文一節，以示利比亞無力還手

 "Absance of any Libya response." "due to the extremely short early warning and consequent minimum reaction time，the brevity of the air strike operations carried out by the combined USAF/US navy formations（approx. 12 minutes）and the qualitative superiority of the US action foundations over the Libyans of which due account was taken in the US assesment of the situation， it was hardly to be expected that the Libyans should be capable of any quick response..."

美國致勝算的電子作戰功能，這篇報導文章亦使得很清楚 "It showed, too, the growing importance of active electronic warfare. The EA-6B prowless and EF-111a Ravens successfully jammed the surveillance and control radar as well as the radio networks（EA-6Bs only）of the enemy air defense, with the result that the Libyans air defense went in complete disarray. Both the AGM-45 shribe and AGM-88A hasm anti-radiation missiles proved their usefullness in the suppression and /or destruction of the Libyan force control radars: affected by the EA-6B and EF-111A electronic intelligence Apparatus six minutes prior to the actual attack, they were used thoughout the duration of the 12-minute engagement." 這是說美國出動二種電子干擾飛機 EA-68，及 EF-111A 把利比亞的防空武裝體系失效了，同時美國發射二種 anti-radiation 飛彈得以去轟炸目標物，從事十二分鐘的交戰。

自從這次予格達費重重一擊之後，迄今一年半以來，似乎安靜多了，未曾發生過狂勃的恐怖行動，總算有了收穫，不過美國的情報運作機密亦洩露了不少。按上次 1976 年以埃七日戰爭時之電子作戰，只憑一種電子干擾技術使敵方雷達 Blackout，即獲全勝，而此次電子作戰技術與工具又進步多了。事實上，對方都是蘇俄武器，實質上，不啻是美蘇兩強之較勁也。

茲剛接到 1987 年十一月九日一期的美新雜誌，其 "華府耳語" 欄內有稱 "……今年可望成為二十幾年來，由國家策動的恐怖活動，最不構成威脅的一年……" "從 1986 年四月，美國對利比亞進行報復性攻擊之後，利比亞只煽動了少數意外事件，而且多以利比亞流亡者為目標……" 云云，可以證知矣。

（五）美蘇間間諜的對抗繼續不斷，至為壯觀引述若干篇原文為證。

雖然中東回教集團的 global terrorism 熱鬧一時，其實基本的美蘇間諜對抗，並未停頓，起初開其緒端者為 1980 年二月三十日一期 US News of World Reprot，雜誌報導稱 "The Federal Bureau of Investigation（FBI）reported arresting Vl Adimir Gonaylov, 43, on June 9, in a secluded woods at Fort Washington, MD., where he went to pick up useless national-security material left by an airforce officer working with the FBI, Jgmaylov, assigned to carry out attack with the Soviet military office in Washington, was ordered out of the country. On the same day, former FBI agent Richard Miller was convicted in Los Angeles of espionage for passing recents to a Soviet woman."

這簡單報導二宗破諜案子，略而不詳也。接下來牽出 Levy Whitworth 與 John Walker Jr 的海軍間諜組織，出賣美海軍通訊機密給蘇俄 KGB 國家安全會，乃是一個大案子，又 Ronald Pelton 出賣 NSA 國家安全局的高度機密情報，又 Pollard 出賣情報給友好國家以色列等案，美國新聞

所報導之原文為

　　"In Los Angeles, former FBI agent Richard Miller was being tried for passing secret documents. In San Francisco, Levy Whitworth, part of the John Walker JR. navy spy ring, was on trial for peddling sensitive communicator secrets to the KGB. Ronald Pelton was convicted in Baltimore of selling the Soviets highly sensitive information about how the national security agency gathers its intelligence. In Washington, D.C. Jonathan Jay Pollard pleaded guilty to spying for Israel"

同時 1986 年四月七日 US News and World Report 的 people making news 欄內題為 "Apply who walking on water" 內稱 "prosecutors say Whitworth got one third of the $1 million paid to Walker for secret radio codes. Why so much? The codes, said one official, 'are probably the most live material this nation has.' "

　　這是說明此 Radar Secret 代價很高，乃為美國敏感資料，可見其重要也。

　　1986 年二月九日 US News and World Report 報導 "Federal prosecuters on May 29 1986 briefly halted testimony in the case of Ronald Pelton, 44, a 14-year veteran of NSA（國家安全局）charged with selling US intelligence monitoring Secrets to the Soviet Union for $35000. News reports already had disclosed that Pelton is accused of turning over to Moscow the details of Ivy

Bells- a top-secret project involving intelligence gathering by US submarines in Soviet water."

另外美國新聞與世界報導中文版的片段新聞如

"自 1984 年 1 月以來，已經有二十名以上的美國公民，因為竊取國家機密而被定罪，間諜活動對美國安全所造成的傷害之大，為開國以來所僅見"。

"如公認傷害最大的華克 John Walker 以及惠特沃斯 Levy Whitworth，皮爾頓 Ronald Pelton，金無怠 Lawsence Wu-Tai Chin，波拉德 Jonathan Jay Pollard 及此次（1987 年）莫斯科美大使館以美色換取機密的醜聞"。

茲將美國新聞與世界報導雜誌若干篇原文剪貼於後，以顯其真實性與嚴重性。同時亦十分熱門。

1. 1984 年 10 月 29 日一期為 "The Great Superpower Spy War, KGB vs CIA" 副標題 "money, blackmail, sex- no holds are based, Question: Who is winning this battle between Soviet and American moles?" 此文從論美蘇二國在世界各地的間諜戰，所涉範圍至廣，且把蘇俄 KGB 的大本營及其頭子 Chebrikov，與美 CIA 的大本營及其首腦 Casey 照片都刊登出來，至為精彩。我看此文雖長，其要點卻在末節中......Refuting critics of the US effort, O'malley insists: "The last few years have been very good years. We have been adding personnel and equipment，and we have been neutralizing the other side very legally"。美國聯邦調查局的助理局長，領導反間諜行動的奧馬利反駁批評美國的不夠勁，說 "過去幾年已是大好了，我們已增加人手和裝

備，很合法的去抵消對方的力量矣"云云，蓋美國正在多年來的情報下坡低潮中，已力爭上游之謂也。至於附件末端之方塊，其題為 "Space mole, isn't science fiction" 是說太空衛星，操作為電子間諜，並非科學神話，乃是電子作戰之高技術成就。因亦是一種奇特的間諜，故附志於此，以示間諜戰之進展也。臺北中央日報曾有翻譯報導此 "超級強權諜海風雲" 一文。

2. 1985 年 8 月 13 日一期的 "the war on spies" 一文關於三個案子（I）聯邦調查局 FBI 職員 Richard Miller 案（II）中央情報局 CIA 前職員 Tharon Seranage 案（III）前海軍無線電員 Levy Whitworth 與 John Anthony Walker 案而論間諜戰 The war on spies。

3. 1985 年 12 月 9 日一期的 widening spy scandals，副標題說美國何以如此多間諜被捕，其中有三個因素：A 間諜多起來了 B 較有效的偵查 C 運氣。文中提及（I）國家安全局 NSA 的 Ronald William Pelton，44 歲，出賣機密給蘇俄，十一月二十五日被捕。（II）金無怠 Wu-Tai Chin 63 歲服務於中央情報局下的廣播分析員，為中共工作了三十年之久。（III）Jonathan Jay Pollard 31 歲，出賣情報給友好國家以色列，（VI）CIA. Clerk 洩密案。這四個案子都在十一月份內逮捕，所以震驚了。事實上，以我看來金無怠之以廣播分析給中共周恩來，只是助中共瞭解美國對世界事物之觀點意識與 Pollard 以中東恐怖事件消息供以色列，均未構成對美國之為何傷害，惟以法律觀點而言，其為間諜行為之罪名則一也。

4. 1986 年 6 月 16 日一期的 going public to guard secrets 一文，其副標題為 "U.S. raises the veil to combat spies, leakes, while trying to curb the media"。文內說海軍的華克家族父子三人為蘇俄當間諜有十六年之久，出賣最高機密，要補救其彌補技術上的損害要花一億美元之多.又 Ronald Pelton 乃國家安全局 NSA 的雇員涉嫌洩露美國多年來偵譯蘇俄軍事密電的事項，且說 "The CIA has been particularly concerned about Pelton, because one of the highest objectives in espionage is to check an enemy codes" 直接間諜中最高目標之一即為破譯密電碼也（按中共周恩來於整十前即有此認識，所以高明也）。

5. 1986 年 8 月 4 日一期的 Whitworth conviction 一文內說 Whitworth 及 John Walker 父子等三人均判重罪。

6. 1986 年 9 月 8 日一期的 Three Spy Cases 一文內述及 Whitworth 與 John Walker 判重罪及其他 Zakharov 與 Six Roger 二案。

7. 1987 年 6 月 15 日一期中文版華克間諜原文說

"前美國海軍潛艇人員華克 John Walker 所主持的間諜集團所售出的機密，使蘇俄得以改善其本身缺陷。華克集團把密碼資料賣給蘇聯，也使莫斯科掌握瞭解讀有關潛艇戰術極機密通訊的能力。這些資料使蘇聯在未來許多年間，能輕易對付美國的聲偵測技術"。"美國官員猜測，蘇聯從已定罪的間諜約翰華克那裏，得知自己潛艇容易於被追蹤之後，就著手大力改進"。

8. 1985 年九月發生駐俄的美國大使館間諜醜聞

　　1985 年又發生一件轟動大案子，那是駐蘇俄的美國大使館的警衛人員引進蘇俄的女間諜進入大使館內秘密裝設電子竊聽器事，發現後，成為世界性熱門新聞"美國新聞與世界報導"雜誌連篇記載，大為震驚，茲附其中文版為下。

　　9. 1987 年 4 月 13 日一期題目為"女色為餌，俄諜盤據美國大使館"，副題"莫斯科的間諜醜聞使美國渾頭轉向"一文，事情的發生在 1985 年 9 月，美使館警衛陸戰隊員隆特利 Clayton Lonetree 在莫斯科地下鐵邂逅了在美國大使官邸當接待員的蘇俄女子塞娜 Violetta Seina，因此搭上。又另一名陸戰隊下士佈雷西 Alnold Bracy 與美大使館內一名俄國女廚師發生曖昧行為。目前知道的，只是幫助蘇俄情報人員溜進大使館六七八樓最隱密的地方。莫斯科一位消息靈通人士說，蘇俄情報人員能夠在那幾層樓中，用可以攔截往來電訊的電子設備，竊聽電動打字機云云。有些情報專家說，這個案子，很可能比 1985 年，前中央情報局情報員霍華德 Howard 的叛離，造成更大的損害。

　　10. 1987 年 4 月 20 日一期題目為"確保駐外使館安全，美國政府大費周章"其副題目為"莫斯科間諜醜聞案擴大"。從其三個圖片和注解就可清楚其主要內容了。（甲）美國駐莫斯科的新建大使館滿布電子竊聽器，可能須折毀重建。（乙）"蘇聯在華府的新館地址，使其在超強間諜戰中占上風"。（丙）"蘇聯的反擊一名蘇聯官員手持一枚在華府俄大使館中所發現的竊聽器"。按美蘇兩超強間互相間諜竊聽規模盛大，前所未見也。蓋基於鬥爭之需求，亦可知這個世界暗中鬥爭之激烈矣。

11. 1987 年 4 月 27 日一期，題為「莫斯科因何致勝」副題「陸戰隊的間諜醜聞案，使美國情報界再度蒙羞，同時暴露出根深蒂固的問題，一時不易補救」。文內它說。兩年來重大間諜醜聞案相繼暴發，震撼了全美國，華克家族 Walker family 在海軍裏公然竊取機密，波拉德 Pollard 為以色列 Israel 人竊探美國情報，一名酗酒的中央情報局的滑頭幹員，居然技高一籌，騙過了捉拿他的聯邦調查局官員而逃之夭夭。如今美國在莫斯科又栽了一個大跟頭，益形暴露了全世界各地美國大使館的安全危機。隨著這類間諜醜聞迅速增加，美國政府不得不面對其反情報機構內部一團混亂飽嘗苦果的事實。又說及皮爾頓 Ronald Pelton 捲入數十億美元電子竊聽計畫，前中情局官員霍華德 Edward Lee Howard 將中情局在莫斯科活動的說明書轉交給蘇聯國安局 KGB 人員云云。見其熱門也。

12. 1987 年 2 月 1 日同期，還有一篇題為「開放社會如美國，保得住機密嗎？」副標題「無數東歐集團間諜正在美國獵取重要機密，聯邦調查局和中央情報局對付這些人，任務可不輕」，它說國會也在 1986 年的一項報告中警告說「情報上受到的威脅，比任何人公開承認的更為嚴重」。又「占地勢之利」一節稱「蘇聯最惡名昭彰的收集情報活動的中心，或許是它的新大使館，一棟現代化的白色方形大樓，坐落在華府最高地點之一的艾陀山（Mount Alto）頂端。在陸戰隊守衛醜聞爆發之際，雷根總統宣佈，在莫斯科的美國新使館未完，全清除竊聽裝置或重建完成以前，蘇聯將不得正式使用這棟新樓……」按這棟蘇俄新大使館可攝影與監聽華府各重要部門，如白宮，國防部，國務院，國會，中央情報局，聯邦調查局，國家安全局，國防部情報局，及海軍情報處等機構，為原文之附圖"克里姆林宮的鷹眼"，其問題越研究越覺難於處理，實為一重大問題也。這可見當我們民國 40 年代時，總統蔣公拒絕美國要說新建大使館于原農林公司將出賣之房地上，即靠近總統府之現外交部之地點，有遠見矣。

（六）臺北中文報導此項熱門新聞

以上引用"美國新聞與世界報導"著名雜誌之文章，因其報導真實客觀，足採信也。同時間臺北中文報紙亦有類似報導，雖譯自外電或不免主觀誇張，但仍可反映當時之熱門。

1. 1985 年 11 月 9 日中央日報社論"對國際間諜案應有的警惕"，文中評述蘇俄特務尤欽柯等三案，因情況迷離，事實不明，故上文引用英文報導中，我並未引述中央日報之提示則作為面對中共之警惕也。

2. 1985 年 11 月 26 日中央日報社論"美國破獲重大共諜嫌案"論金無怠案，金為北京燕大學生，已為美國公民，替北平工作了三十多年，被捕後在獄中自盡，此可見中共周恩來之善用間也。

3. 1985 年 11 月 26 日中國時報，"華府瞭望"欄載"中情局的外國廣播服務處"詳述金無怠服務的 FBIS 的業務情形，尚稱真實客觀，未予誇大，余曾去參觀過 FBIS 工作站之抄錄實況。

4. 1985 年 11 月 26 日中國時報報導"金無怠賣情報三

十多年，聽廣播交機密不可勝數＂，所說就不免誇大不實了。

5. 1985 年 11 月 26 日中國時報新聞＂諜案頻傳，五日三起＂述美國家安全局 NSA 通訊專家培爾頓 Pelton 一案。

6. 1985 年 11 月 27 日中央日報報導＂金無怠案嚴重暴露，保防漏洞，美參院關切諜案頻傳＂及＂不像過去因思想親共作間諜，美國人為錢而賣國＂二則新聞外，另尚有六則恐怖劫機暴行的熱門新聞披露，雖不屬我所要收集美蘇二國之事，但亦屬世界性恐怖事故。

7. 1985 年 11 月 28 日中央日報報導＂外電報導美三大諜案，金無忌案居首要＂。以我看來金案的情報重要性並不高，但是三十多年來美國並未發覺，才變為首要案子了。

8. 1985 年 11 月 28 日中國時報報導＂美國防部採取措施，加強密碼通訊安全＂。國防部長溫泊格于一周內發生多件間諜落網案後，下令加強密碼通訊的安全云云，真是一針見血，軍方所最先重要防護者，乃通訊安全也。此亦所以美國將電訊電子情報及反情報工作機構稱為國家安全局。而我們中華民國不懂也。

9. 1985 年十二月二日中央日報報導＂雷根誓言積極維護美國安全，打擊間諜，列最高優先＂。雷根說＂……自由世界今天正遭到現代史上某種最精巧以及籌畫最周到的盜竊和間諜的破壞……＂，又說＂如果我們要保護我們的自由與生活方式，則我們必須獲勝的一種鬥爭＂。這是美國總統的正確反應與評估，很有價值的。

10. 1985 年 12 月份中國時報＂在一連串間諜醜聞案衝

擊下，美情報機構亟待整頓＂，此乃美國輿論，對於 1985
年多項間諜案之反應。所職責的案件，仍是 Howard,
Walker, Miller 和蘇俄大使館電子偵察等事也。

　　11. 1986 年二月八日中國時報 ＂金無怠承認竊取情報
及密件，力辯是為促成美與中共和解＂。他答辯 ＂……可是
金某強調他供應情報給中共政權內以周恩來為首的務實派，
主要目的在幫助周派瞭解美國決定與中共改善關係的誠意，
以對抗毛派敵視美國的政策……＂云云，我深信周恩來的能
耐真不小，事實說明周恩來自民國十七年（1928），在上
海策劃錢壯飛投入中央調查科徐恩曾部下起，至 1985 年金
無怠案為止，一直是中共情報的歷代祖師爺了。（按周於
1928 年即在上海負責地下工作，中共的特務頭子顧順章還
在周之下面，故我斷定錢壯飛投入徐先生部下，乃是周的策
劃也，後來顧順章歸順中央，錢經手密電，故得知顧之消
息，使周恩來在上海去殺害顧的全家大小，而錢亦逃跑了，
而周在上海租界犯案，不能立腳，亦逃回贛南赤區去。）

　　12. 1986 年八月三十日中國時報 ＂俄自華克諜案斬獲
頗豐，美百萬件密電曝光，間諜懷特渥 Whitworth 判刑三
百六十五年＂。

　　13 1987 年三月三十一日中央日報 ＂共黨集團駐外人員
都是間諜＂乃簡要報導歐洲方面的共諜活動情況，可見當世
諜報活動之盛也。

　　14. 1987 年四月九日中央日報報導 I ＂美新建駐俄使館
安全有問題，雷根警告可能予摧毀＂ II ＂新大使館風波反咬
一口，俄否認裝設竊聽器＂ III ＂誰敢擔保安全。＂ 這是新

爆出來的駐俄美國大使館間諜案風波不小。

15. 1987 年四月九日中國時報 "雷根對使館安全，持強硬態度，考慮採取報復，不准蘇俄使用駐美新館"。又另二則小新聞 "1987 年美國海軍陸戰隊警衛" 及 "舒茲下周訪俄，決用拖車通訊" 說國務卿訪莫斯科時可使用通訊設備裝在一輛拖車的 mobile station 也。

16. 1987 年四月十日中央日報新聞背景欄 "美俄冷戰中的諜對諜" 所述駐蘇俄的美大使館警衛三個陸戰隊人員著了蘇俄國安會燕子的間諜活動，解說得甚為清楚。另外還有七則類似報導，亦顯熱門。

17. 1987 年 4 月 11 日中國時報 "諜對諜，超強各出奇招，俄使館，亦被裝竊聽器"。

18. 1987 年 4 月 12 日中央日報 "雷根認通敵事件頻傳，係欠缺道德教育所致"。

19. 1987 年 4 月 13 口中央口報 "雷根警告蘇俄間諜做得過火，舒茲唧命赴俄，列為會談重點"。同日中國時報 "蘇俄活動頻繁，雷根提出嚴重警告。舒茲訪俄將以此為主題"。不過事實上，舒茲訪俄，並未造此項新聞也。

（七）結　語

現代世界間諜活動事項。實在是遍地都有，且頻繁異常，蓋目前全世界有 160 餘國家（二次世界大戰後之聯合國初創時，只有五十余國而已）其富強者只一二十個，大都貧弱且衣食不足者差別甚距，當然要生存要掙扎，富強之俄共本質上具有擴張野心，要控制世界，當要擴張鬥爭於是自由世界之英美工業集團須要防衛與遏阻其侵襲，所以亦要抵抗鬥爭，所以情報間諜，與保密防諜乃愈升愈高，勢所必然，無可避免者也。茲我所報導者，實在少之又少，皆旨在舉例，以示其趨勢，至於都報美蘇者，蓋以其為超強，對全世界有決定因素之故也。時至今日（1987 年），美國因於情報與保密上憑優勢科技而突飛猛進，為蘇俄所不及，但于間諜與防諜上，則蘇俄佔優勢，甚至美國辛辛苦苦經營多年而成就新科技成果，蘇俄可以藉間諜之行為，得之於一旦矣。今年（1987 年）十二月七日美蘇已同意開雷戈兩領袖的高階層會議，這決不是對極對立形勢有所改變，只是松松緊緊之交替現象，於各自求利益進行其事而免於發生危機，來維繫世界和平耳（大家怕觸發世界大戰）惟此中情報之運作，當占重要之份量，此不可不知也。據 1987 年 11 月 9 日一期，題為 "且開高峰會，星戰容後議" 一文稱 "雷根總統高高興興宣佈訂於十二月七日與戈巴契夫舉行高峰會議，這的確令人有點意外" "一時之間出現如此濃厚的友好氣氛，一周前雙方較勁互不相讓的場面，似乎煙消雲散。由於戈巴契夫堅持，美國在雷根戰略防禦計畫的飛彈防衛方面，先作讓步，高峰會議才有望舉行。因此舒茲（美國務卿）未達成任何協定，黯然離開莫斯科。但是幾天內，情況有了轉機，歇互納茲（蘇俄外長 Shevardnadge）要求到華盛頓再作研商。結果一切順利，雷根同意，與戈巴契夫討論兩個超級強國之間各項未決問題時，只順便討論戰略防禦計畫亦即俗稱星戰計畫……" ……冰島雷克雅未克 ReyKjarik 高峰會議，因蘇聯要求限制美國在太空中進行戰略防禦計畫的試驗而宣告破裂，至今已有一年。美國國防部報告:But for running spy network, "there's no question that the Soviets are the best"。"Explanation from one source: Russians have a tradition of espionage dating back to ages. They offer a variety of material rewards to attract recruits. They have a streak of much lessness that helps when it comes to using people"。說得很透澈，我亦是為此評估的。又按以色列乃小國寡民（只有二百多萬人口）被包圍於四周的回教敵對國家之中，經歷三次生死之戰，而能站立生存其間者，非情報優異不辦也。

又 1987 年十月十九日一期"Tomorrow"欄，說美國"反間戰士，孤立無援"，美國人自認諜戰之處在下風也。

又 1987 年十月二十七日中央日報"美破獲偷電腦機密俄諜，蘇俄星戰計畫曝光"，是乃蘇俄早已進行他的星戰計畫而表面上，還要反對美國進行星戰計畫，本來國防機密，需要保密，常施詐術，亦甚普遍。那豈有不使情報與間諜與盛乎！（惟美國官方未曾于談判時提此反駁，故暫存疑）

至此，吾們可以肯定情報間諜與保密防諜之為用於世界各國間之鬥爭，尤其於列強間圍勢之強弱與稱霸之運作中，提到第一優先之重要關鍵地位，似乎可以我國春秋戰國時代縱橫家之捭闔於當世相比擬，而於大一統局面以來所形成的不齒雞鳴狗盜之觀念，自不會于現世鬥爭時代矣。即 1929 年美國國務卿史汀生 Stinson 之"君子不窺人之秘"之政治道德觀念，亦不能適合於現在美國已無兩大洋所隔之安全利益矣。而委員長蔣公于 1930 與 1940 年代，雖知情報間諜之重要，但仍未知其為極重要，亦尚未知其無形力量實超越有形力量多多，故才有大陸之失也。

（八）歷史的觀察研究

1.大陸不應失而失，臺灣應失而不失

以蔣公的品德人望才智學養都勝過毛澤東多多，以國軍的力量二三十倍於共黨，理無覆敗，大陸是不應失而失的。但很明顯的，自民國十六年清黨以後情報與保防（特務）一路來都不及中共，蔣委員長是知情報的重要性，但尚未意識到須先要贏得此項無形戰爭之後，才可贏得有形戰爭之蒙昧特質。過去孫子兵學用開篇未有此種理論，史事亦向疏於情報特務之敍述研究，但今世實例，確是政府擁有壓倒性的有形實力，共黨則擁有一貫性的無形優勢，經長期拼鬥之後，政府終遭敗績也。

臺灣以殘餘之敗軍，倉猝聚集收容於此島嶼上，外無奧援，內無餘糧，理難生存，然竟以情報與保防之奇效，得以挽救，渡過民國三十九年之危機（中共原定於七月進攻臺灣），以迄於今日之民生樂利繁榮富裕有目所共觀者也。然而誰又識得此中之巧妙卻在於情報與保防之運作哉！

失與不失，其理一也

2.國共戰爭，國軍有海空軍而不知用

國共作戰，共軍全沒有海空軍，而國軍已擁有多年歷史之海空軍，竟半點都沒有發生戰場上戰鬥作用，以我淺薄的觀點來說，當徐蚌會戰中，黃百韜兵團被圍於碾莊時，機械化重兵器的邱清泉兵團奉命派部隊去救援，而止於八義集，停頓十天，說是被共軍所阻而無法前進，其時邱黃兩軍相距不過二十多裏，我想何不用空軍飛機協同坦克炮兵來開路，

步兵跟在後面，一天進展幾個公里不到一個星期必可兩軍會師成功救出黃兵團了。（注一）又長江天塹，共軍竟於一夜之間，兵不血刃而渡過登陸未聞用我海軍阻攔，真是奇事不可思議，空軍只用於空投及撤退，海軍只用於運輸與撤退而已。可見國軍將領實在太老大，連海空軍都不會使用，當然更不懂無形戰爭了。（注二）

注一：我曾談到過傳記文學月刊某期某先生（看過都已忘了）著文說"邱兵團援軍止於八義集後，未前進乃是邱黃不和之故，我想想亦無其他解說更合理了。"

注二：民國三十六年國軍收復延安後，我們設一側向台於清澗，共軍曾用優勢兵力打下清澗，擄去測向台人員機器後即退出，共軍竟能以有形戰爭來打贏此無形戰爭，實在要比國軍高出甚多甚多！我深知我們中國人絕對沒有這種人才，軍人而要懂無線電偵測情報，或無線電人士而要懂偵測情報兼及軍事參謀作業，根本沒有，非有實際經驗之蘇俄人員莫辦也。

3. 蔣公一生的軍事作戰與兵學研究，均局限於通訊，與情報尚未發達之境界中，比之英美蘇德日，則落後矣。

民國十五六年蔣總司令用黃埔軍校之精神訓練，打敗了太老舊太腐化的北洋軍閥。接下來，革命軍中，自己窩裏打，那是品質上相差不太多了，蔣公乃靠了破密情報而勝利。（這是美國哈佛大學博士無線電專家溫毓慶先生所研究得者，同時第三集團軍閻錫山部下亦有此組織，聞東北軍張作霖部下亦有此項組織，惟均無學術基礎，成效不大）此後蔣公聘用德國軍事顧問，乃是第一次世界大戰時的老兵，其通訊兵顧問史肢次納，乃大戰時的上士，熟悉戰地架設有線通電話的作業而已，諒蔣公著眼於精練陸軍以抗日，可是民國三六年日軍來侵國軍不敵而只能以空間換時間的戰略，日軍不但戰力強，且能破國軍百分之九十以上的密電（國軍實無可勝之理），勝利後以疲舊之國軍，對付有蘇俄軍事顧問之共軍則已非黃埔應有之精神及學術所能及矣。

　　注：民國 36 年收復延安後，我曾親到延安郊外棗園內一幢西式房屋，內看到無線電天線用的絕緣子，照相暗房設備及洋式生活之設備，當為蘇俄人員居住與辦公之用。

　　蔣公退到臺灣後，注重陽明學說之實踐，及研究兵學，介紹大家談德國克勞塞維茲及美國李德哈達兩部戰爭論等，但仍是情報技術尚未發達時的傳統理論而已。迨民國 48、49、50 年三次國軍軍事會議席上，蔣公於最後評許時，竟提及技術研究室之績效優良云云，打破傳統，提升情報之份量，是否為反映蔣公研究軍事戰爭論的新體認新衝破，則無從求徵矣。如我人閱讀過美國於歐非戰場中破德國 Enigma 電訊情報與美國太平洋作戰中破日本 Purple machine 電訊情報之記錄當可體認二次大戰作戰勝負關鍵之真相矣。

　4.蔣公軍事失敗之根源，可遠溯到北伐時期的通訊與破密兩位科學專家之被排擠出局，說來似難相信，但事實俱在。

　　若從"窮理於事物始生之處"（這是蔣公研究窮理的一句名言）而言，余則終始以為民國十六七年時李范一先生（留美）創辦的上海無線電機製造廠，革命軍短波無線電通

訊與南京軍事交通技術學校等之被迫移交給保定軍校系統之
邱烽華扼麟王景籙諸將軍為大失策。不但使以後國軍通訊事
業固步自封，不能隨時代而進步，更不知通訊保密為何事，
迨至對共軍作戰時，以美援無線電報話兩用機 SER284 為制
式裝備，作不保密之通話，任令國軍軍師長被俘之惡果實在
昏庸太甚。（此事是蔣公親言之，如蔣公不說，我仍不知）
又民國十八年溫毓慶博士（留美）首創破譯桂系（廣西李宗
仁白崇禧稱桂系）上海秘密電臺的密電，隨後擴及他系，實
大有助於蔣公西征歷次之平亂，溫後於二十四年破日本外交
密電，其後抗戰時期的技術研究室之情報仍為國內各情報機
關之最，但蔣公仍以其親信毛慶祥先生（留法）主持之軍委
會機要室為主幹，迫走溫博士脫離抗戰陣營，不但破密一無
進展，連密電保密亦無絲毫改進。又當年江西剿共，蔣公未
用溫博士來做電信情報，真真可惜任令共軍逃往邊區後患無
窮。注：民國三十四年雅爾達會議席上羅斯福總統答復史大
林說不通知蔣委員長亦好，（指蘇軍進入東北事）為今日一
通知他，明日全世界都將知道了（大意為此）云云，乃是不
明說中國通訊密電不保密，消息易洩露也。又日軍能破國軍
百分之九十以上的密電，中共竊取中央之密碼本，共軍李先
念部隊之無線電員能譯讀國軍之簡易密電，此均應由毛慶祥
先生負其責也。民國 36 年蔣公才放棄毛先生，而回頭來找
我回任技術研究室，才得創建臺灣時期之電訊情報與破獲諜
台之功也。

　　茲舉兩個實事，即可明瞭：一江西剿共，南昌行營電務
股由黃季弼先生負責，抄不到共方的電報，蔣委員長因之規

定凡抄到一份共軍電報者賞銀元十枚，其時溫博士任交通部電政司長也。二共軍自贛南西竄途中，"周恩來徹夜不眠，等待軍委二局（局長曾希聖）把偵察控制或截獲國軍的電訊情報送達並研判後，再下達次日之行軍序列或作戰命令，每日清晨及上午，周恩來總是睡在擔架上行軍，以恢復疲勞"（李天民先生著周恩來評傳）。可見國軍贏了有形戰爭，但輸了此無形戰爭之明顯一例也。後來民國 36 年收復延安空城時，胡宗南將軍雖一心要想捉到共軍主力來打，但打不著，且後來竟損兵折將，蓋胡總部內無線電訓練班主任戴中溶為共諜，他亦是唯一非機要室（主管密碼及譯電）的人而最接近機要室者也，又一顯例也。以後國共戰爭之勝敗，全循此例，而國人不察也。

5. 我國在列強中電訊保密最差，蘇俄尤其擅長情報特務周旋于列強中制勝。列強各國之機密檔案，都不開放，我國之密電情報，且亦不存檔案，故主宰世界大事之真正根因均不得，而知世局是一團謎了。吾經歷二次大戰時期，有機會與俄國，美國，英國，日本及戰後之西德，從事電訊電子情報與反情報業務之接觸，而略知他們一些端倪，促使我對新事物的認識，而強烈形成情報與保防為立國之要素與戰爭之先著的觀念，且中外一津也。惜英國著名兵學家李德哈達在寫第二次世界大戰戰史一書時，（History of The Second World War By Liddell Hart 1970）超極機密一書（The Uber Secret by Winterlocham 1974）尚未出版，故未知英國破譯德國密電情報為何在戰爭上建大功，而未論及。當時各國以中國的密碼（外交的與軍事的）最差最不保密，日本，俄國，美國，英國與德國均能破譯。日本的通訊保密比中國好些，我們只有限度的破譯日本外交及空軍的電訊。蘇俄的通訊保密更嚴密更好，不過戰後我們還能有限度的破得蘇俄遠東空軍及其國境警備隊的電訊情報。美國的全部通訊保密最有研究最強，破不了。（只有去偷了）。所以太平洋四個大國，我們通訊保密最弱，國勢亦最弱。

蘇俄的間諜橫行，美國所不及，一部分是美國民主體制的缺憾，一部分是蘇俄外交與特務運作的優越。試想民國25年十二日西安事變中，蘇俄史大林竟不主張傷害中國領袖蔣委員長，次年七七，日本發動戰爭，中蘇立即簽訂互不侵犯條約，蘇俄且首先主動軍援中國抗戰，可見蘇俄一定要在日蘇之間，培養出蔣公為日本之敵對對頭，以免日蘇直接對陣，蓋蘇俄最忌德日於東西兩頭夾攻也。抗戰既起蘇俄不但供應飛機，且派遣軍事顧問團（團長即朱可夫將軍，後為蘇俄名將）駐重慶，分遣軍事顧問至前方司令部工作，更進行中蘇情報合作等，後全部撤走，他豈是來幫中國，純是為自己打算，一是怕中國垮下來，日本國力就直接面臨蘇俄了，一是擷取對日軍作戰經驗與電訊情報實地作業之利，以增益其將來對日對敵之能也。民國28年德蘇簽訂互不侵犯條約後，德國於九月一日發動向西侵略，掀起二次世界大戰，又是蘇俄高明，把它的第一號敵人德國箭頭指向西方了。更妙的是翻過頭來，於民國30年日蘇簽訂中立友好條約後，德國對蘇俄宣戰進攻了，免得日本（日本原與德國同盟的）北進夾攻蘇俄，蘇俄才得救的。（把嚴防日本，駐在西伯利亞的一部分部隊調回去參加斯達林格勒大會戰，德軍即覆滅於此戰役中）同時蘇俄有本領惠惑美國全力供應最大量的軍火與物資，（原來美國已有承諾中國的軍火物資，則均減少或拖延）直到 34 年八月八日蘇俄突然對日宣戰，進兵我國東北，八月十五日雖簽訂中蘇友好同盟條約，勉認外蒙古獨立，但日本投降後，蘇軍仍占住東北，不讓國軍收復國土而培植共軍，不數年間共軍竟逐出國軍，建成共產中國，直顯得我們中國之老實無用，以視蘇俄之翻雲覆雨，縱橫捭闔，我們真是瞠目其後矣，此無他，蘇俄得特務情報運用之功而我們蔑如也！

　　注：我們歷史上，只有春秋戰時代，差可比擬此項縱橫捭闔之運用，同時學術亦最發達。自從一統江山之後，定於一尊之儒術，垂二千多年，自難適應近百年來海禁開通後之變局，對敵施應，當用權術，並非小人也。

　　6.日本侵華五十年，英國稱霸百餘年，美蘇兩超強分霸四十餘年（當然還要分霸下去），無一不藉國力與情報之互用，情報者亦國力之標杆也。

　　我國自甲午戰敗後，日本從政治的軍事的及經濟的各方面來滲透，甚至日本日清公司的小火輪擁有內河航行權，我國是一幅任人宰割的局面，我青少年時適逢其會，目睹身受，所以才肯寧願犧牲個人自由去參加特務工作，因為它是做抗日工作的。可是當時仍沒有經驗和知識，能識得日本勢力為此嚴重滲透，此正是導致日本覬覦中國的必然態勢，其來侵略，實必然之數。若不來侵略除非傻子了。要其不來侵略，第一要看，是使其不知我國虛實要靠保密防諜了。英國稱霸世界百餘年，靠工業實力（工業革命之果實商業手段），夆以堅船利炮，貫以情報運作，乃達成其侵略擴張效果，其國勢之盛隨同情報之盛，同時俱來者也亦未有侵略擴張而不用情報運作者也。第二次世界大戰後，大英帝國逐漸瓦解，民族自決，其殖民地紛紛獨立，情異勢遷，美國繼起，挾科技生產稱雄世界，成立中央情報局及國家安全局（電訊電子情報及反情報特密機構），原受英國情報輔翼之美國，竟青出於藍而勝於藍，接替英國之霸業，繼更發展太空偵察，獨步世界矣。蘇俄之電子與科技，均不如美國之精，但憑其特強之諜影活動，強過美國，滲透其公私機構，偷竊其科技與電子等技術，提升了蘇俄科技成就，軍事力量，太空能力（只有保防能力，一向比美國好）於是美國之戰後（二次大戰）獨霸局面，變成現在的二個超強之形勢．蘇俄提升其特務與情報之功不可沒，蓋外交與軍事二者必須以特務與情報貫串其中而運用之，然後才能發揮其無比之威力也。今日美國諒必不會再有為 1929 年"君子不窺人之秘"矣。至於民主體制之國會與新聞運作之自損自毀其情報與保防之力量，則仍不可免也。而我們一般人所見之特工情報人員之實際作為，以為情報即是為此，那是大錯特錯，一般人所看不到，摸不著的情報運作之秘奧處，才是其真面貌真價值，此所以難得認識矣。

7.海禁未開，定於一尊之政府，其治國即治民，儒術得
　其用，現世界百餘國，在海空禁大開之下，比我們春
　秋戰國時還要多元化，於捭闔操縱下，未有不以情報
　求生存之道矣。

我春秋戰國，稱為亂世時代，孔孟儒術，並不見重於
世，且當時有人稱孔子之周遊列國，有“急急如喪家之犬”
之識者。迨秦漢統一，漢武帝時才尊奉孔子學術定於一尊之
規範，垂二千餘年之久，視為正統焉。蔣公以儒術為治國之
正統大道，但顯然其不足以禦共黨奪權縱橫捭闔之術也。但
共產黨顛覆奪權之術，亦顯示其不足以福國利民反而導致窮
困落後，所以近十年來稍變開放，尋求現代化之途徑了。蘇
俄憑藉其特務滲透實行其共產統治，控制國內，擴張國外雖
已雄踞兩個超強之一，但亦不足以養民富民，而現亦正在求
變中。美國民主自由體制獲得科技與經濟之繁盛，獨步世
界，與共產體制相抗而共存者已七十年，已學得不少乖巧
（今日美國當不會再有為 1929 年之“君子不窺人之秘”之
觀點，而撤銷破密情報機構黑室（Black Chamber）之事
了），以補益民主制度不夠防諜保密之先天性缺陷，以相抗
拒而自衛也。所以此兩體制事實上各有長短優劣，不然相抗
而共存下去者不知還有若干年代，實看不出有為中國之由春
秋戰國時代能進入統一而定於一尊之局面，為此則義（現在
又進入空禁大開了）而懂得適者生存之道為上矣。

8.世人一向擔心之第三次世界大戰迄今四十餘年，仍未
　爆發，豈非系美國善用情報於和平用途之故歟？

美國上任總統卡特 Carter 曾表示他要情報來作為和平

用途所需，余深然其說，突破了傳統上只為戰爭侵奪之用的意義，擴展了情報的正面用途，真是大大進步，值得大書特書也。按我人經歷第二次大戰後，共產的反動勢力突起，歐洲亞東風雲險惡，世界沒有和平，戰後有識之士都預見第三次世界大戰將不可免，以為一二兩次大戰間，相隔二十年，第三次大戰將不出十年，大家心頭顯得忐忑不安。又戰後日本研究蘇俄密碼專家大久保先生，素有盛名，請來中國在南京工作時，曾推測俄共挑起大戰不會超過二十年。豈知1950年挑動韓戰，美國竟一改初衷（韓國不在美國太平洋防線之內）奮起對抗，將戰爭局限於此地區範圍之內，且中立臺灣海峽，保住日本，亦保住美國西太平洋之勢力範圍，相安迄今，將達四十年之久矣。按蘇俄有三個突破地區第一西歐第二亞洲西太平洋第三中東地區。現（1987年）則在中東地區角力，但均為美國所堵住，而未演成第三次世界大戰，說者以為是大家怕核了戰爭而不敢掀起大戰，則不為說美國用情報，才得洞悉形勢，於縱橫捭闔間，來維持均勢，而不致爆發大戰，更為真實也。情報之多用，真神妙莫測矣。

　　本來世局為謎，尤以我國長期的言論忌諱，時事更多迷惘；余不揣淺陋，以歷史的眼光來透視，識得一些新見地，當然亦只限於我個人經歷之所見所知而已，故寫此節以留鴻爪焉。

（九）附　錄

1.陳布雷家中的叛逆

　　民國76年11月傳記文學雜誌所載周谷先生所著"陳布雷家中的叛逆"一文，吾不知周先生何許人，竟對共產黨用間秘辛知之甚詳。

　　按破獲北平共諜電臺事系民國三十六年九月二十四日清晨六時，非文中所談之八月，系北平行營電訊監察科之科長劉醒吾所主持也。文中所述陳布雷先生（陳是蔣委員長最親信之幕僚長）之女陳漣為共諜被捕後，許多事故，正說明情報特工之鬥爭，國民黨遠遜於共產黨也。並兼國軍駐防榆林的第二十一軍團長劉寶珊二女兒鄧友梅，重慶市長楊森之弟楊懋修師長之獨生女楊漢秀，與華北剿總司令傅作義之大女兒傅冬菊（傅冬）均為共黨秘密工作者之事略，均可證余所見之真實不妄矣。

2.兩者之間

　　民國 60 年（1971）三月一日起，臺灣日報所載 "兩者之間" 長文一篇，乃是敍述美蘇兩國間諜活動事蹟，首先自美國兩位開創有功人物 OSS（Office of Strategic Service）戰略局的杜諾萬和 CIA（Central Intelligence Agency）中央情報局的杜勒斯說起，此二人我均當面見過。繼又敍述蘇俄國家安全委員會 KGB 的事蹟，繼又述美國各情報機關，為 NSA 美國破密局（真名 National Security Agency 國家安全局），陸軍情報署 G2，海軍情報署，原子能委員會，聯邦調查局 FBI 等，繼又述蘇俄 GRU 紅軍總參謀部情報署與 KGB 乃赤卡（Chcka，有名的特務組織名稱）的嫡傳，綜述其工作運作過程之事，最後敍述雙方所遭遇的共同難題是安全問題等，足見美蘇間諜運作之現世概況也。

　　更有進者，美國之建立情報工作，系在二次大戰時，為英國老鄧輪手所提攜培育之者，文中亦略有述及，以余所知，他們之情報合作甚為密切，此點十分重要也。按情報乃是策定政略戰略與戰術之所依據，吾一向認定在二次大戰期間，英國是以情報先進之勢，自然地令使美國循英國路線行進者也。按 1943 年開羅會議時，中英美三國領袖，原已協議最優先規復仰光，打通滇緬路線，英且派遣海軍艦隊進攻，豈知英國首相邱吉爾於開羅會議後，又與蘇俄會談，以後英國改變態度，不履行派遣海軍原議，美國不得不勉從其議，只有陸軍攻緬，而未竟全功矣。又英美對於東亞作戰，有聯合參謀之組織，我國未得參預，當然按理是依據情報而策劃作戰的，我國顯然處於末位矣。凡此情報之妙用，不可不知也。

3. 1986 年 Casey's CIA 凱西的中央情報局

1981 年一月，雷根就任總統後，同年六月"美國新聞與世界報導"雜誌即發表一篇 "CIA about to start on the come back trail" 一文稱任命 Casey 及 Inman 為正副局長，要恢復已經遭受重大打擊的情報工作，並介紹其他十一個情報軍位之名稱和首長。末頁介紹 "Better and Better U.S. Spies in the Skies" 太空偵察之概況，均寫實也。

迨 1986 年 6 月又發表一篇 "Casey's CIA" 一文稱現任總統雷根對於美國中央情報局長杜勒斯與現任凱西二人有高評價，確然為此。按中情局的世界聲響，是由杜勒斯局長建樹的，他是配合艾森豪總統和大杜勒斯國務卿（乃杜局長之親兄）的反共圍堵政策有成效，即是限制共產勢力擴張，止於歐洲的西歐和希臘，及亞洲的西太平洋之線，以迄於今。現任局長凱西，乃在美國多年來一直困于對抗蘇俄之術和美國情報工作走下坡之際，諒能配合雷根總統堅持其強力國防體系，以抗衡蘇俄之作為，亦終有成效，即近來美蘇已成裁減中程飛彈之協議，並訂定於本月七日戈巴契夫與雷根開高層會議也。文中且約述美國情報工作之概況實錄。

　　按此二篇大文所述前後，五六年來情報事業，確已重振有效，雖未及其機密事項之披露，但均真實不虛之實錄；一般的歷史尚且不免有錯，情報事件尤多虛誇。此項實錄，不啻是現代民主體制之里程碑，故余認為非常可貴也。

4. 1988 年九月附錄三例

　　（1）1988 年 9 月傳記文學雜誌載 "陳布雷身邊的中共黨人" 一文，乃是補充上文附錄（1） "陳布雷家中的叛逆" 一文而來，敍述當年蔣委員長侍從室主任陳佈雷的貼身秘書翁祖望，他是陳的妹夫，竟是共諜，且翁秘書的女婿蔣兆民又竟是資深共產黨員，即是今日（1988 年）中共最走紅的國務院副總理喬石也。真是滲透得奇妙好厲害!可怕!文中且述及當世軍政大員為張學良的四弟張學思，鄧寶珊的女兒鄧友梅，楊森的侄女楊漢秀，及傅作義的女兒傅冬菊等人，都是中央地下黨員。……"親情" 是國民黨打敗而輸給共產黨且不自覺的重大原因之一。云云。作者李岩松先生竟指出此種共諜滲透是國民黨打敗仗的一大原因來了，這正與我所見這是唯一原因，已相接近矣。

　　（2）1988 年 4 月傳記文學雜誌黃紉秋撰 "我所認識的郭德潔"（李宗仁夫人）一文內有謂 "我又問：韓練成呢？他為共黨建立了大功 —— 山東萊蕪戰役，韓與共黨裏應外合包圍了各司令部，使數萬人束手就縛，此戰對軍心打擊很大，他得了什麼報酬呀？劉回答說：迪化副司令員，但近來因精神失常，已不問事了。……”這是說國軍將領被滲透，倒戈，使中共軍事勝利之一例也。

（3）1988 年四月傳記文學雜誌 “民國人物小傳” 欄 “張克俠” （1900-1984）小傳內有謂"克俠為馮玉祥連襟，任職西北軍，長達二十餘年，惟僅任參謀長或副職，多次辦理軍事教育。其學歷甚佳，保定軍校，陸軍大學畢業，又留學蘇聯，通英俄文。惟自十八年夏秘密加入中共為特別黨員，接受單線領導，潛伏軍中二十年未被發覺，兼任徐州城防司令時，曾將城防地圖密交共軍。徐蚌會戰開始，即與何基灃等率二萬餘人投共，使共軍輕易南下，包圍黃百韜兵團，贏得徐蚌會戰緒戰的勝利，對共軍而言為大功臣，對國軍來說，則為大叛將。大陸淪陷後，僅短暫出任軍職，後轉林業部任職，未獲重用，文革期間亦受迫害，家人部屬同受株連，為其始料所不及。……這是國軍將領原為共黨份子，在徐蚌會戰時投共，應響戰局不輕。

1988 年 1 月 15 日補注

我閱完了美國海軍少將 Edwin T. Layton 所著 “And I Was There” （1985 年）一書之後，深感同行所見相同，正可為余見之確證也。按作者初出校門後，曾學習三年日文而從事於對日本海軍的電訊情報業務，嗣任太平洋總軍總司令尼米茲 Nimitz 的情報主管，在四十多年後，因若干保密檔解密後，才著此書，詳敘珍珠港事變，所羅門海戰中，日本聯合艦隊總司令山本大將戰死 “及中途島戰役的情報與作戰操作實況，顯然以劣勢海軍去對抗日本優勢海軍，而卒能戰勝者，全在美方的優勢電訊情報，此可證餘從實際經驗中所體認的原則"在軍力懸殊下，凡能以寡勝眾者，必為情報之運作"也。又作者著此書意在闡明"In recognition of the unsung heroes of radio intelligence in The United States navy"又稱"writing from his unique position, Layton reviews the major contributions that radio intelligence made to winning the war in the pacific"。"Layton's account shows that while McArthur was more adept at public relations, it was Nimitz's effective application of radio intelligence that made him the understated and unsung hero of the Pacific war"說尼米茲將軍乃是善用電訊情報之英雄打勝太平洋戰爭，但未被宣揚未被歌頌者也。作者又稱"and the lack of understanding of the importance of the intelligence function by clumsy admirals"說情報的重要性不為打槍打炮的將軍所瞭解懂得云云，是我于上文中曾評述我們國軍將領之不懂電訊情報之遭遇相同，美國亦是為此，可見一項進步的新事物，不易為已另有傳統之人士所接受，蓋無此項經驗者所不知也。（完）

臺灣如何渡過一九五〇年危機的

── 幾通反間情報扭轉了臺灣海峽與世界局勢

黃　惟　峰

　　在歷史上有許多重大的演變看似突發事件，實際上在幕後早已由電訊情報作戰的勝負決定了結局。諸如在三十年代駐在東京的蘇聯著名大間諜沙奇（SORGE）探得了日本最高當局決策南進西太平洋而不再北上攻擊蘇聯的情報，使史達林得以抽調遠東精銳防衛部隊趕赴歐洲戰場參加莫斯科保衛戰，重挫了希特勒的攻勢，並反守為攻，扭轉了整個歐洲局勢。在四十年代珍珠港事件之後，美日決戰於中途島。美方以剩餘兵力迎戰日本龐大聯合艦隊。這一戰役，美國如失敗，日本可長驅直入直達美國西海岸。結果美國英勇作戰，以少勝多，大敗日本，成了太平洋戰局的轉捩點。事實上，美方早已破了日本海軍密碼（見世界日報二〇〇二年一月廿九日），洞悉其計，慎作佈置，致獲大勝。又主持攻擊珍珠港之日本山本五十六大將之座機日後在南太平洋遭擊落喪命，也是美方破解密電高人一著所致。在五十年代初，美蘇對抗趨熱戰化。在遠東的棋局中，蘇聯關注的焦點地區厥為臺灣海峽及朝鮮半島，尤以台海戰役如箭在弦上，一觸即發。但結果幾乎在一夜之間戰事爆發於朝鮮半島，而台海危機頓形消失，現狀維持至今。這其間也因反間情報戰之運用有以致之。現據當時臺灣電訊情報主持人魏大銘親述，略作報導，為歷史加一注腳。

一九四九年國民政府在大陸一敗塗地後，百萬軍民撤守臺灣。中共在北京成立新政權後，第一要務是準備於一九五〇年進攻臺灣，完成統一。於是重兵調集海峽對岸，支前交通系統也已超前完成。一九五〇年二月間已有蘇俄空軍部隊進駐徐州，南京及上海。劉少奇、毛澤東相繼赴莫斯科，向史達林要求軍援。史達林當時滿口答應大量海軍裝備，並已定舟山群島為攻台海空基地，臺灣當時風聲鶴唳，風雲緊急，臺灣軍方且曾作軍情推演，亦認定如無外援臺灣難以阻擋共方攻勢，但延至一九五〇年春，卻只聞樓梯響不見人下來，史達林按兵不發。拖至六月間卻爆發了韓戰，中共被迫參戰，抗美援朝，大軍北調。接著美國下令第七艦隊進駐台海。從此日移星轉，渡海之機一失不再。治現代史者對那一九五〇年關鍵時刻，史達林為何遲遲不決，自食其言，每每深感困惑不解。其中實有段有關與蘇俄情報作戰獲勝之秘情，使臺灣渡過了這絕大危機。

按國府遷台後，痛定思痛，深知在大陸軍事之失敗，主要在於共方地下黨之厲害。他們潛伏政府各機構，有的長達數十年之久。有如白蟻之侵蝕大廈，表面無損，內部已給蛀爛一空，一推即倒。有上層作戰計畫尚未到達國軍前線指揮官而共方卻已先知，國軍有如瞎子打仗，焉有不敗之理。長江江陰要塞之失陷，使"百萬雄師過大江"，快速底定京滬地區，便是一典例（見《傳記文學》56 卷 4 期 27 頁）。所以來台後嚴格實行出入境管理，島內厲行防諜保密，"抓諜匪"行動更是令人心驚膽戰。而共方更千方百計，運用關係，全力滲透，探取情報，設立秘密電臺，鼓動社會不安定等等，無所不用其極。一九五○年春國府撤守臺灣未久，立腳尚未穩，美方又在年前宣佈白皮書，等於洗手臺灣。當時臺灣處境真是孤島獨守，淒風苦雨。但臺灣四面環海，在出入境管理下，情報交通，必須依賴地下電臺及電訊密碼，所以當時臺灣緊抓電訊偵查，尤在五○年代屢屢破獲共方秘密電臺，大大幫助了臺灣之安全。

當時在臺灣主持密碼破譯及偵查地下電臺者為魏大銘將軍。魏氏任事慎密果敢，在抗戰期間建立軍統局無線電通訊系統，對大後方安危，剷除漢奸，預報日機空襲，等等都曾作出絕大貢獻。來台後更是堅苦卓絕，埋頭苦幹，全心全力於保衛臺灣之安全。由於工作效率卓越，曾為老總統數次評為最傑出之單位。

一九五○年二月間，魏氏單位從電訊交通上偵知在臺北廈門街 113 巷 9 號附近有一頗強力的秘密電臺。他們在人力缺乏，設備簡陋條件下，日夜埋首偵查，終於在以電訊側向交集點下，鎖定二三戶日式住屋最為可疑，但不欲打草驚蛇。所以以分區停電，查戶口，修理水電，防空演習等等名目進去查看，但看不出任何可疑之處。最後親自上場，鎖定其中一戶最為可疑，便進去細查。該戶人家為一對年輕夫婦，男名汪聲和，似乎為一極正常之小家庭。偵查人員從天花板，牆壁，地板，等等一一打開細查竟看不出一點可疑之處。工作人員困惑不解，以為弄錯了地方，只好客氣地道歉退出。正待工作人員一一走出大門時，魏氏再回頭掃視一遍，突然發覺小客廳中一小圓桌的柱腳顯得特別粗大，與一般傢俱不成比例。當即命打開，裏面赫然是套強力收發報機，汪氏對魏氏早已久聞大名，知是電訊專家。現在面對老行家，知道所有隱瞞，作假等企圖都是沒用的，也就全部投降，老老實實全部招來，並供出潛台共諜李明。

原來他是直接受命於蘇俄海參威第三國際。一九四九年他奉命先赴香港，匯合另一女性，名裴俊，結成工作夫妻，假民航局人員撤台之便，混進了臺灣，作成了一個親密小家庭，建立了秘密電臺，直接向海參威和赤塔通報，甚至與中共大陸都沒有聯繫。在那時期，第三國際類似全世界共黨的總指揮部，它彙集各方情報，直接供給莫斯科中心。而史達林對美國在遠東的軍事力量疑懼極深，深恐與美國直接衝突，引起大戰，蘇聯尚不是對手，所以任何有關臺灣的情報都極具價值，尤其有關美軍在台之真真假假，更是迫切需要知道。這一電臺之被破獲，使第三國際頓時失去了幾乎唯一的臺灣情報直接來源。當時臺灣保安司令部喜出望外，擬即時披露全案，以耀功績。但為魏氏急急阻止，對外一字不露，另有更深入一層的打算。

他和汪氏細細長談後，汪氏對這老行家已心悅誠服，表示願意全心合作，一切聽命魏氏。魏氏便命他繼續和海參威方面保持通訊，維持原狀。蓋使用收發報機各人有各人的特殊手法，如調換他人，易為對方覺察，所以在魏氏安排下，海參威方面絲毫不疑，繼續不斷來電打聽臺灣虛實及美方軍援臺灣之真假，而魏氏也一再灌以假情報使其愈發疑懼不已。其中精彩有趣者有如下例：

來電問：〝臺灣有沒有噴射機？〞

回：〝臺北上空時有沒有螺旋槳的飛機，飛行極快。〞（按：一九五〇年代初噴射機尚為極稀有之物，大多數人根本未見過。）

來電問：〝臺灣有沒有看到美國軍隊？〞

回：〝臺北熱鬧街頭時常有黃頭髮，穿花襯衫的外國人出現，疑是美國人。〞

從這些電訊中可清楚看出蘇聯當時對捲入台海戰爭與美衝突疑懼之深，而魏氏抓住這個機會全力灌輸蘇方美軍實已在台之印象。這樣保持通訊達六個月之久，真真假假，使史達林愈是疑懼不定，按兵不發。直到後來九月間，臺灣決定在聯合國提出控蘇案，乃將此諜台事件予以公開以為佐證。海參威方面才發覺受到愚弄。但轉眼之間渡海時機已失，臺灣海峽已面臨颱風季節。接著韓戰爆發，由於美軍參與，北韓自優勢變為劣勢。毛澤東決定〝抗美援朝〞參與韓戰，福建沿岸大軍匆匆北調，臺灣得一喘息機會。從此歷史演變曲線遽然轉向，大陸接連瘋狂政治運動弄得民不聊生，臺灣則進入六十年代經濟起飛之局，這是後話了。

拿破崙曾言：〝戰勝之機，有如妖豔之婦，一瞥即逝，不復再來。〞五十年代台海之演變可謂典型一例。孫子兵法有述，知彼知己，百戰百勝，人所熟知。如魏氏所為，

"知"尚不足,更以情報作武器。兵不血刃,瓦解壓境之百萬大軍,轉危為安,在發揮情報運作上可謂已臻至境。魏大銘將軍於一九九七年在台逝世後,有稍知內情者對魏氏之貢獻於國家每每唏噓懷念不已。魏氏留有遺著"無形戰爭"(按:尚未付印)。以上所述,有從該著節錄者,筆者亦曾親眼目睹該事件之經過。

八一四空軍節之由來

黃 惟 峰

　　民國廿六年七月七月日本軍閥揪起蘆溝橋事變，以其絕對的武力優勢開始對我國全面的軍事侵略，並宣稱將"三月亡華"，蔣介石委員長宣告全國奮起抗戰，全國人民無不振奮呼應，值此抗戰勝利 65 周年之際，謹以此文以誌紀念，本文資料多得自夏文華先生，夏君係情報工作者，熟知當時情況，退休後長居美國西雅圖。

　　要知道，實際上，我國早知日本軍閥終將發動侵華戰爭，但當時軍力懸殊，委員長只能忍辱負重，以爭取時間，勵精圖治，且在民國廿四年以前即作已秘密積極作全盤準備，一個多月後，即於民國廿六年八月十四月，日軍自本土出動大批重轟炸機，意圖轟炸我杭卅筧橋空軍基地及中央航空學校，一舉消滅我國當時幾乎是全部的空軍實力，但日機甫飛抵杭卅上空即被我空軍健兒，迎頭痛擊，日機不但未能得逞，當時被擊落六架，餘機愴惶而逃，回程中又有七架墜入海中，我機則毫無損失，此一戰役我空軍大獲全勝，故將八月十四日定為我空軍節，以下為有關這戰役的背景的故事及秘辛加以說明：

> 早在民國廿五年之前，當時日本軍閥侵略我國已迫
> 在眉睫，侵華戰爭隨時均可能爆發，唯我情報單位
> （復興社，或特務處，即軍統局前身）則早自民國
> 廿四年開始即已經在秘密部署在沿海一帶之軍情報
> 告建制與無線電臺，以備一旦日軍擴大侵華並在沿
> 海地區登陸之用，其中一部份即為自吳淞口起迄定
> 海沿岸的花鳥山，陳錢山，大羊山，小羊山及六橫
> 島等五處建立秘密觀察通訊台，監視經過的飛機及
> 船艦，一有發現立即在三至五分鐘內使用無線電向
> 杭卅總台報告，各台均使用我特務處自行研製的直
> 流乾電池收發報機，無線電報收發採用共波制，總
> 台長期廿四小時守聽各分台，隨呼隨應，此一使用
> 無線電通訊的大陸沿海的海空監視系統係由當時設
> 在杭卅筧橋的中央航空學校蔣堅忍教育長與特務處
> 的魏大銘先生共同策劃，並由魏大銘先生負責執
> 行。（魏大銘先生日後任國防部第二廳技術研究室
> 主任，專責電訊密碼之偵測及破譯，对抗戰及台海
> 安全均有重大貢獻，1995 年病逝台北，留有遺著
> "无形戰爭"，尚未付印）。

上述各島事實上均為海盜所盤據，但盜亦有道，各路英
雄好漢均深明大義，值此國難當頭之際完全與政府配合無
間，例如：情報工作的前輩王惠民將軍（王惠民將軍於
2005 年病逝美國洛杉磯）當時即派駐花鳥山擔任監察及通
報任務，而該島即為即為著名的雙槍黃八妹之基地，該電臺

之安全與掩護就由黃八妹全力協助（國軍自大陸撤退時，黃八妹經舟山群島大陣隨國軍部隊撤來臺灣，改名黃百器，積極參加蔣夫人的婦聯會活動，此固是後話了），後來，日軍曾一度派軍艦登陸搜尋，均未被發現。

　　民國廿六年，七七事變爆發後，日根本軍方偵知我國空軍僅有的精銳兵力為孫桐崗擔任大隊長的轟炸大隊及高志航擔任大隊長的驅逐大隊，當時該二大隊均駐紮筧橋航校機場，日軍為圖一舉殲滅我國全部空軍，乃于八月十四日派出木更津航空隊的九六式轟炸機十八架自日本木更津基地出發，目標為我杭卅筧橋機場及中央航校，當日本機隊通過花島山上空時即被王惠民先生觀察發現並及時報回，因為時間十分急迫，卅分鐘後日機即將飛臨筧橋機場，我空軍當局緊急調度，當時飛機上尚沒有無線通訊設備，完全以地面排板方式與在空中的飛機聯絡，轟炸機全部轉場疏散，教練機進入掩体，驅逐機則則緊急加油裝彈在高志航大隊長率領下迅速爬升至优勢空域迎戰，當日機飛抵杭卅上空時，原以為我方全無準備，結果被我機迎頭痛擊，當場擊落六架，餘機亦多受重傷，在回程中另有七架墮海，我機則毫無損失，由於這次戰役我空軍大捷，不但保存了我空軍實力，而且大大激勵了當時的民心士氣，故為當時的航空委員會秘書長蔣宋美齡女士建議將八月十四日定為空軍節。

再說有關日本偷襲珍珠港之情報

黃　惟　峰

　　世界日報 2009 年 11 月 10 日上下古今版有佳雨先生大作[誰破解了偷襲珍珠港情報，茲就筆者所知有關此事之經過再作一報導，以資相互佐證。

　　有關日本偷襲珍珠港之情報，國內外曾盛傳是由軍統局的魏大銘將軍主持的電訊偵譯機構（技術研究室）破譯了日本軍事密碼而事先得知之而美方不予理會，在 70 年代筆者曾走訪前國府駐美武官蕭勃將軍，在夕聚時，蕭氏亦當眾語及魏氏對此事之功績，但政府當局及魏氏本人對此事從未有所透露，既不自誇亦不否認。

　　按魏氏遠在最早的〔復興社〕特務處成立之時起，就一手包辦特務電訊綱，後來參加戴笠陣容後，戴笠的特務電訊系統和航空委員會的空軍電臺，也由他一手建立，並由他主持培訓軍統的電訊和譯電人員訓練班，所有軍統電訊人員幾全是他學生，軍統所使用的各種小型特工收发報機也是他所設計督造的。因此在軍統內部，魏大銘被稱為〔戴笠的靈魂〕（見徐恩曾等著〔細說中統軍統〕，傳記文學出版社）

他的工作尤在抗戰時破譯了日本空軍電訊密碼，使我國弱勢空軍而能創下筧橋空戰大捷，振奮民心士氣，更靈活動用電訊情報及早報警，大大減少了敵機狂炸濫射我大後方陪都重慶之損失等等，不在此贅述。

政府遷台後，魏氏仍任國防部「技術研究室」主任，專責偵測，破譯潛伏島內之秘密間諜電臺，功效卓著，對台海安全及臺灣本島穩定，都作出極大貢獻，〔見拙著 "臺灣如何度過 1950 年危機" 世界日報 2002 年 8 月 6 日上下古今版〕，曾二度獲得蔣老總統獎評為第一，魏氏退休後，築居臺北淡水鄉間，天天讀書著作，魏氏為筆者義父，筆者常與之談古說今，澈夜不休，某日，在家庭晚餐時，筆者當面問他有關珍珠港情報之事，他哈哈大笑以他平湖口音連說：

"完全瞎說，完全瞎說，全是以訛傳訛，絕無其事"

他說在那時期中國根本無足夠的此項人才，也無先進的技術設備，有關軍統的事外界傳說很多，但大多是道聽塗說，臆測而來，因守密誓約，情报人員從不是否加評，但有關珍珠港情報之事雖非由破密而來，卻也非完全空穴來風，而事出有因。

蓋當時蔣委員長判斷日軍在與英美作戰之前必定先有大批海軍艦隊和運輸船隊通過臺灣海峽進駐馬公，高雄，廈門等港以作準備（筆者于 1950 年曾在馬公接受軍訓，即以日軍遺留之魚雷貯藏庫為營房），這些船艦很多燃燒重油，排放濃煙，天晴之日，百哩之外，肉眼可見，蔣委員長責成戴笠偵察台海動靜，由是魏大銘派了二名特工潛往廈門以望遠鏡注視臺灣海峽，珍珠港事變前夕，知有電訊從廈門特工發來，但因使用的自製的小型收發報機，功率很小，收聽不清，戴笠焦急萬分，將自備手槍放在二人中間，聲言如今夜仍不能確定情報內容，無顏回報委員長，則二人應自盡報國，魏氏乃親自掛上耳機，傾心靜聽，一直仍模糊不清，等到深夜，電訊突然清晰，據報廈門港突有大批船隻集結，戴笠立即報告委員長，委員長斷定美日開戰在即，當夜通知各首長，翌晨立即召開緊急會議以制定中國抗戰新策略，以應對太平洋新局面。

以上這些都是筆者所親聞親見者，以資存真並供參考，至於佳雨先生大作中提及池步洲與潘漢年二位與此事之關連，則筆者與身為「技術研究室」主任垂卅年之魏大銘之談話和他的著作中從未見提及，無從置評。

讀"蔣介石陪都歲月 1937-1946"有感

黃惟峰

1.汪精衛在抗戰緊急時竟私下和日本謀和,逃至河內,蔣一再勸阻,甚至送護照給他,送他去歐洲,他執意投日,只為私欲,不智至極,全民憤慨,無怪勝利後,首批到南京的部隊把他的墓地炸毀。

2.中國戰區統帥是蔣介石,羅斯福派個史迪威做蔣的參謀長,史是一介武夫,親自作戰,訓練士兵,吃苦耐勞,還是不錯,但從未指揮過大部隊,頭腦簡單,又有優越感,但中國情況複雜,歷史久,文化不同,戰爭是多方面,多目標,坊面大,動員龐大,抗日之外尚須顧及武裝的共黨,都不是史氏的智慧和經驗所能瞭解,他把持美援物資,不給國軍,史迪威甚至侮辱蔣,國軍因裝備遠不如日,每有挫敗,史便告華府蔣不抗日,蔣至忍無可忍,堅決要求羅斯福撤走史氏,事關國格人格,不惜單獨作戰抗日,理所當然。

3.接替史氏來的赫爾利和魏特邁則完全相反的性格,他們二人懂外交，識大體，瞭解中國抗日戰爭的復雜性，魏特邁到任之初，即向蔣介石說明“你是主帥，我是你的參謀，參謀的責任是執行主帥的計畫和命令。”這些話想來使“蔣心大悅”，後來日軍發動大攻勢，一度迫近重慶，陪都告急，政府擬再度遷都，但蔣介石堅決表示他決不離渝一步，魏特邁即也表示他也不會離開。

4.希特勒自殺，歐戰結束，重心移亞洲，對付日本，美援物資和裝備才得大幅增加，魏特邁以之增強國軍戰力，加以陳納德的第十四航空隊，以芝江為前進基地，節節反攻，陣陣得利，勝利在望。

5.突然廣島遭核彈攻擊，三天后日皇宣佈投降，反而亂了國府步伐，國共談判無成，內戰開始，魏特邁勸蔣介石作適當讓步，以求政治協商，但蔣自持有 51 師裝備訓練精良，可戰勝共黨，魏特邁遂以美軍船隻速運在印緬的中國遠征軍至天津大沽等地，以便出關爭取東北.筆者尤記得當年廖耀湘率新六軍經滬北上，駐節中山醫院，裝備訓練，十分亮麗，誰知不出二，三年，國軍最精良的部隊在東北竟全軍覆沒，從此節節敗退，直至 1949 百萬軍民大撤退到臺灣。

6，馬歇爾來華調停，促建聯合政府，國共雙方原地停戰，所有部隊呉名造冊，不得增加或移動，這是馬氏天真想法，共方聲稱大多為遊擊隊，聚散不定，名冊可変，我的表舅姚兆坤在台親告筆者，他當時任營長，駐在天津附近，準備出關，但在馬氏條件限制下，寸步難移，眼見一列列火車，裝載著“難民”開往東北，誰都知道這些都是共方部隊而無可奈何，這是他在台退休後親口告我的。

　　7.至於國軍為何在東北以及整個大陸失敗至此，各有各說，記得若干年前有名王禹庭（？）者在傳記文學上著文詳述，頗為可信，結論是共方的"地下黨"勵害，滲透了政府各部門，而主持其事者為周恩來，周氏為情報高手（見魏大銘自述一書），抗戰時政府撤至武漢，魏大銘主持無線電情報訓練班，造就大批情報員，而周恩來任密碼教官，可見一般。

我的朋友魏大銘

美國前情報官員貝乃樸先生原文　　洪建英譯

　　我與魏大銘將軍於 1951 年初在臺灣初次會面。你可能要問誰是魏大銘？我們後來比較熟悉了，我就叫他"大銘"。他是國防部技術研究室的主管。從 1930 幾年開始技術研究室就負責偵查中共電訊，連續到 1932-45 年中日戰爭，甚至世界大戰以後的年代，總共六十來年。最初幾年他不願意和我談及他私人的事或他的機構，多年以後我們建立了對彼此的信任，才變得比較接近。

　　當我們的友誼增長，魏告訴我他年輕的時候在 1930 幾年對無線電通訊發生興趣，向中國電訊局申請要做一個無線電收發員。他的申請獲准，經過訓練後很快就被派到電訊局的上海分局做事。等到初步在職訓練及實習完成，他被派在黃埔江口的領航船上做一個特別的無線電收發員。年輕的大銘在這領航船上做了好幾年事，保持領航船和上海的無線電連繫。他學會了英語還喜歡船上的西餐，之後他一直就喜歡吃西餐。這領航船像一家水上飯店帶領許多輪船進出上海港口，領一回約 15-20 英里，此時上海已成為世界最大海港之一。

　　之後，魏被派回上海電訊局一個特別單位工作，負責測定上海區域的非法無線電收發站位置，有些未註冊的無線電站是由反政府的政治組織操縱的。他告訴我一些在這"貓捉老鼠"的努力中許多非常有意思和緊張刺激的故事。這種佈署和操作常常是在上海外國人控制的區域裏，當時上海一大部份已經發展的區域是被英國和法國控制的"租界"。

當蔣介石領導的國民黨和毛澤東領導的中國共產黨表明不同的政治路線以後，年輕的魏參加了國民黨的軍隊做通訊和密電官。在 1930 幾年抗戰期間國民黨把政府搬到重慶時，魏也就一起去了重慶。

在 1930-40 年期間日本侵略性的進軍中國，通過商業方式加以後來的武力控制，日本參加了外國人奪取中國廣范天然資源的行列。當日本加速他們的擴展企圖，中國和日本間發生的"事件"顯然增多。在 1937 年日本終於厭棄在中國的緩慢進展而發動了全面戰爭。日本這種擴展性的企圖一直堅持到第二次世界大戰結束。

魏後來參加了戴笠主管的軍統局，他的無線電偵察措施仍然繼續，但目標從共產黨問題轉移並擴充到日本問題。他們開始偵察日本的空軍和陸軍通訊。後來魏研究出辦法來探測被日軍佔據的中國東北和中部的民間與軍事天氣報告。由於對日本空戰和氣候通報的雙重偵察成功，技術研究室能夠供給政府最有用的情報。許多這種資訊用密碼寫成，技術研究室必須想辦法破了密碼才能瞭解字意。之後該單位並致力於有關敵方運用無線電次數及其分佈情況的分析，發現也可以從中取得情報。等到技術研究室的技術發展成熟，魏得到賞識並升級，蔣介石認為他是情報界的一個尖端人才。

　　珍珠港事發後美國參戰，美國開始給這滋長中的技術研究室於以援助。在戰時這分面的聯繫是由美國海軍上將"梅樂斯"和戰略服務所領導。中國和美國的情報組常常在日軍線後工作也常擁有無線電偵察設備。在整個二次大戰中雙方的偵察隊都一直保持連絡合作。二次世界大戰結束以後，美國從中國撤退，而技術研究室針對中國共產黨的問題須繼續努力。

　　在 1948-9 年，預計最終要從中國大陸撤退，技術研究室遷移到臺灣。那實在是個困難而恥辱的決定，但是這樣也就保存了技術研究室和那已證實的電子情報能力。技術研究室終於搬到了臺北西北近郊的新店鎮，安頓在一座日本人留下的軍用建築裏。

　　在新店我們的連繫與合作從 1951 年一直發展到 1980 幾年。美國的情報機構通過在臺北的單位曾與以資金及其他方面譬如無線電設備，天線，電機訓練和電子電腦的協助。在許多人中間，三個和技術研究室密切工作多年的美國人是我貝乃樸，查理豪爾和理查奇勒密，還有許多其他的人協助我們。

　　許多年以後我和豪爾變得和魏大銘一家人很接近。1961 年我陪同魏到美國作一官方訪問，魏在此行會見了當時的美國中央情報局局長艾倫杜勒斯和一些其他情報人員。在這些年裏美國從技術研究室那裏得到許多有關中國的情報。魏夫人也訪問過美國，她在我家裏看到許多美國老朋友。我從中央情報局退休了以後，在 1993 和 1998 年去臺灣到臺北郊外的退休住家去拜訪大銘，在第二次訪問時得知大銘已去世，我非常傷心。美國中央情報局和技術研究室之間的有效聯繫後來換到另外一個美國情報單位。